Mauro Corona
IM TAL
DES VAJONT

MAURO CORONA

IM TAL DES VAJONT

ROMAN

Aus dem Italienischen
von Helmut Moysich

GRAF

Die Originalausgabe erschien 2005 unter dem Titel
»L'ombra del bastone« bei
Arnoldo Mondadori Editore in Mailand.

Der Graf Verlag München ist ein Unternehmen
der Ullstein Buchverlage

ISBN 978-3-86220-024-5
© 2005 by Mauro Corona,
first published by
Arnoldo Mondadori Editore S.p.A., Milano 2005
© der deutschsprachigen Ausgabe:
2012 by Ullstein Buchverlage GmbH, Berlin
Gesetzt aus der Berling und der Bernhard Gothic
Satz: Uwe Steffen, München
Druck und Bindung: CPI – Ebner & Spiegel, Ulm
Printed in Germany
www.graf-verlag.de

*Zur Erinnerung an Matteo Beretta (Lothar),
der die Berge von Erto gut kannte*

PROLOG

AM FRÜHEN NACHMITTAG des 27. November 2003 trat ein Mann mittleren Alters in mein Bildhaueratelier in Erto. In seiner Hand hielt er ein zylinderförmiges, in Zeitungspapier eingepacktes Paket. Er gab mir die Hand und stellte sich vor. Er kam aus San Michele al Tagliamento, einer Kleinstadt in Venetien, dicht an der Grenze zum unteren Friaul.

»Ich wollte Ihnen das hier schenken«, sagte er und wickelte dabei das Bündel aus dem Zeitungspapier. Dann weiter: »Ihr Familienname ist Corona, nicht wahr?«

»Ja«, antwortete ich, einigermaßen neugierig geworden, »aber hier heißen wir fast alle Corona.«

»Sie sind doch der Schriftsteller?«, fragte er.

»Ja, das stimmt, ich habe ein paar Bücher geschrieben, aber das bedeutet nicht, dass ich mich als ›Schriftsteller‹ fühle«, sagte ich. Ich mag mich selbst nicht so bezeichnen, das ist mir zu pompös, und es steht mir auch gar nicht zu.

»Ich habe etwas, was Sie interessieren könnte«, sprach der Unbekannte und hatte nun den geheimnisvollen Gegenstand vollständig ausgepackt.

Zum Vorschein kam ein Metallzylinder, der nichts anderes war als der alte Behälter einer Gasschutzmaske, ganz verkrustet und verrostet. Er öffnete ihn und zog eine Rolle heraus. Es war ein großes Heft, eingeschlagen in einen zerschlissenen karierten Stofflumpen und mit einer Schnur zugebunden. Er reichte es mir. Die Ecken des schwarzen Einbands waren ganz abgestoßen.

»Ich fand es bei der Renovierung des Stallgebäudes meines Vaters unter dem Futtertrog«, sagte der Mann. »Und ich wollte es Ihnen schenken. Es enthält die Geschichte eines gewissen Severino Corona, genannt Zino, von ihm selbst geschrieben. Vielleicht ist es ja ein Verwandter von Ihnen. Ich habe natürlich nicht alles gelesen, nur ein paar Seiten am Anfang, aber von dem bisschen habe ich schon verstanden, dass er ein fahrender Händler war und von hier stammte, aus Ihrem Dorf, aus Erto.«

Äußerst neugierig geworden, fing ich an, das Heft zu durchblättern, aber viele Seiten klebten so fest zusammen wie versteinerte Liebende. Trotz Metallhülle und Stofflumpen, in denen das Heft seit wer weiß wie vielen Jahren eingewickelt war, hatten Feuchtigkeit und Dunkelheit der Bleistiftschrift arg zugesetzt, auch das Papier war ganz brüchig geworden. Aber nachdem ich die ersten zwanzig Seiten mit der Taschenmesserspitze sorgsam voneinander gelöst hatte, ließ sich die Schrift sehr gut lesen. Hin und wieder fehlten zwar halbe Wörter an den Seitenecken; die Geschichte war aber so klar erzählt, dass man leicht den Sinn rekonstruieren konnte oder auch gleich das fehlende Wort. Es war ein dickes Heft, eng liniert und mit einem schwarzen Einband. Schon die wenigen Wörter auf der ersten Seite ließen mich erschauern: »20. Juli 1920. Draußen ist es sehr heiß, aber ich fühle nur Kälte, und ich spüre Schnee, überall Schnee.«

Eine Schrift wie gestochen, in kleinen Blockbuchstaben. Ich konnte es kaum erwarten, meinen ungewöhnlichen Wohltäter zu verabschieden, der mir ein so kostbares Geschenk gemacht hatte. Gleich wollte ich lesen, was dieser unbekannte und inzwischen verstorbene Landsmann von mir vor fünfundachtzig Jahren geschrieben hatte. Da der Fremde keinerlei Entgelt wollte, schenkte ich ihm, zu seiner Freude, ein Holzkäuzchen, das einen Waldgeist umarmt.

Hin und wieder schaute der Unbekannte auf die Berge hinaus und sagte, dass ihm der Ort sehr gefiele. Um seinen Besuch abzukürzen, lud ich ihn dann auf ein Glas Wein in der Bar *Stella di Sabina* ein. Ich wollte endlich das Heft zur Hand nehmen, und dazu musste ich ihn loswerden. Aber das ging nicht so schnell. Der Mann war ein exzellenter Trinker, und so gab ein Glas das nächste, ein Wort das nächste, und schon war es Abend. Es drängte mich, diese Seiten zu lesen, aber nach dem fünften Roten wurde der Rausch immer stärker und die Neugier immer schwächer, und so verschob ich alles auf den nächsten Tag. Wir sprachen über den Vajont. Er hatte auch das Theaterstück von Paolini und den Film von Martinelli gesehen. Gegen Mitternacht erhob sich mein Trinkkumpan dann, reichte mir die Hand und verabschiedete sich auf eine Weise, als hätte er nicht Wein, sondern frisches Wasser getrunken. Er stieg in seinen Wagen, um zurück ins untere Friaul zu fahren. Während er mir die Hand gab, betrachtete ich den Ring, den er an einem Kettchen um den Hals trug. Ein kleiner Goldring mit einem Kreuz. Als der Mann meine Neugier bemerkte, sagte er, ohne dass ich ihn gefragt hätte: »Dieser Ring gehörte meiner Großmutter, dann ihrer Tochter, das heißt meiner Mutter. Sie gab ihn mir, bevor sie starb, und jetzt trage ihn wie eine Reliquie.« Darauf fuhr er los.

Ich trank noch ein paar Gläser allein weiter, bevor ich schließlich in mein Atelier zurückwankte und mich zum

Schlafen auf die Bank legte. Neben mir auf den Lärchenholzklotz, der mir als Nachttischchen dient, legte ich gut sichtbar das Heft, damit ich es wenigstens mit den Augen studieren konnte, denn betrunken, wie ich war, wollte ich es nicht einmal durchblättern aus Angst, dabei die Seiten zu beschädigen. Denn manche von ihnen wirkten, als würden sie gleich zu Asche zerfallen. Tags darauf stand ich früh auf, zündete den Heizofen an, stürzte einen Becher Kaffee mit Fernet gegen den Kater hinunter und nahm endlich das geheimnisvolle Heft in die Hand.

Ich brauchte drei Tage, bis ich es zu Ende gelesen hatte. Je weiter ich las, desto stärker schlug mein Herz vor Ergriffenheit. Es war eine traurige und zugleich schöne Geschichte, wie ich sie als Kind schon ähnlich von meinem Großvater gehört hatte. Sie ist hier genauso aufgezeichnet, wie ich sie gelesen habe. Nur ab und zu habe ich offensichtliche Fehler korrigiert oder Wörter auf Ertanisch erläutert, die sonst das Verständnis zu sehr erschwert hätten. Und ich habe Absätze eingefügt, denn Zino hatte mit seinem einfachen, wie holzgeschnitzten Italienisch von der ersten bis zur letzten Zeile nicht abgesetzt, als habe er keine Zeit zum Atemholen gehabt oder Angst, nicht rechtzeitig fertig zu werden. Zwischen den letzten Seiten des Heftes war eine herausgerissen. Ich fragte mich, warum.

Wie schon erwähnt, sind auf der ersten Seite nur ein Datum und der Satz zu lesen: »20. Juli 1920. Draußen ist es sehr heiß, aber ich fühle nur Kälte, und ich spüre Schnee, überall Schnee.«

ICH HEISSE SEVERINO CORONA, genannt Zino. Ich wurde am 13. September 1879 in Erto geboren und habe immer auf diesem wilden und bergigen Flecken Erde gewohnt, wo es außer Arbeit nichts Gutes gibt, aber trotzdem lebe ich sehr gern hier. Wie traurig und gottverlassen diese Gegend ist, habe ich erst Jahre später verstanden, als ich ins Friaul ging, um Holz zu verkaufen, und dort die fruchtbaren und viehreichen Ebenen sah. Aber damals war ich schon vierzig Jahre alt, und ich wäre nie von zu Hause weggegangen, hätte mich nicht eine höhere Gewalt dazu gezwungen. Es gibt nichts Schlimmeres, als seine Heimat zu verlassen, den Ort, wo man geboren wurde, mit Eltern und Freunden zusammenlebte und wo man in den Wäldern das Holz schlug, auf den Feldern das Heu mähte, den Herbst herannahen sah und am Feuer das Weihnachtsfest erwartete. Dort, wo man auch den hölzernen San Bartolomeo durch die Straßen trägt und vieles andere mehr, was mir jetzt nicht mehr einfällt, aber deswegen nicht weniger schön war. Die Menschen fühlen sich wohl bei sich zu Hause, aber können auch nicht für immer dort bleiben. Ich beneide die, welche das können, und es macht mich wütend, wenn sie sich ständig beklagen und sagen, sie würden lieber weggehen. Dabei wissen sie nicht, was für ein Glück es bedeutet, ein Zuhause zu haben. Es ist zum Weinen, wenn du deinem Dorf den

Rücken kehrst. Man sollte nie von seinem Zuhause fortgehen.

Ich habe einen acht Jahre jüngeren Bruder, der Sebastian heißt und auch Bastianin von der Smita gerufen wird, weil er als Schmied arbeitet, und die Schmiede heißt auf Ertanisch *smita*. Während ich das alles hier wahrheitsgemäß aufschreibe, steht die Sonne schon hoch am Himmel. Auch letztes Weihnachten bin ich hierher zurückgekehrt, draußen lag der Schnee einen Meter hoch, und es war so kalt, dass die Vögel vom Himmel fielen und die Buchen aufplatzten. Ein letztes Mal wollte ich hier noch Weihnachten verbringen. Ich blieb nur für wenige Tage, dann ging ich wieder in die friaulische Tiefebene hinunter, wo ich jetzt schon seit Monaten umherziehe, seit jenem vermaledeiten Tag, an dem ich fortgehen musste, weil mich die Gewissensbisse verfolgten wie Hunde, die mich bei lebendigem Leibe fressen wollten. Nie mehr werde ich in mein Dorf zurückkehren, aber in Gedanken tue ich das ständig, denn ich denke Tag und Nacht daran.

Wir waren noch sehr jung, als ich und mein Bruder Bastianin zu Waisenkindern wurden. Ich war fünfzehn und er sieben, als unser Vater Zolian starb. Man fand ihn auf dem Köhlerweg mit mehrfach gespaltenem Kopf. Er war ermordet worden, und man hatte deswegen einen aus der Siedlung Pineda verurteilt, der dann zwanzig Jahre im Gefängnis von Udine absitzen musste. Zur selben Zeit wohnte in Erto auf dem Col delle Cavalle ein Holzarbeiter, der nach dem Tod unseres Vaters immer wieder ein bestimmtes Lied sang, aber nur wenn er betrunken war. Es lautete ungefähr so: »Ach, wie gut, dass niemand weiß ... und keiner wird es je erfahren, weil ich allein war.« In der Tat wusste es niemand, und keiner hegte den geringsten

Verdacht, dass gerade er es war, der unseren Vater abgeschlachtet hatte. Erst auf dem Totenbett gestand er es dem Dorfpriester. Er hatte ihn rufen lassen, um ihm zu sagen, dass er es war, der Giuliano Corona, genannt Zolian della Cuaga, umgebracht hatte. Und er sagte auch, wie. Er hatte ihn mit einem *pilòt* getötet, einem kurzstieligen, am Ende abgerundeten Schlagholz aus Buche, das zum Dreschen von Weizen verwendet wurde. Es sieht genauso aus wie ein Salzstößel, nur fünfmal so groß. Er selbst fertigte sie an seiner Drehbank. Er war ein Experte an der Drehbank und hatte sich auf die *pilòts* spezialisiert. Als der Priester ihn fragte, warum er Zolian della Cuaga umgebracht hätte, antwortete dieser, dass es um eine Frauengeschichte ging, aber mehr wollte er dazu nicht sagen. Ich glaube, dass ihm unsere Mutter gefiel, aber die wollte nichts von ihm wissen, weil sie ja schon ihren Zolian hatte, unseren Vater. Daher dachte sich der Mann vom Col delle Cavalle, es wäre ein guter Plan, sie zur Witwe zu machen, dann könnte er sie sich selber schnappen. Aber der Plan misslang, weil unsere Mutter, sie hieß Lucia wie ihre Großmutter, wenige Monate später an gebrochenem Herzen starb. So hatte der Schurke mit einem Schlag gleich zwei Menschen getötet und musste dafür nicht einmal einen Tag ins Gefängnis, während der aus Pineda schon zwanzig Jahre abgesessen hatte. Er war eingesperrt worden, weil er sich mit unserem Vater immer um den Grenzverlauf auf der Cuagahöhe gestritten hatte. Damals wohnten wir dort, jetzt wohnen wir etwas weiter oben, näher am Dorf. Auch in der Osteria von Pilin hatte er ihn schon bedroht, zu jener Zeit nannte sie sich noch *Il Merlo Bianco*, *Zur weißen Amsel*, denn dort hielten sie sich eine weiße Amsel im Käfig. Viele Zeugen aus Casso hatten am Todestag meines Vaters den Mann aus Pineda gesehen, als er vom Köhlerweg her mit einem Bündel von Stöcken für den Bohnenanbau ins Dorf kam. Es war Juni, und man ging auf die Suche nach geeigneten Bohnenstangen. So wurde er beschuldigt. Man sagte, er hätte meinen Vater mit der Hippe zum Ästeschneiden erschlagen, aber ich glaube, bei näherem Hinsehen hätte jeder begriffen, dass die Schläge, die meinen Vater getötet hatten, nicht von einer Hippe stammten. Doch die Hosen von dem aus Pineda waren mit Blut verschmiert, und niemand glaubte ihm, dass es das Blut einer Gämse war, die er zwei Tage zuvor erlegt und an einen Waldbewohner verkauft hatte, der zufällig mit seinem Pferdekarren voll Saatgut des Wegs kam. So will es das Schicksal, dass manchmal auch Unschuldige verurteilt werden. Und wenn dieser Schurke vom Col delle Cavalle nicht krank geworden und fast daran gestorben wäre, hätte er auch nichts gestanden, und der Mann aus Pineda, der übrigens Giulio hieß, wäre bis zu seinem Tode im Gefängnis geblieben. Was für ein erbärmlicher Feigling! Nicht nur unsere Familie hat er zerstört, auch die von Giulio aus Pineda, der verheiratet war und zudem zwei kleine Mädchen hatte. Zwanzig Jahre lang hat er sie nicht gesehen, und seine Frau sah er überhaupt nie wieder, weil die arme Seele, zwölf Jahre nachdem man ihn eingesperrt hatte, an Tuberkulose starb.

Unsere Mutter dagegen starb fast unmittelbar nach dem Tod des Vaters an gebrochenem Herzen, sie war so krank darüber geworden, dass sie Blut spucken musste. Sie konnte die Vorstellung nicht ertragen, ohne ihren Zolian leben zu müssen, so wenig wie den Gedanken, dass sie ihm hinterrücks den Kopf eingeschlagen hatten. Wie gesagt, hinterrücks, davon bin ich überzeugt; denn unser Vater war von einer Stärke und Entschlossenheit, dass er selbst einen angriffswütigen Stier zu Boden gestreckt hätte. Ohne ihn dabei zu töten, denn unser Vater konnte nicht einmal einem Frosch etwas zuleide tun. Wenn wir im Mai bei Regen zum Fröschefangen an den Vajont gingen und dabei bis zu zwei Eimer füllten, wollte er sie nie töten und enthäuten. Er sagte, er hätte nicht den Mut, ihnen mit seiner *britola*, einer Art Klappmesser, die Haut abzuziehen. Er war einfach nicht fähig dazu. So kümmerten wir uns darum, ich zusammen mit meinem Bruder und meiner Mutter, die sich sehr gut darauf verstand und dabei keineswegs schniefte wie ein Kälbchen. Sie tötete die Frösche, als wäre nichts dabei.

Nach dem Tod unseres Vaters aß unsere Mutter immer weniger, bis sie schließlich gar nichts mehr zu sich nahm. Dabei sagten wir ihr ständig, du musst essen, Mama, sonst stirbst du, aber es war nichts zu machen, sie aß einfach nicht. Und während sie weinte und mit jedem Tag mehr abmagerte, sang der vom Col delle Cavalle: »Ach, wie gut, dass niemand weiß …« Und dann kam er zu uns ins Haus, um unsere Mutter zu fragen, ob er ihr zur Hand gehen könne. Ihm gefiel unsere Mutter, und er wollte sie für sich gewinnen, aber sie wollte weder von ihm noch von sonst jemandem etwas wissen. Ihr Mann war allein Zolian, nur er und niemand anderes.

Einmal legte der von Cavalle mir seine Hand auf die Schulter und sagte, ich müsse jetzt tapfer sein, jetzt, nach dem Tod unseres Vaters, sei ich das Familienoberhaupt. Ich antwortete ihm, dass ich nicht verstehen würde, wie man so weit kommen könne und einen Menschen wie ein Karnickel mit Schlägen auf den Kopf abschlachten. Und dann verfluchte ich den aus Pineda, der in Udine hinter Schloss und Riegel saß. Damals wusste ich noch nicht, dass es manchmal leichter ist, einen Mann zu erschlagen, als einen Frosch zu enthäuten, und konnte mir auch nicht im Entferntesten vorstellen, dass es der Mörder unseres Vaters war, der mir da seine Hand auf die Schulter legte mit den Worten, ich solle tapfer sein. Hätte ich das gewusst, ich schwöre, ich hätte ihm im selben Moment, aber auch noch Jahre später, ein Messer in den Bauch gerammt für seine Tat und für den Schmerz, den er unserer Mutter zugefügt hat, und dafür, dass er unsere Familie ins Verderben stürzte.

Am meisten tat mir mein kleiner Bruder leid, der ganz verloren war ohne unseren Vater. Ich versuchte ihn abzulenken und nahm ihn im Sommer mit auf die Hochweiden, im Winter ließ ich ihn im Stall arbeiten oder mit dem Schlitten Mist auf die verschneiten Wiesen transportieren. Er kam gern mit, sagte niemals Nein, aber schwieg immer, und abends vor dem Einschlafen hörte ich ihn still in sich hinein weinen. Der Ärmste, er litt sehr unter der Abwesenheit des Vaters und sprach zu niemandem davon, nicht einmal zu unserer Mutter, solange sie noch lebte. Auch ich musste manchmal versteckt weinen, wenn ich ihn so sah, doch dann besann ich mich schnell und war still, schließlich konnten wir ja nicht alle drei ständig weinen.

Als eines Abends wieder einmal der Sänger von »Ach, wie gut, dass niemand weiß« zu uns ins Haus kam und sah, wie schlecht es unserer Mutter ging, sagte er ihr, wenn sie wolle, würde er gern bei uns bleiben und uns bei den schweren Arbeiten helfen, auch für immer. Aber unsere Mutter schlug sein Angebot aus, und um ihn loszuwerden, sagte sie ihm, sie würde ihn schon rufen, falls sie ihn bräuchte. Aber sie musste nicht mehr nach ihm rufen, weil sie schon eine Woche später starb, am 26. April 1895, nicht einmal ein Jahr nachdem unser Vater umgebracht worden war. Es geschah gegen Abend, wir hatten gerade den Rosenkranz gebetet, zusammen mit einigen alten Frauen, die vom Viertel San Rocco zu uns nach Cuaga herabgekommen waren. Die Alten zündeten eine Kerze an, stellten sie vor das Kreuz, und die Älteste von ihnen begann mit einem weiteren Rosenkranzgebet. Unsere Mutter antwortete nur schwach auf die Ave-Maria, sie war so weiß, Schnee ist schwarz im Vergleich dazu, und mehrmals ging sie hinaus zum Stall, aus dem sie dann gleich wieder zurückkam, jedes Mal noch weißer als zuvor. Wenn sie dann vor der Kerze vorbeiging, konnte man zwischen den herausstehenden Rippen ihr Herz schlagen sehen, so mager und zart war sie. Während die Ave-Maria gebetet wurden, musste sie dann plötzlich stark husten, zog ein Schnupftuch aus der Tasche, und ich bemerkte, dass es voller Blut war. Deshalb ging sie also in den Stall, dachte ich, es sollte niemand sehen, dass sie Blut spuckte. Aber dieses Mal schaffte sie es nicht mehr rechtzeitig bis zum Stall, denn plötzlich brach ein ganzer Blutschwall aus ihr heraus und ergoss sich über den Holzboden. Unsere Mutter warf uns zwei Brüdern noch einen Blick zu, dann knickte sie ein und stürzte nach hinten, während die Alten weiter ihre Litaneien murmelten. Aber als sie unsere Mutter am Boden liegen sahen, hörten sie mit dem Beten auf, zogen sie vom Boden hoch und legten sie auf die Kaminbank. Dann wischte eine ihr das Blut vom Mund, während die anderen riefen: »Lucia, was machst du?« Aber unsere Mutter konnte nicht mehr antworten, denn sie war tot. Während der ganzen Zeit saß ich zusammen mit meinem Bruder auf der anderen

Bank, auch wir beteten den Rosenkranz, hatten alles mitverfolgt und mussten schließlich mit ansehen, wie unsere Mutter starb. Ich empfand einen Schmerz, als ob mir jemand die Kehle mit zwei Fingern zudrückte und ich ersticken müsste. Mein Bruder Bastianin musste weinen, aber wohl vor allem, weil ihn der Anblick des Bluts schreckte. Ich dagegen weinte, weil mir bewusst wurde, dass es unsere Mutter nun nicht mehr gab. Und falls ich es noch nicht begriffen hatte, eine der Alten sprach es aus: »Eure *oma*« – so klang hier das Wort Mama – »ist ins Paradies gegangen«, sagte sie leise zu mir und meinem Bruder. Ja, sie sollte ins Paradies kommen, das hatte sie wirklich verdient, unsere arme Mutter.

Zwei Tage später wurde sie neben unserem Vater beerdigt; ein anderer kürzlich Verstorbener wurde um zwei Meter verlegt, damit sie nebeneinanderliegen konnten. So waren sie für immer miteinander vereint, jetzt konnte sie niemand mehr trennen und erst recht der Tod nicht, im Gegenteil, der Tod hatte sie ja auf ewig zusammengebracht. Mir macht der Gedanke Angst, dass man erst sterben muss, um so vereint zu sein, aber so ist es. Der Tod vereint, was die Menschen trennen. Ich denke, die Menschen reißen das Schöne immer auseinander, nur weil sie voller Neid sind.

Vom Tag der Beerdigung an zog eine unserer Tanten zu uns ins Haus, um uns bei den täglichen Arbeiten zu helfen. Sie war uns Vater und Mutter zugleich, sehr tüchtig und lieb, nur trank sie zu viel. Wäre genug Wein da gewesen, sie hätte täglich welchen getrunken, aber für jeden Tag reichte es nicht, und so musste sie zwangsweise auch einmal darauf verzichten, was sie schließlich rettete und ihr das Leben verlängerte. Aber hin und wieder fand sie doch etwas zu trinken, dann wurde sie ganz rot im Gesicht und fing an, jedes Mal dasselbe Lied zu singen: »Die Welt, die ist ein Jammertal, sie kann mich kreuzweis, kann mich mal«, so sang sie. Die arme Frau hatte es gründlich satt, sie wollte schnellstens ab ins Jenseits. Sie war wohl um die fünfzig Jahre alt und älter als unsere Mutter. Zwischen den beiden gab es noch eine weitere Schwester, die als Hausdienerin zu einer Familie nach Mailand gezogen war. Sie kam nur kurz zur Beerdigung unserer Mutter und reiste gleich wieder ab.

Ich ging nur bis zum vierten Jahr in die Volksschule, bekam aber in allen Fächern ein »sehr gut«. Mein Bruder dagegen verließ schon nach dem dritten Jahr die Schule und bekam nur wenige Auszeichnungen.

Bevor meine Mutter in den Sarg gelegt wurde, zog ihr meine Tante, die Trinkerin, noch einen Ring vom Finger der rechten Hand und übergab ihn mir. Es war ein Goldringlein mit einem kleinen Kreuz. Ich steckte ihn mir auf den dicksten Finger und nahm ihn vierzig Jahre lang nicht mehr ab. Mit dem Älterwerden steckte ich ihn von einem Finger auf den nächsten, bis zuletzt auf den kleinen. Außerdem trug meine arme Mutter über ihrem Ehering noch den unseres toten Vaters, und auch diese beiden Ringe zog ihr die Tante von den Fingern, aber die, so sagte sie, würde sie uns erst geben, wenn wir älter wären. Die Ringe ließen sich mühelos abziehen, weil die Finger unserer Mutter inzwischen stöckchendürr waren.

Darauf folgten schlimme Tage für uns zwei Brüder. So ganz ohne Vater und Mutter waren wir nur mehr traurig und niedergeschlagen, und Bastianin musste ständig weinen. Zum Glück war die Tante da, und auch wenn sie immer wieder trank, für uns war sie ein Engel.

In der Nähe unseres Hauses, am oberen Ende der Cuagasteigung, lebte ein sehr tüchtiger Schmied, dem man nachsagte, er könne den Fliegen Flügel schmieden, so geschickt sei er. Er hieß Filippin Giordano, genannt Mano del Conte, er war es, der das große schmiedeeiserne Eingangstor zum Friedhof von Erto, wo unsere Eltern begraben lagen, gefertigt hatte. Eines Tages kam dieser Schmied zu uns und sagte der trunksüchtigen Tante, er wolle Bastianin bei sich aufnehmen und ihm sein Handwerk beibringen. Für ein halbes Jahr ging Bastianin noch zur Schule, dann begann er bei Mano del Conte die Gebläsekurbel des Schmiedeofens zu bedienen. Ich half der alten Tante beim Versorgen der zwei Kühe meiner Mutter und hütete die dreizehn Ziegen, die wir außerdem noch hatten und deren Zahl im Laufe der Jahre, bis zum Tag, als es geschah, auf über hundert angestiegen war. Und ebenso viele hatte ich in der Zwischenzeit auch schon in der Umgebung verkauft, einmal sogar dreißig auf einen Schlag an Bia Zoldan aus Cellino. Ich verdiente nicht schlecht an meinen Ziegen, und alles ging gut, bis schließlich sie auftauchte. Aber das ist schon zu viel gesagt, ich will nicht vorgreifen, erst noch einmal zurück in der Geschichte.

Bastianin hatte sich in kurzer Zeit gut beim Schmied del Conte eingelebt und schnell das Schmieden gelernt. Er war ein mageres Kerlchen, und es tat mir in der Seele weh, wenn ich ihn bei meinen Besuchen so sah, schwarz vor Ruß wie ein Schornsteinfeger. Die Schmiede von Mano del Conte befand sich wenig unterhalb der Kirche, von wo es zum Cuagaviertel hinuntergeht. Ich sage bewusst »befand«, weil jetzt alles verloren ist, ich gehöre nicht mehr zu meinem Dorf dazu, denn jetzt sitzt mir der Tod im Nacken, und zurückgekehrt bin ich nur, um noch ein letztes Mal mein Zuhause zu sehen. Aber die Schmiede steht immer noch da, und Mano del Conte arbeitet ruhig weiter, auch wenn er alt geworden ist und nur mehr schlecht sieht. Bastianin hatte sich in der Zwischenzeit eine eigene Schmiedewerkstatt am Wildbach Vajont eingerichtet, in Großvaters altem Stall, in der Nähe der Osteria Bondi. Da er allein arbeitete, ließ er den Gesenkhammer, wie auch Blasebalg und Bohrer, von einem Mühlrad antreiben. Das Wasser ist überall nützlich und hilfreich, aber wenn es zornig wird, kann es großes Unheil anrichten.

Während ich das jetzt aufschreibe, ist Bastianin vierunddreißig Jahre alt und unverheiratet, und ich glaube nicht, dass er dort, wo er sich jetzt aufhält, noch einmal heiraten wird. In Wahrheit hatte er schon eine Geliebte, aber die endete in der Irrenanstalt von Pergine Valsugana. Man sagt, dass die Eifersucht eines jungen Kerls aus der Siedlung Valdapont schuld an ihrem Wahnsinn war. Ihm gefiel diese Frau mit ihren achtundzwanzig Jahren, aber sie hatte bereits ein Auge auf meinen Bruder Bastianin geworfen. Deshalb beschloss der Junge aus Erto, die Geliebte meines Bruders umzubringen, und brachte sie mit einer List dazu, Belladonna zu trinken, das Gift der Tollkirsche. Doch sie starb nicht, weil sie robust wie ein Rind war, dafür wurde sie verrückt, gebärdete sich wie eine Wahnsinnige und hatte Visionen. Zum Beispiel sah sie meine Ziegen auf der Flöte blasen und die anderen niedergekniet zuhören. Oder sie sah den Steinmetz Jaco dal Cuch auf einem fliegenden Pferd durch den Himmel reiten oder auch Vögel ohne Flügel herumspazieren. Und dann sah sie ständig den wahrhaftigen Tod, der so betrunken war, dass er vergessen hatte, wen er heimsuchen sollte. Das ist die Wirkung der Tollkirsche; wenn du nicht gleich stirbst, bleibst du verrückt bis an dein Lebensende. Fortan lebte die Geliebte meines Bruders nun in einer Welt von bösen Geistern, und solange sie nur Visionen hatte, ging es ja noch. Aber es war eine Schande, als sie damit anfing, sich ihre Röcke hochzuziehen und allen zu zeigen, was darunter war. Daraufhin wurde sie festgenommen und in die Irrenanstalt nach Pergine bei Trient gebracht, weil es in derjenigen von Feltre, auf dem Weg nach Belluno, keinen Platz mehr gab, so vollgestopft mit Irren war die. Mein Bruder erzählte mir, dass man sie festbinden musste, weil sie immer verrückter wurde. Von der Tollkirsche gibt es keine Heilung, man bleibt für immer wahnsinnig. Bis zu der Nacht, als sie sich, fest ans Bett geschnallt, mit dem eigenen Betttuch strangulierte, das sich während der Krämpfe um ihren Kopf gewickelt hatte. Da waren drei Jahre vergangen, seitdem man sie eingeliefert hatte. Die arme Alba war so gut und so schön, bevor dieser Schurke ihr Tollkirsche verabreicht hatte. Aber jetzt kehre ich zum Anfang der Geschichte zurück.

DIE ERSTE GRÖSSERE ARBEIT, die mein Bruder Bastianin bei Mano del Conte verfertigte, war das Eisenkreuz auf dem Grab unserer Mutter. Er war gerade zehn Jahre alt, als er es schmiedete, drei Jahre, nachdem er beim Schmied zu lernen begonnen hatte. Das Kreuz bestand aus zwei etwa drei Finger breiten Eisenblechstäben mit Schnecken an den Enden und einem Kranz aus Blättern rundherum, die wie Buchenblätter aussahen. Sie waren zwar etwas dürftig gefertigt, aber ich fand, es war ein schönes Kreuz. Mano del Conte ließ ihn alles selbst machen und half ihm auch nicht beim Ausschmieden der Blätter, denn, wie er sagte, »wenn man jemandem die Arbeit abnimmt, lernt er nie, sie selber zu machen. So aber wird Bastianin im kommenden Jahr selbst merken, dass die Blätter nicht schön sind, und die nächsten besser schmieden. Aber es braucht wenigstens ein Jahr, bis einer merkt, dass das, was er ein Jahr zuvor gemacht hat, nicht gut genug ist. Das ist meine Erfahrung.« Das sagte Mano del Conte, aber ich glaube, dass man auch schon früher sehen kann, ob man etwas falsch gemacht hat, und dass andererseits vielen nicht einmal nach hundert Jahren ein Licht aufgeht, weil sie meinen, sie wären Gott und würden immer alles richtig machen.

Auch die zweite Arbeit meines Bruders war ein Kreuz. Er schmiedete es gleich im Anschluss an jenes für meine

Mutter, diesmal aber ohne Blätter. Es war für die arme Filomena bestimmt, die zehn Jahre zuvor, im neunten Monat schwanger, von ihrem Geliebten in die Schlucht von Val Zemola gestoßen worden war, weil er eine andere hatte. Dabei hätte er doch Filomena am Leben lassen können, auch wenn er eine andere hatte. Er brauchte ihr nur Ade zu sagen, ich will dich nicht mehr, dann wäre sie schon allein zurechtgekommen. Aber er tötete sie, weil sie ihm im Umgang mit seiner anderen zu hinderlich wurde. Und so geschah es, dass zehn Jahre nach ihrem Tod ein altes Mütterchen zu Mano del Conte kam, um von ihm ein Kreuz für Filomena schmieden zu lassen. Sie war am 8. November 1886 umgebracht worden, und ich erinnere mich noch gut daran, wie alle im Dorf darüber redeten, auch wenn ich erst sieben Jahre alt war. Aber der Schurke konnte sich nicht lange freuen, denn bald landete er im Gefängnis, wo er auch starb. Mein Bruder Bastianin schrieb den Namen Filomena und ihren Familiennamen auf das Kreuz, das wieder aus zwei Eisenstäben bestand, die von einem Niet zusammengehalten wurden. Mit einer Punze schlug er den Namen ins Metall. Aber diesmal fügte er keine Blätter hinzu, weil, wie er sagte, diese nur für unsere Mutter und niemanden sonst bestimmt waren. Bastianin fertigte noch viele Kreuze für Verstorbene, auch für unseren Vater, aber keines mehr mit Blättern. Ich kann mich noch an eines für einen gewissen Corona Domenico Menin erinnern, der 1917 im Krieg auf dem Pal Piccolo gefallen ist. Es war wieder ein Kreuz aus Eisenblech, verziert mit einem Dornenring, so als wäre es der Dornenkranz Jesu. Denn bevor er starb, hatte er sicher schwer gelitten, sagte Bastianin. Als er dieses Kreuz schmiedete, war er schon erwachsen und sehr erfahren, denn 1917 war Bastianin dreißig Jahre alt. Nach dem Tod unserer Mutter nahm ich den Platz unseres Vaters ein, das heißt, ich kümmerte mich um die Holzarbeiten, das Heu, das Pflügen der Felder, das Setzen der Kartoffeln und Bohnen. Ich besaß zwei große Gemüsegärten auf dem Col delle Acacie, die an das Grundstück von Felice Corona Menin grenzten, der im selben Jahr wie ich geboren und mir ein guter Freund war. Er war der Bruder von dem, der auf dem Pal Piccolo umkam. Aber damit man das besser versteht, muss ich mein ganzes Leben von Anfang an erzählen.

IM ALTER VON SIEBZEHN JAHREN passierte mir etwas, das schön und schlimm zugleich war. Ich kam aus dem Tal von Zemola, wo ich meine Ziegen zum Weiden auf den frisch gemähten Wiesen der Palazza zurückgelassen hatte. Wenn das hoch stehende Gras der Heuwiesen geschnitten war, konnte man die Tiere hinauflassen, um sie die restlichen Grasbüschel fressen zu lassen, die von der Sensenschneide nicht erfasst worden waren. Die Grundbesitzer hatten nichts dagegen einzuwenden, wenn man die Ziegen nach dem ersten Schnitt auf den Wiesen nachweiden ließ, jedoch nur für zwei Wochen, denn danach wuchs bereits der zweite Schnitt, das Grummet.

Es war also Ende Juli, und ich kam, wie gesagt, aus dem Zemolatal zurück. Es war gegen Abend, aber noch nicht dunkel. Auf dem Weg zum Dorf kam ich am Stall eines Alten vorbei, der fünf Kühe hatte und deshalb als einer der reichsten Grundbesitzer galt. Da ich sehr durstig war, ging ich zum Brunnen, von dem das Wasser in einen Holzbottich floss. Aber kaum dass ich im Stallhof war, wurde ich Zeuge einer sonderlichen Szene, die mich ganz verstörte: Eine Frau von circa fünfunddreißig Jahren, die Tochter des Alten, schlug mit einer Schaufel auf Teufel komm raus auf einen Hund und eine kleine Hündin ein, die fest zusammensteckten, nachdem der Hund die Hündin bestiegen hatte. Ich fragte sie, was sie da mache, aber sie schien mich nicht einmal zu hören und drosch weiter mit der flachen Schaufel auf die Hunde ein, damit sie voneinander ließen. Aber so verknotet, wie sie waren, ließen sich die Hunde nicht einfach trennen, dazu braucht es schon einige Zeit oder einen Eimer kalten Wassers. Unter den Schaufelschlägen aufjaulend, wollte der Hund zur einen, die Hündin zur anderen Seite hin ausreißen, aber sie waren derart verkeilt, dass keiner wirklich von der Stelle kam. Völlig verschreckt, dabei aber immer noch aneinanderklebend, warfen sie sich auf die Erde und streckten die Pfoten in die Luft, wie um die Schaufel abzuwehren. Als die Frau mich bemerkte, ließ sie endlich ab von den Hunden, und mit wie vor Scham rotem Gesicht und zerzausten Haaren deutete sie mit dem Finger auf die beiden, um mir zu sagen, dass es zwei Schweinehunde seien, zwei schändlich Verfluchte, dabei schimpfte sie die kleine Hündin eine Hure und den Hund einen Drecksskerl.

Dann, wie durch einen Zauber verwandelt, wurde sie auf einmal ganz zutraulich, kam auf mich zu und sagte: »Sollen wir zwei das auch mal probieren, was die Hunde machen?« Ich kannte mich in solchen Dingen überhaupt nicht aus, hatte nie dergleichen gemacht, auch wenn ich unter den Stoc-Arkaden, wo die Ertaner ihre Kühe zum Abdecken hinbrachten, gesehen hatte, wie ein Stier eine Kuh bestieg. Um zu beobachten, wie der Stier es mit einer Kuh trieb, stiegen wir Buben immer auf die Mauer von San Rocco. Und dann machten wir es uns selbst heimlich mit der Hand, mit einer Frau hatten wir noch nie.

Doch jetzt packte die Frau mich am Arm und zog mich in den Stall, wo sie wieder auf mich einredete: »Komm, lass es uns auch wie die Hunde machen.« Ganz verängstigt, weil sie das Tor verriegelt hatte, und um mich aus der

Situation zu retten, sagte ich ihr, dass wir dann ja auch verfluchte Drecksschweine wären, genau wie die Hunde; die Ärmsten, sie hatten sich in der Zwischenzeit voneinander losgerissen und waren davongelaufen. Aber die Frau ließ nicht mit sich reden, legte mich auf die Bank, zog ihr Kleid hoch und setzte sich auf mich drauf, obwohl ich noch die Hosen anhatte. Als sie dann merkte, dass ich so weit war, zog sie mir die Hosen runter und zeigte mir, wie man das macht, was kurz vorher die Hunde miteinander getrieben hatten, während ich voller Angst war, jetzt auch untrennbar in ihr stecken zu bleiben.

Aber ich blieb nicht stecken. Anfangs tat es ein wenig weh, aber dann fühlte es sich bis zum Ende gut an. Und nach einer Weile musste ich es noch einmal machen. Ich schämte mich, als sie mir sagte, dass ich für mein junges Alter schon einen Großen hätte. Sie wollte mich nicht mehr fortlassen, dabei war es inzwischen schon dunkel geworden, sie zündete eine Laterne an, stellte sie ans Fenster und setzte sich noch einmal auf mich drauf. Diesmal sagte sie mir, nachdem wir fertig waren, dass sie mir noch beibringen würde, wie ich es hinauszögern könne, weil ich zu schnell sei, aber dass sei nur so, erklärte sie, weil ich noch jung war. Verglichen damit, wie sie zuvor die Hunde verdroschen hatte, war sie jetzt ganz zärtlich, und es begann mir richtig Spaß zu machen.

Aber dann wurde sie mit einem Schlag wieder böse, drehte das Licht heller, starrte mir ins Gesicht und sagte, sie würde mich wie eine Kröte umbringen, wenn ich jemandem auch nur ein Wort von dem, was wir hier machten, erzählte. Aber wenn ich meinen Mund halten würde, könnte ich, wann immer ich wollte, diese Dinge mit ihr treiben, aber nur mit ihr. Und in der Tat trieb ich es für eine lange Zeit mit ihr. Ich war wie verhext und ging jeden

Abend zu ihr in den Stall. Einige Male trafen wir uns auch in den Wäldern des Zemolatals, um es zu machen. Einmal sah ich dabei Blut und erschrak, aber sie sagte, ich solle keine Angst haben, das sei ganz normal, und auch die Hündinnen würden alle Monate mal Blutstropfen auf dem Boden verlieren. Mit der Zeit brachte sie mir auch bei, ruhig zu bleiben, und ließ mich immer zuerst pinkeln, bevor es losging, denn einmal ausgeleert, sagte sie, würde ich länger dabeibleiben können. Seitdem ist mir das zu einer festen Regel geworden, und so ging ich immer zuerst pinkeln, wenn ich mit einer Frau zusammen war.

NACH FAST EINEM JAHR des Zusammenseins hatte ich viel von ihr gelernt, denn sie war eine gute und geduldige Lehrerin. Nur manchmal sagte sie mir, es sei auch gefährlich, aber sie wollte mir nicht erklären, warum. Als sie einmal wieder Blut verlor, sagte sie mir, das käme jeden Monat bei den Frauen raus und dass ich zwei, drei Tage geduldig sein müsse, aber danach würde sie mir dann etwas Neues zeigen. Und in der Tat, eines Abends, immer noch im Stadium meiner ersten Erfahrungen, zeigte sie es mir. Dazu setzte sie sich, mit dem Rücken gegen die Wand gelehnt, auf den Futtertrog für die Kälber, spreizte ihre Beine auseinander und hieß mich, näher zu kommen. Als ich vor ihr stand, packte sie mich mit einem Ruck am Kopf und drückte ihn sich mitten zwischen die Beine, aber oben, wo sie aufhörten, dann sagte sie mir, ich solle so tun, wie wenn ich sie küssen würde, denn auch das hatte sie mir schon gezeigt. Doch da ich nicht so recht verstand, sagte sie mir, ich solle es den Ziegen gleichtun, wenn sie aus der Holzschüssel Salz lecken. Jedes Mal musste ich tun, was sie wollte, und wenn sie mir etwas Neues zeigte, gefiel mir das zunächst nicht, aber nach einigen Anläufen fand ich dann doch Gefallen daran. Von jenem Abend an, als ich zwischen ihren Schenkeln fast erstickt wäre, musste ich es jedes Mal wie die Ziegen tun, wenn sie Salz aus der Schüssel lecken.

Es war nun fast ein Jahr, dass ich sie im Stall, auf dem Feld, im Wald oder auch bei ihr zu Hause aufsuchte, wenn ihre alte Mama, die fast schon ganz ihr Gedächtnis verloren hatte, schlafen ging. Ihr Vater schlief zusammen mit seinen Kühen im Stall.

Eines Tages sagte sie mir, ich solle für einige Zeit nicht mehr zu ihr kommen, sie würde mich dann schon wieder rufen. Aber ich hörte nicht auf sie und ging an einem Abend trotzdem hinauf zum Stall, um nach ihr zu sehen. Es war Juni, und die Bauern kehrten vom Mähen der Heuwiesen heim, und ebenso lebhaft wie sie zog auch der frische Heugeruch durchs Tal. Damit mich niemand sah, ging ich einen Umweg.

Als ich mich dem Stall näherte, hörte ich Stimmen von drinnen, auch war er heller als sonst beleuchtet. Ich versteckte mich hinter dem Stall und wartete ab, aber niemand kam heraus oder ging hinein. Dann zog ich mir, um keine Geräusche zu machen, meine Stoffschuhe aus, die *scufóns*, schlich mich an das Fenster in der Eingangstür heran und schaute von unten hinein. Drinnen waren drei Frauen, und anstelle der einen Laterne, die sonst immer brannte, waren nun drei Laternen angezündet. Die Frau, die mir gezeigt hatte, wie man es macht, lag jetzt mit hochgezogenem Kleid und geöffneten Beinen lang hingestreckt auf einem Tisch. Ich konnte erkennen, dass sie es war, denn sie lag da mit hochgezogenem Kopf auf einem quer liegenden Eimer und schaute auf ihren Bauch hinunter. Neben ihr stand eine Frau, die eine Laterne dicht an sie heranhielt, während vor den Beinen meiner Meisterin eine Alte niederkniete und mit einer Stricknadel in ihrer Dingsda herumfuhrwerkte. Ich bekam es mit der Angst zu tun, musste aber trotzdem noch ein wenig länger hinschauen, weil ich überhaupt nicht verstand, was diese ganze Operation bedeuten sollte. Ich dachte, sie wäre vielleicht krank und sie würden ihr etwas herausholen, was da hineingeraten war. Aber dann lief ich doch weg, weil mir schien, dass sie nicht mehr auf ihren Bauch schaute, sondern zum Fenster hin nach draußen zu mir.

Zu Hause erzählte ich niemandem etwas davon, aber nach zwei Tagen sagten alle im Dorf, dass man sie in Lebensgefahr ins Krankenhaus gebracht hätte. Es tat mir leid für sie, aber ich konnte nicht sagen, warum, und so fragte ich meine trunksüchtige Tante, was die Frau denn gehabt hätte. »Eine Lungenentzündung«, antwortete sie mir. »Sie hat Zug bekommen und sich so eine Lungenentzündung geholt.« Ich erzählte ihr nichts von dem, was ich gesehen hatte, nichts von der Alten, die mit einer Stricknadel in ihr herumgestochert hatte, und dass sie deswegen vielleicht im Krankenhaus gelandet war. Kein Wort kam aus meinem Mund, auch nicht, als die Gendarmen ins Dorf kamen, um uns auszufragen, und darauf auch ins Krankenhaus gingen, wie meine Tante mir erzählte, und auch ihr Fragen stellten, ich weiß nicht, welche. Das ganze Dorf sprach von den Gendarmen, vom Krankenhaus, von ihr und dass sie fast gestorben wäre. Doch wenig später hörte man nichts mehr von all dem, und auch die Gendarmen ließen sich nicht mehr blicken.

Nach einem Monat sah ich sie wieder, schwach und abgemagert und so weiß, dass die Milch mir im Vergleich dazu schwarz vorkam. Sie war ernst und sagte kaum etwas, aber auch schon bevor sie ins Krankenhaus kam, hatte sie nicht viel geredet. Sie sagte mir, dass sie krank war und dass ich wieder zu ihr kommen könne, sobald es ihr besser ginge, dass ich aber erst einmal fernbleiben solle, weil sie jene Dinge jetzt noch nicht wieder mit mir treiben könne. Ich fragte sie, ob sie, wie meine Säuferintante sagte, eine Lungenentzündung gehabt hätte, worauf sie mit Ja antwortete, sie sei fast daran gestorben, aber jetzt sei sie geheilt, und wir könnten es bald wieder tun, da sie jetzt außer Gefahr sei und nie wieder eine Lungenentzündung bekommen würde.

Erst als ich älter war, so um die zwanzig, wurde mir klar, welche Art von Lungenentzündung sie gehabt hatte und was es bedeutete, wenn sie von Gefahr sprach. Es war die Gefahr, dass sie schwanger werden könnte, und ich glaube, sie war wohl von mir schwanger gewesen.

Nach einiger Zeit kamen wir dann auch wieder zusammen, aber es war nicht mehr wie früher. Etwas war zerbrochen in ihr, denn sie war immer traurig und machte es mit mir wie aus Zwang, als wolle sie mir einen Gefallen tun. So ging ich schließlich, ich war inzwischen über achtzehn, immer seltener zu ihr, auch weil meine alte Säuferintante mir eines Abends sagte, die Leute würden schon herumerzählen, die Frau hätte mich ruiniert und ich sie. Ich glaubte damals nicht, dass ich es war, der sie ruiniert hatte, aber ganz sicher hatte sie mich nicht ruiniert, im Gegenteil, sie hat mir nur Gutes getan. Dass ich sie wohl wirklich ruiniert hatte, das kapierte ich erst als Erwachsener, weil sie mir nie etwas von sich erzählte. Und außerdem, was wusste ich schon von solchen Gefahren? Und es ist nicht einmal gesagt, dass ich für ihr Leid verantwortlich war, wie man herumerzählte, denn meine Tante sagte einmal im Vollrausch, dass die Frau Männer wie Ameisen hatte, dass sie eine war, der alle Männer gefielen, und dass sie selbst mit dem Priester ging, welcher ein schöner Mann war, groß und blond, und der im Winter draußen vor dem Pfarramt im Unterhemd das Holz spaltete, als wäre es Juli. Alle sagten, sie würde mit dem Priester gehen, nicht nur meine Tante.

Sie hatte auch eine Art Geliebten, der um sie herumstrich, er war älter als sie und sah eher wie ihr Vater denn wie ihr Geliebter aus. Doch nach dem, was ich eines Tages auf dem Dorfplatz sehen und hören konnte, schien sie nicht gerade viel Achtung für ihn zu haben. Die zwei standen zusammen mit anderen Leuten vor Pilins Osteria *Zur Weißen Amsel*. Da kam groß und stolz der Priester Don Chino Planco vorbei und grüßte sie. Die beiden erwiderten den Gruß, doch als der Priester vorüber war, hielt der Geliebte ihr wieder einmal ihre Geschichte mit dem Priester vor. Da wurde sie feuerrot im Gesicht und brüllte ihn an wie eine Furie: »Wenn ich mit dem Priester gehe, dann, weil seiner beim Herausziehen noch größer ist als deiner beim Reinstecken.« Darauf verpasste er ihr eine solche Ohrfeige, dass ihr das Blut aus der Nase lief, sie aber, nachdem sie sich mit der Hand die Nase abgewischt und das Blut gesehen hatte, gab ihm ihrerseits einen Tritt zwischen die Beine, dass er sich vor Schmerzen auf dem Boden krümmte. Danach hätte er sie fast zu Tode geschlagen und getreten, wenn die anderen ihn nicht festgehalten hätten. So war diese Frau, sie ließ sich von niemandem zähmen und hatte vor nichts Angst. Hin und wieder traf ich sie noch, aber dann redeten wir nur, und stets wiederholte sie denselben Satz, auch noch lange später: »Heute wäre mein Sohn drei Jahre alt, heute wäre mein Sohn vier Jahre alt«, immer dasselbe. Und mit jedem Jahr, das verging, gab sie diesem Sohn, den sie nie gehabt hatte, ein Jahr mehr. Sie sagte mir, dass er gestorben sei, als er noch in ihrem Bauch war, aber als ich später darüber nachdachte, begriff ich, dass ja jene Alte ihr das Kind mit der Stricknadel aus dem Bauch gezogen hatte. Es tat mir in der Seele weh, sie ständig so erniedrigt zu sehen. Wenn ich mir vorstelle, dass dieses Kind, wie sie sagte, auch meines sein konnte, ich weiß nicht, was ich gegen diese verfluchte Alte unternommen hätte, die mit der Stricknadel Kinder umbrachte, damit sie nicht geboren würden. Aber das dachte ich erst, als ich schon erwachsen war, und da war meine Erinnerung bereits verblichen wie trockenes Gras.

ICH WAR EINUNDZWANZIG JAHRE alt, als meine Meisterin starb, zuerst erfuhr ich es von meiner Tante. Sie sagte, es sei etwas Schreckliches geschehen, man hätte Maddalena Mora im Stall am Balken erhängt aufgefunden. Man habe nachgeforscht, weil sie seit zwei Tagen nicht mehr gesehen worden war und ihre Kühe schon vor Hunger brüllten. Deshalb haben sie die Stalltür aufgebrochen, und da hing sie, violett im Gesicht, mit einem Heustrick um den Hals, schnurgerade wie ein Baum, an den Ästen aufgehängt mit den Wurzeln nach unten. Es tut mir so leid um meine Meisterin! Und ich glaube, es war alles wegen des Kindes, das sie in sich trug und nie austragen konnte, weil die Alte es im Voraus mit der Stricknadel durchbohrt hatte.

Bevor sie sich aufhängte, so erzählte man sich, hatte sie noch mit Bleistift folgende Worte auf den Boden eines Milchbottichs geschrieben: »Wer tötet, muss sich selber töten.«

Meine Tante interessierte sich sehr für diese Geschichte mit dem Bottich und ließ ihn sich zur Erinnerung aushändigen, trug ihn nach Hause und stellte ihn links auf den Ecksekretär. Und dorthin, vor den Bottich, legte sie dann auch noch die Eheringe von unserer Mutter und unserem Vater. Hin und wieder schaute ich nach und las jene erschütternden Worte, die sie geschrieben hatte, dass nämlich jemand, der einen anderen tötet, sich schließlich selbst umbringen muss. Aber auch die Ringe meiner Eltern betrachtete ich, und jedes Mal schnürte es mir dabei die Kehle zu.

Das Begräbnis fand ohne Don Planco statt, denn Selbstmörder hatten kein Recht auf einen Priester. Sie wurde in einem Winkel im oberen Teil des Friedhofs beigesetzt, der für die verdammten Seelen vorgesehen war. Zwei Monate später starb dann auch ihr Vater, so vereinsamt hatte es ihm das Herz gebrochen. Seine Frau war bereits gestorben, noch bevor diese schrecklichen Dinge geschahen.

VON MEINEM EINUNDZWANZIGSTEN bis zu meinem dreißigsten Lebensjahr arbeitete ich bei verschiedenen Leuten als Waldarbeiter, die mir wohlgesinnt waren und mich in die Geheimnisse der Waldarbeit einführten. Einer von ihnen war Santo Corona, genannt Santo della Val Martin, er wurde von einer Buche erschlagen, die ihn in die Schlucht des Val da Diach mitriss. Der alte Santo machte seine Arbeit sehr gut und war auch mir ein guter Lehrmeister. In der ersten Zeit half ich noch der trunksüchtigen Tante, die Kühe unserer Mutter zu versorgen, aber nach vier Jahren ging ich dann zu Santo und lernte bei ihm, wie man schnell und unter möglichst geringer Anstrengung mit Holz umgeht. Zuerst sagte er mir Nein, er bräuchte niemanden und hätte schon genug Mühe, sich selbst zu versorgen. Aber schließlich tat ich ihm leid, und er stellte mich fürs Erste zur Probe ein, doch dann stand er mir so zur Seite, als wäre ich sein eigener Sohn gewesen. Er wolle mich zunächst einmal für eine Saison behalten, sagte er, aber am Ende wurden es neun, bevor er nach Frankreich und Österreich ging, um dort als Waldarbeiter zu arbeiten.

Um jedem zu zeigen, wie gut er war, rasierte er sich hin und wieder die Haare an seinen Waden mit einem Axthieb ab. Dazu zog er sich die Hosenbeine hoch, nahm die Axt am Griffende auf und ließ sie mit Schwung auf das Bein niederfahren, aber statt dieses entzweizuhauen, rasierte er mit der Axtschneide nur einen Teil der Haare ab.

Darauf ließ er die Haare wieder nachwachsen und wiederholte dann sein Kunststück. Nie ist Santo della Val je ein Axthieb misslungen, und auch mir brachte er dieses sehr gefährliche Spiel bei. Nach und nach zeigte er mir ganz genau den Trick, wie man den Hieb nicht verfehlt, denn beim kleinsten Ausrutscher ist das Bein dahin: Es kommt darauf an, den genauen Bewegungsablauf vor Augen zu haben, der dann immer exakt derselbe sein muss, so als wäre der Arm auf einem Drehzapfen montiert, der ihn immer nur diese eine Bewegung ausführen ließ. Vor und zurück, ohne die geringste seitliche Verdrehung, immer ganz gerade, wie die Treibstangen der Räder einer Lokomotive. Ich war ein guter Schüler, und am Ende misslang auch mir kein einziger Hieb.

Kurz bevor er nach Österreich aufbrach, wollte ich noch einmal den starken Mann spielen und forderte ihn vor einigen Leuten vor der *Weißen Amsel* von Pilin heraus, wer von uns beiden wohl die meisten Wadenhaare absäbeln würde. Mehr Haare als der andere abzuschneiden hieß, noch näher an der Haut entlang zu schlagen. Santo lachte nur und nahm die Herausforderung an.

Santo war ein guter Mensch, ich war noch jung, und er mochte mich gern, und gerade deswegen wollte er mir auch eine Lektion in Bescheidenheit erteilen. Es war ein Jammer, dass so einer wie er später dann aus eigenem Verschulden von einer Buche erschlagen wurde. Er war sich zu sicher gewesen, verrechnete sich beim Fällen des Baums und wurde von ihm in die Tiefe gerissen. Es war im November, als Santo in sein Dorf zurückgekehrt war, um diese Buche herauszufordern, die ihn dann tötete.

Diesmal vor der *Weißen Amsel* begann ich und rasierte mir mit einem Axthieb die Haare ab. Ich wartete darauf, dass auch Santo sich das rechte Hosenbein hochziehen würde, um seine Haare abzurasieren, aber er tat nichts dergleichen. Vielmehr nahm er den Stiel eines Besens, der an der Wand lehnte, legte ihn auf den Vertragsstein, der ihm als Hackklotz diente, und begann, ihn mit seiner Axt, einer schon ganz abgenutzten *Müller*, wie einen Bleistift zu spitzen. Eine perfekte Ausführung, nicht ein einziges Mal berührte die Axtschneide dabei den Vertragsstein.

Mir stockte der Atem, aber das war noch nicht alles.

Nachdem er dem Stiel eine Spitze gehauen hatte, schnitt er sich mit einem famosen Hieb auch die Haare von der Wade. Die Schneide seiner *Müller*-Axt war also immer noch so scharf wie eine Rasierklinge, denn nicht ein Mal hatte er die Steinplatte berührt, auf der man Verträge unterzeichnete und wo auch der Abdruck eines Fußes zu sehen war.

Dann hielt mir der alte Santo den Stiel mit der anderen, ungespitzten Seite vor die Nase und sagte: »Jetzt versuch du es!« Ich wusste, dass ich schon verloren hatte, aber versuchte es trotzdem, dem Stiel eine weitere Spitze auf dem Vertragsstein zu hauen. Beim vierten Schlag traf ich den Stein, dass die Funken flogen. Ade, du schöne Schneide. Mit der so ruinierten Axt würde ich nun nicht bloß kein Haar mehr schneiden, selbst für einen Baum war sie nicht mehr zu gebrauchen. Ich musste sie mir von Grund auf neu schleifen.

Neben der Kerbe meines Axthiebs war auf dem Vertragsstein noch eine andere, viel ältere zu sehen. Und so sagte ich, während ich ihm die Hand drückte, dass wohl schon andere vor mir danebengehauen hätten. Dazu erzählte er mir dann eine Geschichte, doch vorher ermahnte er mich noch, ich solle nie denken, richtig gut zu sein, denn es gibt immer einen, der es noch besser kann, und immer lässt sich etwas dazulernen, auch von Kindern. Außerdem muss ich erwähnen, dass Santo zu meiner zusätzlichen Demütigung sich die Wadenhaare mit der linken Hand abhieb. Doch bevor ich zu seiner Geschichte komme, muss ich noch erklären, was es mit dem Vertragsstein auf sich hat.

Das war eine Steinplatte aus *saldàn*, einem dunkelgrünen Gestein, das gern für Wetzsteine verwendet wird. Aber der Vertragsstein diente nicht zum Schärfen von Äxten oder Messern, sondern zum Unterzeichnen von Abmachungen. Seit mehr als hundert Jahren schon lag er draußen vor der Osteria von Pilin, denn nach dem Unterzeichnen der Verträge wurde alles noch mit Wein gleichsam besiegelt. Damals ging es ohne schriftliche Verträge und Notare. Wenn beispielsweise einer einem anderen ein Feld verkaufte, setzte er als Unterschrift seinen nackten rechten Fuß auf die Saldànplatte. Beide machten das Gleiche, Verkäufer und Käufer, erst der eine, dann der andere. Das galt dann als verbindliche Unterschrift, die keiner mehr ungeschehen machen konnte, weder als Lebender noch als Toter.

Dieser Stein war heilig. Man hatte ihn von den Höhen von Marzàna hergebracht, weil er den Abdruck des rechten Fußumrisses von Christus trug, der diesen eines Tages bei seiner Durchreise darauf hinterlassen hatte. Die Leute damals wollten nicht glauben, dass er Christus sei, und bewarfen ihn mit Steinen, vor allem die aus Pineda und aus Marzàna; selbst verprügeln wollten sie ihn, sodass sie seit jenem Tag keinen Frieden mehr fanden. Mit erhobenem Arm hielt Christus sie zurück, drehte sich um und ging weiter. Er ging barfuß, und als er seinen rechten Fuß auf einen Steinblock aus Saldàn setzte – der härteste, den es auf der Welt gibt –, wurde der Stein unter seinem Fuß mit einem Mal so weich wie ein Brot mit Butterschmalz, und der Fuß von Christus sank in dieses Butterschmalz wie ein mit Glut gefülltes Bügeleisen und hinterließ so seinen bleibenden Abdruck. Da warfen sich die Leute aus Marzàna und aus Pineda auf die Knie, voller Ehrfurcht vor dem Wunder, dessen Zeuge sie geworden waren; nun waren sie sich sicher, dass es tatsächlich Christus war. Aber sie hatten es sich bereits verscherzt, indem sie ihm vorher nicht glauben und ihn sogar verprügeln wollten. Und von diesem Tag an mussten sie für lange Zeit ihre Schuld mit Elend, Mühe und Unglück bezahlen.

Ich weiß nicht, nach wie vielen Jahren, es waren wohl eher Jahrhunderte, der Stein dann auf den Dorfplatz vor die Osteria *Weiße Amsel* von Pilin gebracht wurde, um auf ihm die Verträge mit dem rechten Fuß zu besiegeln, den man genau dort hinsetzte, wo Christus ihn hingesetzt hatte. Und das war ein Siegel, das man nie brechen durfte, denn es war, als habe man Christus zum Zeugen gehabt.

Alle hatten sie Angst vor diesem Stein, erzählte Santo, und respektierten ihn mehr als den Altar in der Kirche. Dann erzählte er mir die Geschichte. Es gab einmal einen vom Spessepass, der sein Wort nicht hielt, nachdem er den Fuß auf den Abdruck von Jesus Christus gesetzt hatte. Es ging um einen Kartoffelacker auf dem Col delle Acacie, welchen er dem alten Legnòle verkauft hatte. Der vom Spessepass, er hieß Toni Corona de Piuma, heimste sich zwar die Anzahlung ein, aber seinen Acker gab er nicht mehr her, denn er war ein arroganter Dreistling. Darauf wurde er von acht Männern abgeholt und gewaltsam zum Stein mit Gottes Abdruck gebracht. Vier hielten ihn fest, und drei sprachen das Urteil über ihn. Der Letzte dann schlug ihm mit einem Axthieb alle Zehen des rechten Fußes ab, durch den Schuh hindurch. Daher stammt die Kerbe auf dem Stein: von der Axtschneide, nachdem sie Schuh und Zehen von Toni Piuma delle Spesse durchschnitten hatte, der sein Wort nicht gehalten hatte.

Das war die Geschichte, die mir Santo della Val erzählte zu der Kerbe, die nicht weit von der meines eigenen Axthiebs zu sehen war, welchen ich neben dem Abdruck von Christus hinterlassen hatte, weil es mir nicht gelungen war, dem Stiel eine Spitze zu hauen, ohne den Stein zu berühren.

INZWISCHEN HATTE ICH viel gelernt bei Santo und hätte auch weiter als Holzfäller gearbeitet, wenn unsere Tante sich nicht zu Tode getrunken hätte. Ich war zwei Tage lang oben im Wald gewesen, und als ich gegen Mittag wieder hinabstieg, erwartete ich, die Alte im Haus vorzufinden. Es war ein kalter Novembertag, und als ich vom Steilhang am Tamer hinunter ins Dorf schauen konnte und bemerkte, dass kein Rauch aus unserem Kamin stieg, befürchtete ich gleich Schlimmes. Wie?, sagte ich bei mir, die Alte hat kein Feuer gemacht? Unmöglich. Selbst im Sommer machte sie sonst Feuer, und erst recht im November. Also ging ich schneller, denn es war sonderbar, dass der Kamin nicht rauchte. Als ich am Haus ankam, war die Tür zugesperrt: noch sonderbarer. Unsere Tante sperrte nie zu. Und während ich nach ihr rief, kam aus dem nahen Stall als Antwort nur das verzweifelte Brüllen der Kühe. Ich hörte gleich heraus, dass sie vor Hunger brüllten und weil sie noch nicht gemolken worden waren. Wenn Kühe nicht gemolken werden, brüllen sie ganz erbärmlich vor Schmerzen an den Eutern. Meine Kühe brüllten gleich doppelt, vor Hunger und vor Schmerz, und es war furchterregend, das anhören zu müssen. Ich steckte den Schlüssel in das neue Schloss, das mein Bruder Bastianin kurz zuvor in der Schmiede von Mano del Conte angefertigt hatte, aber er ließ sich nicht umdrehen. Auch als ich gegen die Tür drückte, öffnete sie sich nicht. Erst durch kräftiges Dagegenstoßen bewegte sie sich gerade mal zwei Fingerbreit. Während ich mich mit der Schulter gegen die Tür stemmte, fiel mein Blick auf den Boden, und ich sah, wie scharenweise Ameisen unter der Tür raus und rein krabbelten. Eine drei Finger breite wahre Ameisenprozession. Wie hysterisch rannten sie rein und raus. Mit ganzer Kraft drückte ich schließlich die Tür so weit auf, dass ich mich schräg hindurchquetschen konnte.

Drinnen schlug mir ein übler Geruch entgegen, und mein Fuß stieß gegen etwas. Da sah ich sie auf dem Boden, zusammengekrümmt wie ein Bogen lag die alte Tante da. Ich zog sie an den Beinen etwas zur Seite und öffnete weit die Tür, damit mehr Licht hereinkam. Und was ich dann sah, drehte mir den Magen um. Eine große Pfütze roter Flüssigkeit, die ich zuerst für Blut hielt, aber bei genauerem Hinsehen war es Wein. Die Alte hatte mit dem Wein gleich ihr Leben ausgekotzt. Oder besser, sie hatte ihren Tod herbeigekotzt, denn schließlich hatte der Wein sie ja umgebracht. Durch ihren offenen Mund liefen haufenweise die Ameisen aufgeregt rein und raus, selbst ganz berauscht vom Wein, den sie passieren mussten. Arme Tante, endlich war sie in die andere Welt hinübergewechselt, wo sie immer schon hin wollte.

Wir beerdigten sie auf dem Friedhof, aber nicht neben meiner Mutter und meinem Vater, denn in der Zwischenzeit waren andere gestorben, die den Platz besetzt hatten. Ihre Schwester, die nach Mailand gegangen war, um dort als Hausdienerin zu arbeiten, erschien diesmal nicht zum Begräbnis, anders als sie es nach dem Tod unserer Mutter getan hatte. Man konnte sie nicht mehr ausfindig machen. Irgendwohin war sie verschwunden und hatte seither kein Lebenszeichen mehr von sich gegeben, nicht einmal mit einer Postkarte. Die Familie, bei der sie gearbeitet hatte, schrieb uns, dass sie ohne jede Erklärung fortgegangen war und sich nie wieder hatte blicken lassen.

Nach dem Tod der alten Tante begann ich mit der Zucht von Kälbern, handelte mit Kühen und Ziegen und hängte dafür die Holzfälleraxt an den Nagel. Nur im November ging ich noch hin und wieder in den Wald, um fünf bis sieben Kubikmeter Kaminholz zu schlagen. Bastianin war immer in seiner Schmiede unten am Vajontufer in der Nähe von Bondis Osteria. Aber wenn es in den Wald ging, kam er herauf und half mir beim Schlagen des Holzes, von dem dann jeder die Hälfte bekam. Wir mochten uns und kamen immer gut miteinander aus.

Nur einmal wären wir fast aneinandergeraten, wegen einer Sache mit seiner Geliebten, die sich später in der Irrenanstalt von Pergine mit dem eigenen Bettuch strangulierte. Sie war verrückt geworden und zog sich immer wieder vor allen die Röcke hoch. Eines Tages, als sie nach der Messe vor der Kirche wieder einmal alles herzeigen wollte, hielt ich sie zurück. Auch mein Bruder stand dabei, und alle Leute, die aus der Kirche herauskamen, schauten und lachten nur, wobei die Männer und die jungen Burschen am meisten hinschauten. Kaum fasste ich sie an, schrie sie schon los und beschimpfte meine Mutter als Schlampe. Da verpasste ich ihr eine solche Ohrfeige, dass sie den Kopf zwischen ihre Hände nahm und kein Wort mehr sagte, bis wir sie schließlich in das nächste Haus hineinzogen. Ich wollte ihr noch eine verpassen, doch da fasste mich mein Bruder am Arm und sagte basta. Mein Arm fühlte sich an wie im Schraubstock seiner Schmiede. Lass den Arm los, sagte ich ihm.

Wenn ich sie noch einmal anfasste, erwiderte er, würde er mir den Kopf aufspalten. Ich schaute ihm in die Augen. Beinahe hätte ich ihm mit einem Faustschlag den Schädel zertrümmert und seiner Wahnsinnigen noch die Nase zerschlagen, aber dann besann ich mich und dachte an die Zeit zurück, als wir noch klein und Waisen waren, und vergaß darüber meine Wut und sagte, du hast ja recht, Bastianin, verzeih mir.

Sonst haben wir uns immer gut vertragen.

NACH MEINER ERSTEN MEISTERIN in Sachen Liebe hatte ich auch noch andere Frauen, die immer älter waren als ich. Gleichaltrige oder Jüngere interessierten mich überhaupt nicht, mir gefielen die Älteren, weil sie mich an Maddalena Mora erinnerten. Einige Jahre lang hatte ich eine Geliebte, die kam aus der Siedlung Mulini delle Spesse, hieß Francesca und war dazu auch schön, jedenfalls schien es mir so. Aber sie wollte immer, dass wir alles nach ihrem Willen machten. Doch ich ließ mich nicht gern kommandieren, weder von ihr noch von sonst jemandem. Ich hätte sie ohrfeigen können, wie es alle anderen Männer im Dorf mit den Frauen taten, aber das gefiel mir nicht. Ich tat es nur ein Mal bei der Verrückten meines Bruders, was ich dann aber gleich bereut hatte. Ich versuchte eher vernünftig mit ihr zu reden, aber bei meiner Geliebten gab es kein vernünftiges Reden, es musste immer alles nach ihrem Willen geschehen. Ich war geduldig und hielt sie vier Jahre lang bei mir, bis ich es schließlich satt hatte.

Es geschah an einem Tag im September. Jaco dal Cuch hatte mir ein neu geborenes Hündchen geschenkt, das inzwischen aber schon selbstständig fressen konnte. Es war ein schönes Hündchen, und ich war froh, es bei mir zu haben. Hunde sind eine bessere Gesellschaft als viele Menschen, die, hast du sie einmal beleidigt, dir nicht mehr ins Gesicht sehen. Dagegen liebt dein Hund dich immer, selbst wenn du ihn schlägst, was natürlich nicht rechtfertigt, ihn zu schlagen; und wenn du ihn rufst, wedelt er ganz glücklich mit dem Schwanz. Ich nahm ihn zu mir ins Haus und setzte ihn mit einer Schüssel Ziegenmilch nah an den Kamin. Am Abend kam Francesca. Als sie den Hund sah, entbrannte sie vor Zorn wie zwei brennende Harzstöcke. Nein, sie wolle keinen Hund, sie könne Hunde nicht ertragen, und ich sollte ihn sofort aus dem Haus werfen oder in den Stall stecken. Ich sagte ihr, ich würde ihn nah bei mir am Kamin behalten, weil er mir Gesellschaft leistete und es draußen zu kalt wäre, auch wenn es erst September war.

Darauf erwiderte sie, dass ihre Gesellschaft doch wohl ausreiche und sie mich genug wärmen würde, wenn ich das meinte, und dazu bräuchte ich weder Hunde noch Katzen noch andere Tiere, und wenn doch, dann würde sie auf der Stelle weggehen. Ich fragte sie, was dieses arme Tier ihr denn Schlimmes antun würde, wenn es uns Gesellschaft leistete, aber sie schrie nur, das interessiere sie überhaupt nicht, sie wolle ihn einfach nicht mehr sehen. Der kleine Hund schien zu verstehen, dass wir über ihn redeten, und drückte sich mit hängenden Ohren und nach vorn ausgestreckten Vorderpfoten flach auf den Boden, wie abwartend, was ich entscheiden würde.

Der Tropfen, der dann das Fass zum Überlaufen brachte, war der Moment, als sie mich erpressen wollte und schrie, entweder sie oder er! Worauf ich antwortete, besser er, denn er bräuchte mich mehr als sie. Mit Vipernaugen verließ sie darauf den Raum, schlug die Tür hinter sich zu und kehrte nicht mehr zurück. Aber auch ich ging nicht mehr zu ihr und behielt mein Hündchen bei mir. Ich taufte es Dorch, was so viel wie der zweite Heuschnitt bedeutet, denn Jaco dal Cuch hatte das Welpennest auf seiner Wiese in einem Heuhaufen gefunden. Es waren drei Männchen und zwei Weibchen gewesen, mit der Mutter, die auf sie aufpasste.

Nachdem sie mich verlassen hatte, verfluchte ich sie noch hundert Mal und wollte für lange Zeit nichts mehr von Frauen wissen. Ich komme gern mit allen gut aus, aber wenn es nicht geht, dann geht es eben nicht. Auch mein Bruder Bastianin wollte keine Frauen mehr, nachdem seine im Wahnsinn gestorben war, stranguliert mit dem eigenen Betttuch in der Irrenanstalt von Pergine Valsugana. Er blieb für immer allein, und manchmal schloss er die Augen und sagte nur: dieser Bastard aus Valdapont. Während ich das jetzt hier aufschreibe, ist er vierunddreißig Jahre alt, und ich wünsche ihm wirklich, wenn erst alles vorbei ist, dass er eine Frau für sich findet und eine Familie mit Kindern gründet. Für mich ist bereits alles vorbei, ich hoffe auf nichts mehr und will auch nichts mehr, zu tief bin ich gesunken, als dass ich mir noch irgendeine Hoffnung machen könnte. Ich warte nur noch auf Gottes Strafe, denn die der Menschen kommt nicht mehr rechtzeitig.

ES VERGINGEN EINIGE JAHRE, und ich lebte so fort mit meinen Kühen und Ziegen.

Eines Tages im Spätherbst kam eine Frau mit einem Koffer ins Dorf. Das Leben schien ihr arg mitgespielt zu haben, und der Tod saß ihr schon im Nacken. Sie war spindeldürr mit grauen Haaren, aber die waren nicht gelbgrau wie die der Alten, die nah am Kaminfeuer alt werden. Nein, diese hier hatte graue Haare ohne Gelbstich, wie sie die Alten bekommen, die in der Stadt alt werden. Ich hatte gerade die Tiere versorgt, als sie zu mir nach Haus kam und sich vorstellte. Sie sagte, sie sei unsere Tante, ebendie, welche nach Mailand gegangen war, um dort als Hausdienerin zu arbeiten. Ich konnte kaum glauben, dass sie eine von uns sein sollte, und wenn sie nicht über bestimmte Dinge in unserer Familie Bescheid gewusst hätte, was nur eine, die dabei gewesen war, wissen konnte, dann hätte ich sie wieder fortgeschickt. Aber sie sprach wie wir, in unserem Dialekt, und da war ich sicher, dass sie es war. Ich erzählte ihr gleich von ihrer trunksüchtigen Schwester, die hinter der Tür gestorben war, und auch, dass wir schon brieflich versucht hatten, sie wegen des Begräbnisses zu erreichen, dass aber keiner wusste, wo sie sich aufhielt, nicht einmal ihre Herrschaften, bei denen sie diente und denen wir geschrieben hatten, um sie zu benachrichtigen. Sie fragte mich nach meinem Bruder, und ich sagte, es ginge ihm gut. Dann sagte ich ihr, sie könne es sich in der Zwischenzeit schon bequem machen, während ich hinunter zur Schmiede von Bondi ginge, um Bastianin Bescheid zu geben, dass die Schwester unserer Mutter heimgekehrt sei. Bastianin kam sofort, und auch er war sehr betroffen, die Alte auf der Schwelle des Todes zu sehen, abgemagert, violett im Gesicht und mit einem Bauch so dick wie ein Käsekessel.

Sie richtete sich im Zimmer unserer Mutter ein, und am folgenden Tag wollte sie uns von ihrem Leben in Mailand erzählen. Bevor sie sich schlafen legte, fragte sie noch, ob wir einen Liter Wein für sie hätten, und wenn nicht, ob wir ihr dann einen holen gehen könnten. Jetzt verstand ich, warum es ihr so schlecht ging. Sie trank. Und ich glaube, sie trank noch mehr als ihre Schwester, die mit Ameisen im Mund gestorben war. Das zeigte sich in den folgenden Tagen immer deutlicher. Sie hatte einiges an Geld bei sich, auch wenn sie wie eine Sandlerin aussah, und ging jeden Tag zu Pilin, um sich flaschenweise Wein zu kaufen. An einem Abend erzählte sie mir, was ihr in Mailand zugestoßen war.

Sie begann so:

»Mir ging es gut in dem Haus, wo ich als Hausdienerin arbeitete. Die Herrschaften, der Mann und die Frau, beide um die vierzig, hatten so viel Geld, wie es Kieselsteine am Vajont gibt, aber sie besaßen nicht, was alles Geld und allen Reichtum dieser Welt aussticht, und das sind die Kinder. Er war Ingenieur bei der Eisenbahn, und alle sagten, dass er ein mächtiger und bedeutender Mann in Mailand sei. Seine Ehefrau war Lehrerin, aber unterrichtete nicht, denn in diesem Haus fehlte es nicht an Geld. So spielte sie den ganzen Tag Geige und Klavier, und gegen vier fuhr sie dann zum Tee zu ihren Freundinnen außerhalb der Stadt. Die Herrschaften gaben mir wenig Geld, dafür aber reichlich zu essen und zu trinken und auch Kleider, denn die Hausherrin hatte genau meine Maße. So lebte ich vor mich hin, konnte selbst auch ein paar Lire auf die Seite legen, und ehe ich mich versah, war schon einige Zeit vergangen.

Eines Tages, es war gegen vier, und die Signora war zu ihren Freundinnen gefahren, kam unversehens er zu mir und fing an, mich anzufassen. Ich versuchte mich loszureißen, aber er war zu stark und bedrängte mich weiter, und außerdem wollte er mir Geld geben, wenn ich stillhielt. Aber ich hielt nicht still. Doch dann musste ich stillhalten. Nicht weil ich das Geld wollte, sondern weil er stärker war. Von diesem Tag an kam er immer, wenn seine Frau außer Haus war, und machte mit mir, wozu er Lust hatte. Ich konnte nichts mehr dagegen tun, denn er jagte mir Angst ein, dieser Mann. Die Geschichte ging längere Zeit so weiter. Er gab mir Geld, aber nicht weil er mich bestieg, sondern damit ich still blieb und niemandem etwas sagte. Ich blieb still und nahm das Geld, denn auch wenn ich es nicht nahm, hätte er mich trotzdem bestiegen.

Eines Tages merkte ich, dass ich meine Regel nicht mehr bekam, und nach zwei weiteren begriff ich, dass ich schwanger war, und sagte es ihm, denn es konnte nur von ihm sein. Er wurde leichenblass, dann sagte er mir, ich solle nur ruhig bleiben, er würde schon alles richten. Erst dachte ich, er wolle das Kind loswerden, und ich wäre schon fast davongeflüchtet. Aber nein, vielmehr befahl er mir, niemandem davon zu erzählen, und er würde schon eine Lösung finden. Nach einer Woche sagte er mir, ich solle seiner Frau sagen, dass ich es leid wäre und woanders arbeiten gehen wolle. Ich tat, wie er mir befohlen hatte, und packte meine Sachen. Nach dem Abschied bot er sich an, mich zum Bahnhof zu begleiten, doch dann brachte er mich nicht zum Bahnhof, sondern in ein Schwesternkloster in Mailand selbst. Mit den Nonnen hatte er schon vereinbart, dass sie mich versteckt halten würden. Ich sollte das Kind normal gebären und aufziehen, bis es einigermaßen groß war, dann würde er es wieder zu sich nehmen unter dem Vorwand, es zu adoptieren. Ich wollte nicht zustimmen, aber dann drohte er damit, er würde mich sonst aus dem Weg räumen oder lebenslang in eine Irrenanstalt sperren lassen. Ich hätte alles seiner Frau erzählen können, aber fand nicht den Mut dazu, denn damit hätte ich auch ihr Leben ruiniert. So sagte ich, um Zeit zu gewinnen, lassen wir das Kind erst einmal auf die Welt kommen, dann sehen wir weiter. Er ging fort und ließ sich monatelang nicht mehr blicken. Erst als das Kind, es war ein Junge, geboren wurde, tauchte er kurz auf. Die Nonnen hatten einen Priester besorgt, der ihn taufte. Ich nannte ihn Antonio, nach deinem Großvater. Es war ein süßer Schlingel, ich gab ihm meine Milch, und es war eine Freude zuzusehen, wie gut er wuchs, denn ich hatte genug Milch, um zwei Kälber aufzuziehen. Ich führte ein ruhiges Leben im Kloster, und er tauchte nur hin und wieder auf, um den Kleinen zu sehen. Als Antonio dann drei Jahre alt war, kam er und nahm ihn einfach mit. Ich bat ihn nur darum, den Kleinen ab und zu sehen zu dürfen. Ohne mein Kind war ich wie tot, als hätten sie mir Herz und Seele herausgerissen, und monatelang weinte ich nur und konnte nicht mehr schlafen. Hin und wieder kam er noch mit dem Kind, aber dann wurde es immer seltener, bis er es nach Ablauf eines Jahres schließlich gar nicht mehr brachte. Den Schwestern hatte er nicht gesagt, dass es sein Kind war, sondern dass er mir nur helfen und es aus Mitleid großziehen wolle, denn ich sei ja so ein armes Ding, das einer geschwängert hatte, und deshalb tue ich ihm leid. Ich blieb im Kloster, denn ich hatte zu nichts mehr Energie, nicht einmal mehr zu leben, und die Schwestern gaben mir das bisschen Luft, um weitermachen zu können, und dafür putzte ich für sie und Ähnliches mehr.

Ein Jahr nachdem er mir das Kind fortgenommen hatte, tauchte er wieder auf und übergab mir einen Umschlag mit Geld, und ebenso einen gab er auch der Priorin. Ich fragte ihn, wie es dem Buben gehe, und er sagte, gut, aber von jetzt an müsse ich ihn ganz vergessen, wenn ich nicht großen Ärger bekommen wollte. Ich hätte ihn auf der Stelle am liebsten mit meinen eigenen Händen umgebracht, aber glaub mir, es nützt nichts, sich gegen die Reichen und Mächtigen zu stellen, den Kampf verlierst du immer.

Dann fing ich aus Verzweiflung an zu trinken, damit der Kopf leer wurde und ich nicht immer an meinen Tonin denken musste. Ich streunte durch Mailand und trank so viel, dass ich häufig fast nicht mehr zum Kloster zurückfand. An Geld für Wein und Schnaps fehlte es mir nicht, und die Schwestern drückten ein Auge zu, denn auch die Priorin kannte das Laster des Trinkens. Hin und wieder tranken wir auch zusammen, sie und ich, heimlich in der Klosterküche. Die Priorin war ungefähr zehn Jahre älter als ich und war gewaltsam ins Kloster gebracht worden, wegen einer Erbschaft, die sie nicht erben sollte.

So gingen die Jahre dahin. Eines Morgens war die Priorin nicht aufgestanden, sie lag nach einem Herzschlag tot in ihrem Bett, schwarz wie die Hölle und steif wie Leder. Da wusste ich, dass mir fortan niemand mehr in diesem Kloster helfen würde, und so bin ich zurückgekommen, um hier in meinem Dorf zu sterben. Also, Zino, jetzt kennst du meine Geschichte und weißt auch, dass du und dein Bruder Bastianin irgendwo in Mailand einen Cousin habt, auch wenn nur vom Hörensagen, denn ihr werdet ihn nie kennenlernen.«

Als ich mir diese schlimme Geschichte angehört hatte, konnte ich nur daran denken, wie wenig Glück in ihrem Leben sie doch hatten, die drei Schwestern Binùt, von denen eine unsere Mutter war. Aber auch mein Vater und wir Söhne hatten nicht viel Glück gehabt, und so betete ich zu Gott, er möge unser Schicksal doch etwas zum Besseren wenden, denn mir schien, es war schon genug Unglück geschehen. Wenigstens für mich und Bastianin war es Zeit für eine Wende zum Besseren.

An einem Morgen rief mich die Alte in ihr Zimmer, das einst unserer Mutter gehört hatte, holte von ganz unten in ihrem Koffer ein Stück Karton hervor, aus dem sie dann ein Bündel Geldscheine zog und mir überreichte. Sie sagte, ich könne mit dem Geld machen, was ich wolle, ihr würde es reichen, wenn ich jeden Tag ein wenig Wein für sie kaufte und sie einfach im Haus sterben ließe. Ihre Hände zitterten, als sie mir das Geld gab, nicht etwa, weil sie mir das Geld nicht geben wollte, sondern weil sie trank, denn wenn ein Trinker keinen Wein hat, zittern ihm die Hände. Ich sagte ihr, danke, Tante, du bist ein wahres Glück.

Für einen Teil des Geldes kaufte ich fünfzig Ziegen, aber genau die Hälfte gab ich meinem Bruder Bastianin. Das restliche Geld versteckte ich unter dem Bottich von Maddalena Mora auf dem Ecksekretär, wo schon die Hochzeitsringe meiner Eltern lagen und sicher niemand nach ihm suchen würde.

Die Mailänder Tante tat mir leid, es war nicht gut um sie bestellt, aber ihre Augen ähnelten denen unserer Mutter, und war sie auch alt und abgemagert, sie hatte überhaupt etwas von unserer Mutter, die noch jung war, als sie starb, und die Einzige unter den dreien, die nicht trank. Damit sie sich nicht ganz verlor, nahm ich sie hin und wieder mit zum Weiden der Ziegen auf den Col delle Acacie oder den Cogòl oder auch zum Cerentón. Vor allem, um sie vom Wein fernzuhalten, denn sonst würde sie nur den ganzen Tag damit verbringen, von Pilin Weinflaschen zu besorgen. Dem Wirt sagte ich, dass ich dann alles bezahlen käme, denn sie hatte mir ja das Geld dafür gegeben.

Wenn wir die Ziegen weiden gingen, nahm ich nur Wasser mit, und jedes Mal flehte sie mich an, auch ein bisschen Wein mitzunehmen, aber das gab es nicht bei mir, Wasser und basta. Die Arme, sie war dann so niedergeschlagen, dass es mir das Herz zerreißen wollte, aber es war ja nur zu ihrem Guten, wenn ich nur Wasser mitnahm. Einmal hielt sie es nicht mehr aus, und da sie wusste, dass ich kein bisschen Wein mit auf die Weide nehmen würde, bat sie mich, ob ich nicht wenigstens für sie ein Handtuch in Wein tränken könnte, den sie dann auf dem Weg ganz langsam aussaugen würde. Nun war sie endgültig gefangen in der Hölle, und eher als gar nichts zu kriegen, reichte es ihr schon, an einem mit Wein getränkten Stofffetzen zu saugen.

Mit jedem Tag wurde sie nun irrer im Kopf und sah sich schon von Vipern und Skorpionen verfolgt. Einmal dachte ich, es ginge ihr besser, und schickte sie zum Wasserholen mit einem Eimer zum Brunnen neben der Kirche von Beorchia. Es war Februar, und um nicht auszurutschen, zog sie sich die genagelten Stiefel an. Die Zeit verging, und sie kam nicht zurück. Nach mehr als einer

Stunde ging ich nach ihr schauen, ob sie überhaupt bis zum Brunnen gekommen oder ihr vielleicht etwas zugestoßen war. Damit sie mich nicht sehen konnte, lugte ich vorsichtig um die Kirchenecke. Arme Frau. Da war sie und versuchte einen Weidenkorb mit Wasser zu füllen. Da der Korb dicht geflochten war, füllte er sich auch schnell, zumal der Wasserstrahl armdick aus dem Brunnen herausgeschossen kam, aber wenn sie ihn dann forttragen wollte, war er schon nach den ersten zehn Metern wieder leer. So ging sie wieder hinauf, um den Korb von Neuem zu füllen. Kaum merkte sie, dass er leer war, ging sie wieder hinauf zum Brunnen. Ein ständiges Hinauf und Hinunter, jedes Mal zehn Meter. Ich nahm sie am Arm, um sie nach Hause zu bringen, aber sie zog immer in die Gegenrichtung, weil sie zurück hinauf zum Brunnen wollte, um den Korb mit Wasser zu füllen.

Drei Monate später starb sie, wie ihre Schwester, nur dass sie jetzt Blut spuckte und nicht Wein. Es war im Mai, der Monat der Madonna, und draußen sangen schon seit Tagen die Kuckucke. Ich war früh aufgestanden, um die Kühe zu versorgen. Wenn ich vom Stall zurückkam, war sie für gewöhnlich auch schon aufgestanden. Aber nicht an diesem Tag. Ich stieg hinauf zu ihrem Zimmer und rief nach ihr, aber sie antwortete nicht. Da öffnete ich die Tür. Sie hatte noch versucht, in die Küche hinunterzusteigen, war aber bereits beim Aufstehen hingestürzt. Auf dem Dachboden aus Lärchenholz eine dunkle Blutpfütze mit Klumpen, wie bei eingedickter Milch. Das Blut war ihr aus dem Mund herausgekommen und bereits kalt. Sicher war es irgendwann während der Nacht passiert. Zwei Tage später beerdigten wir sie. So lagen sie jetzt alle beisammen auf dem Friedhof, die Binùt-Schwestern, und alle starben sie an Erbrechen. Zwei Frauen wischten den

Boden mit heißem Wasser, aber die Seele dieser armen Frau war mit dem Blut bereits tief in das Holz eingedrungen und ist immer noch dort in den Lärchenbrettern, wie der Schatten ihres Lebens.

Jetzt, dachte ich, kann man wirklich sagen, dass ich und mein Bruder Bastianin einsam und allein zurückgeblieben sind. Arme Alte! Sie wollte arbeiten, etwas für uns tun, sie fühlte sich noch stark genug dazu, aber sie hatte nicht die Strafe des Weins mit einberechnet, der sie dann, nicht einmal ein Jahr nach ihrer Rückkehr, umbrachte. Das Schicksal wollte es so. Wie sagte nicht ihre Schwester, die, die immer sang »Das Leben ist ein Jammertal, es kann mich kreuzweis…«: »Zeit und Tod machen alle Pläne kaputt.«

IN JENER ZEIT FREUNDETE ICH mich mit Benvenuto Martinelli an, der auch Raggio, »Strahl«, gerufen wurde, weil er, wie er mir erzählte, zehn Jahre nach der Heirat seiner Eltern zur Welt kam, nachdem sie jahrelang vergeblich versucht hatten, ein Kind zu bekommen; und als sie schon die Hoffnung aufgegeben hatten, war er plötzlich da, und es war, als sei auf einmal ein Sonnenstrahl ins Haus gefallen. Ich kannte Raggio vorher nur vom Sehen, er war fünf Jahre älter als ich und wohnte im Ortsteil Forcate, aber wir waren nicht befreundet, nur Grüß Gott und Guten Abend. Eines Tages kaufte ich acht Ziegen von ihm, er machte mir einen guten Preis, fast die Hälfte von dem, was ein anderer aus Cellino verlangt hatte, nämlich genau jener Bia Zoldan, dem ich dann Jahre später meinerseits dreißig Ziegen verkaufte, aber zu einem viel höheren Preis als den, welchen ich ihm zuvor hätte zahlen müssen. So wurden wir Freunde, ich und Raggio, aber noch engere Freunde wurden wir später, als ich ihm beim Hausbau half. Hierzulande hilft man sich gegenseitig, wenn einer sich ein Haus bauen will. Man macht sich gleich zu dreißig oder vierzig Männern an die Arbeit, und so ist das Haus schnell fertig aufgebaut. Derjenige, dem man geholfen hat, gibt dann, wenn er kann, bei Bedarf den anderen jeweils einen vollen Arbeitstag zurück. Wenn wir also vierzig sind, muss derjenige, dem wir geholfen haben, vierzig Tage, jeweils einen für jeden von uns, arbeiten, aber dafür ist sein Haus dann schon fertig. Und so halten wir es unterschiedslos mit allen, die Hilfe brauchen, auch bei den Waldarbeiten oder beim Heuen.

Raggio wollte heiraten und brauchte ein neues Haus, da sein bisheriges so klein war, dass nicht einmal die Schafe darin Platz hatten, und es stank nach den Tieren. Wie ich betrieb auch er Schafzucht und arbeitete manchmal als Waldarbeiter, aber er hielt sein Haus nicht sauber.

Dann, während wir sein neues Haus hochzogen, geschah das Unglück. Einige waren zu den Libri von San Daniele unterhalb des Gipfels vom Monte Borgà hinaufgestiegen, um von dort auf Schlitten die Steinplatten für Mauerwerk, Dach und Boden des Erdgeschosses herunterzuschaffen. Dazu benötigte man für den Hin- und Rückweg einen ganzen Tag. Einer lud die Platten auf, ein anderer die Tür- und Fensterpfosten, die Jaco dal Cuch dann so kunstvoll behaute, wie nur er es konnte. Zuletzt musste noch der Larín, bestehend aus vier großen Steinblöcken für den Herdbau, heruntergefördert werden. Den Abschluss unseres Schlittenzugs bildete Nacio Baldo Filippin, stark wie ein Zugpferd, aber er redete nie. Als alle unten im Dorf angelangt waren, merkten sie auf einmal, dass Baldo fehlte. Und selbst nach einer Stunde Warten tauchte er nicht mehr auf. Besorgt gingen sie noch einmal den Berg hinauf, denn auch wenn der Schlitten zu Bruch gegangen wäre, wäre er doch ohne ihn ins Dorf zurückgekommen. Man fand ihn schließlich tot in der Foiba von Pian de Pez. Sein Schlitten war von einem großen Stein so abrupt abgebremst worden, dass der quer geladene Felsblock nach vorne rollte und den armen Nacio unter sich begrub. Es war ein Block von ungefähr anderthalb Metern Länge und vierzig mal vierzig Zentimeter dick, der sich ihm da auf die Schulter wälzte und ihn zerquetschte wie einen Marder das Fangeisen. Sie fanden ihn mit dem Gesicht zum Himmel gerichtet, denn der Stoß hatte ihm den Kopf weit nach hinten geschleudert, als wollte er nachschauen, was geschehen war. Darauf wollte Raggio den Steinblock nicht mehr, der Nacio Baldo getötet hatte und nun mit seinem Blut befleckt war. So ging Fermin de Ruava von Neuem hinauf, einen anderen Stein besorgen, aber bevor er ihn wieder mit dem Schlitten ins Tal brachte, sicherte er ihn diesmal mit Stricken, damit es ihm nicht so erginge wie dem armen Baldo. Seit diesem Vorfall befestigten alle ihre Pfosten zum Transport mit Stricken, um nicht so wie Nacio zu enden, aber bis dahin hatte noch keiner je die Pfosten gesichert, immer nur quer aufgeladen, und das war immer gutgegangen.

Im ganzen Dorf war Nacio Baldo für seine Stärke bekannt, und wenn dieser Steinblock ihm nicht das Rückgrat gebrochen und die Rippen nach vorn aus dem Fleisch herausgepresst hätte, wäre er sicher wieder unter dem Stein hervorgekrochen. Jetzt aber war er wie ein durchgesägter Stamm zu keiner Bewegung mehr fähig. Dabei war er bärenstark gewesen. Nach dem Begräbnis erzählte mir der alte Felice Mela, er wäre einmal mit Nacio Baldo in die Gegend von Conegliano gegangen, um Kartoffeln gegen Hirse zu tauschen. Dort gerieten sie dann auf den Hof eines Landgutes, wo gerade zehn Bauern miteinander wetteten, wer wohl den Steinring des Brunnens hochstemmen könne. Als Preis winkte ein Eimer Wein. Alle versuchten es, aber keinem gelang es. Da trat der alte Mela vor, und noch bevor er nach der Hirse fragte, wollte auch er versuchen, den Ring des Brunnens hochzubewegen. Ja bitte!, ermutigten ihn die Bauern. Der alte Felice Mela stellte sich breitbeinig auf, griff mit beiden Händen unter den Ring und hob ihn wenigstens zehn Zentimeter hoch. Damit hatte er den Eimer Wein gewonnen und wollte gleich zusammen mit Nacio Baldo eine Schüssel davon trinken. Aber Nacio sagte, zuerst wolle auch er noch versuchen, den runden Brunnenstein zu heben. Und so wurde auch er dazu eingeladen. Baldo packte den Ring mit seinen beiden Händen und hob ihn vom Brunnen auf, als wäre es ein Armvoll Heu. Dann stellte er ihn auf wie das Rad eines Fahrrads, hockte sich davor nieder, lud ihn sich auf den Rücken und begann wie nichts damit auf dem Hof herumzugehen und fragte die umstehenden Bauern, wo er ihn nun hintragen solle. Die Bauern baten ihn, den Ring wieder an seinen Platz zu legen, und schenkten ihm jetzt nicht nur einen Eimer, sondern einen ganzen Hektoliter Wein. So kehrten die beiden mit einem Karren voll Hirse und Wein zurück, von Nacio Baldo gezogen, denn der alte Mela hatte zwar noch Kraft, aber wenig Ausdauer.

Im Dorf erzählte man sich, dass Baldo, als er bei den Gebirgsjägern war, mit einem Faustschlag ein Maultier niedergestreckt habe, wobei er immer betonte, dass es ja ein krankes Tier gewesen sei und dass er ihm den Fausthieb nur versetzt habe, weil es sich nicht einreihen lassen wollte, und der Hieb sei eh nicht kräftig genug gewesen, um es zu töten. Das Maultier jedenfalls ging tot zu Boden, denn Baldo hatte eine Faust wie eine Steinkeule. Der Vorfall ging vor das Militärgericht, und um ein Haar hätte man ihn eingesperrt. Noch Jahre später tat Baldo dieses Maultier leid, und wie um sein Gewissen von dieser Last zu befreien, wiederholte er stets, das Maultier sei krank gewesen und sowieso gestorben, auch ohne Faustschlag. Seitdem, so wurde im Dorf erzählt, würde Nacio Baldo seine Faust nicht mehr erheben, nicht einmal bei einer Rauferei. Er ginge dann lieber weg oder würde eher noch Schläge einstecken, als selber zuzuschlagen.

IN WENIGER ALS ZWEI MONATEN hatten wir das Haus für Raggio fertig gebaut, und er war sehr froh darüber, weil seine Hochzeit mit einer aus San Martino bevorstand; die Frau war zwar nicht sehr groß, aber hatte so breite Hüften wie eine Stute, stark und arbeitsam, genau die Richtige zum Kinderkriegen. Nur sprach sie wenig, war stets verschlossen und blieb lieber für sich, so als hätte sie etwas zu verbergen. Aber die Hüften einer Zuchtstute zu besitzen will noch nichts heißen, denn Kinder bekam sie nie.

Jaco dal Cuch war Tag und Nacht mit dem Behauen der Tür- und Fensterpfosten für Raggios Haus beschäftigt, und auch die anderen halfen ihm dabei. Er beherrschte diese Arbeit so gut wie kein anderer. Außerdem fertigte er noch Krüge für Schweine- und Butterschmalz, die er nach bloßem Augenmaß aus dem roten Marmorgestein in der Schlucht Bus de Bacòn herausschlug, ohne Maß zu nehmen, so perfekt rund wie die Hälften von Wassermelonen. Wenn einer ihm sagte, er wolle einen Krug, der zehn Kilo Schweineschmalz oder zerlassene Butter fasse, meißelte er ihn nach Augenmaß, und wenn er fertig war, fasste er exakt zehn Kilo. Wie mit dem Zirkel gezogen vollkommen rund waren seine schweren dickwandigen Marmorkrüge. Einmal versuchte der Jäger Checo de Costantina, der am Colle delle Spesse wohnte, ihn in Schwierigkeiten zu bringen und sagte ihm, er wolle einen Krug mit acht Kilo und achthundert Gramm Fassungsvermögen. Jaco begriff sofort, dass er ihn damit nur böswillig provozieren wollte, aber er machte keinen Rückzieher und stellte den Krug in drei Tagen fertig. Dann gingen sie zu Pilin in die Osteria und wogen zehn Kilo und achthundert Gramm Butter ab, stellten sie auf das Feuer und gossen die so zerlassene Butter in den Krug, der damit genau bis zum Rand voll wurde. Darauf zahlte Checo nicht nur den Preis für die Arbeit, sondern schenkte Jaco dal Cuch auch gleich die Butter. Der Krug diente Checo zur Aufbewahrung von Gämsenschmalz, das, wie er sagte, Heilkräfte besitze und vor der Kälte schütze, wenn man sich damit einreibt.

Oft schaute ich Jaco beim Behauen der Pfosten für das Haus von Raggio zu, auch um etwas zu lernen, denn man weiß ja nie, es ist immer gut, sich noch in einer anderen Arbeit auszukennen. Jaco schnitt die Marmorpfosten längs ihrer langen Adern mit dem *testùch*, dem Schlageisen mit gehärteten Schneiden der Steinmetze. Ich sagte ihm einmal, er würde mit diesem Schlageisen den Marmor so leicht schneiden wie das Holz mit einem Beil, worauf mir Jaco del Cuch dann etwas Unglaubliches erwiderte. Er sagte, es sei nicht die Schneide des Schlageisens, die den Marmor spaltet, und auch nicht der Schlag, sondern der Klang. Die Schwingungen des Klanges sind es, die in den Marmor dringen und ihn öffnen, als wäre er Gips. »Der Schlag«, sagte er, »dient nur dazu, den Klang zu erzeugen, der sich dann seinen Weg bahnt und bis ins Herz des Steins vordringt. So müsste man überhaupt mit allen Dingen im Leben verfahren, immer nur mit dem Klang arbeiten.«

Für die Eingangstür von Raggios Haus meißelte Jaco ein furchterregendes Gesicht in einen weißen Stein und platzierte diesen dann als Schlussstein in die Mitte des Türbogens. Es zeigte eine Art Teufel mit abstehenden Hörnern und ausgestreckter Zunge, wie zur Beleidigung aller Vorbeigehenden. Ich wand ein, das Gesicht von Christus oder das eines Engels wäre vielleicht besser gewesen, aber Cuch erwiderte, dass Raggio selbst es so wollte.

Für die Deckenträger des Hauses wurden Lärchen auf den sonnigen Hängen des Monte Certén geschlagen, auf dem mageren Boden dort wuchsen die Bäume nur sehr langsam, nicht einmal einen Millimeter jährlich. Sie halten dann Jahrhunderte, aber sie müssen in der richtigen Mondphase während der ersten acht Tage nach dem Neumond im Dezember geschlagen werden. Zugeschnitten wurden sie alle von Lilàn de Mela, dem Enkel von Nacio Baldo, der den Brunnenring bei Conegliano hochgestemmt hatte. In Sachen Holz war Lilàn, auch wenn er noch jung war, wie Jaco dal Cuch als Steinmetz, ein Meister in seinem Fach. Er schnitt die Hölzer nur mit einem Beil zu, aber so glatt wie mit einem Hobel. Auf diese Weise hatte Raggio nach fünfundfünfzig Tagen ein neues Haus und konnte das immer schweigsame Mädchen mit den geheimnisvollen Augen aus San Martino heiraten. Nach der Trauung wurde auf dem Dorfplatz ein großes Fest gefeiert, und alle saßen wir, ich wie die anderen, die das Haus mit aufgebaut hatten, bei Essen und Trinken zusammen, nur Nacio Baldo fehlte. Raggio schlachtete das größte Kalb, und dann wurde vor der Osteria von Pilin nur gehüpft und getanzt, gegessen und getrunken, draußen, denn es war ein schöner Tag im Mai, zu schade, um drinnen zu bleiben. Während wir alle so feierten, bemerkte ich, wie die frisch verheiratete Braut ständig zu mir herübersah. Aber warum schaut sie mich denn so an, sie hat doch gerade geheiratet?, dachte ich bei mir. Damals an jenem Tag im Mai, ich glaube, es war der 20., ahnte ich noch nicht, dass diese Blicke auf dem Platz von Erto der Anfang all meines Unglücks sein sollten.

Von diesem Hochzeitstag an ging ich Raggio recht häufig besuchen. So vergingen einige Jahre. Da er ein leidenschaftlicher Jäger war und am liebsten auf Gämsenjagd ging, begann auch ich, mich dafür zu begeistern, und so gingen wir gemeinsam auf Gämsenjagd. Manchmal begleitete uns der alte Checo de Costantina, aber doch eher selten, denn für gewöhnlich ging er lieber allein. Er war immer allein, wie der Kuckuck.
Einmal ging ich mit Raggio auf Gämsenjagd zum Bosconero. Wir trugen beide Einundneunziger, das waren gute Gewehre aus dem kaum vergangenen letzten Krieg. Es war im September, ein wenig zu früh für Gämsen, weil sie dann noch ein rotes Fell tragen, aber Raggio brauchte das Fleisch und wollte keine seiner Ziegen schlachten und erst recht kein Kalb. Die bewahrte man sich für Notzeiten auf.
Auf dem Bosconero angekommen, richteten wir uns in der Höhle ein, die den Wilddieben als Unterschlupf diente, denn wir wollten wenigstens für drei Tage bleiben, und da drin ist es wie in einer Herberge. Aber was sag ich, drei Tage, um ein Haar wäre Raggio gleich an Ort und Stelle verreckt. Wir waren gerade unten in den Gravèrs, und zum Glück waren wir dort unten, wo es Wildbäche mit reichlich Wasser gibt und weiter unten einen kleinen Wasserfall, andernfalls wäre mein Freund schon tot. Als Raggio gerade unter einer Kiefer herging, wurde er von einer Viper in den Nacken gebissen. Da ich ihm

nachfolgte, konnte ich alles mit ansehen. Er schlug sich auf den Hals, schrie und fluchte, bis er auf einmal die Viper, eine von denen mit Horn, von seinen Schlägen getötet auf die Erde fallen sah, aber da hatte sie ihn schon gebissen. Was tun? Hoch zum Passübergang und zurück nach Erto, daran war überhaupt nicht zu denken, denn dazu brauchte man sieben Stunden, genau die Zeit, um ruhig wegzusterben. Inzwischen, nach nicht einmal einer Dreiviertelstunde, wurde Raggio so übel, dass er kotzen musste, und er sagte, der Bauch würde ihm brennen wie Feuer. Kurz darauf fühlte er sich immer müder werden und wollte sich schlafen legen. Sein Hals war angeschwollen wie der eines Ochsen, und seine Augen waren, vielleicht vom Schwellungsdruck, herausgetreten und blutunterlaufen wie die einer Eule. Als ich merkte, dass er einnicken wollte, hatte ich Angst, er könnte nicht mehr aufwachen. Da erinnerte ich mich an den Wasserfall, der durch die Rinne des Collalto herunterkam, weiter oben in Richtung Lastegipfel. Ich zog Raggio hoch auf die Beine und sagte ihm, er solle sich zusammenreißen und bis zum Wasserfall durchhalten, das Wasser würde ihn retten. Mir war nämlich der Gedanke gekommen, ihn so unter das herabstürzende Wasser zu halten, dass ihn die Kälte des Wassers nicht einschlafen ließe. Ihn an einer Schulter abstützend, zog ich ihn vorsichtig bis zum Wasserfall des Collalto. Er konnte noch einigermaßen gut gehen, musste aber häufig stehen bleiben und kotzen, so brauchten wir länger als eine Stunde für die Strecke, die man normalerweise in zwanzig Minuten schafft. Ich zog ihm die Kleider aus, schob ihn unter den Wasserfall und sagte ihm, er müsse das schon aushalten, wenn er nach Hause zurück wolle. Mit gesenktem Kopf stützte er sich mit den Händen an der Steinwand ab. Wie er da wortlos unter dem

Wasser stand, sah es so aus, als schliefe er im Stehen. Ab und zu fragte ich nach, wie es ihm ginge, aber er konnte nur mit einem unverständlichen Blöken, wie eine Kuh, antworten. Die Viper hatte ihn gegen acht Uhr morgens gebissen, und gegen zehn hatte ich ihn unter den Wasserfall gestellt, wo er circa fünf Stunden lang stehen blieb, bis er auf einmal in die Knie ging und wieder zu reden anfing und die Viper, die ihn in den Nacken gebissen hatte, »diese Hure« schimpfte. Während der ganzen Zeit war ich bei ihm gestanden, um zu sehen, ob sich sein Zustand verbessern oder verschlimmern würde, und als ich ihn zur Viper Hure sagen hörte, dachte ich mir, dass er vielleicht schon vom Gift geheilt war. Und tatsächlich sprang er mit einem Satz unter dem Wasserfall hervor wie ein Hund aus seinem Korb, wenn er eine Katze sieht. Seine Haut war weiß wie Schnee mit dunklen Streifen, und dabei musste ich daran denken, wie die abgezogenen und gesäuberten Füchse und Marder aussahen, wenn man sie an einem Eisendraht in die Strömung des Vajont hängte, um sie weich und genießbar zu machen. Sie hatten dann genau die gleichen Farben wie er.

Ich fragte ihn, wie es ihm gehe, ja, leidlich gut, aber er fühle sich immer noch schwindlig und habe weiter Bauchschmerzen.

An diesem Abend blieben wir zum Schlafen im Unterschlupf der Wilderer, denn es war nicht ratsam, sich noch am selben Tag auf den Heimweg zu begeben. Mein Freund war schwach wie eine flackernde Kerze, und auch wenn er unbedingt nach Hause zurück wollte, zwang ich ihn dazubleiben, um wieder zu Kräften zu kommen, denn nicht nur das Viperngift hatte ihn geschwächt, auch das Wasser. Fließendes Wasser ermüdet einen mehr als eine große Kraftanstrengung. Die Holzschnitzer im Vajonttal, die ihr Holz auf dem Wildbach transportieren, können ein Lied davon singen. Nach einem ganzen Tag mit den Füßen im Wasser fühlen sie sich am Abend mehr tot als lebendig.

Tags darauf erlegte ich eine Gämse und gab Raggio das Blut zu trinken, um ihm neue Lebenskraft einzuflößen. Ich erinnere mich noch daran, wie wir bei Morgengrauen, noch bevor wir uns durch die Rinne zurück nach Hause aufmachten, Leber, Lunge und Herz der Gämse aßen; so machen es die Jäger immer, um sich die Kraft und den Mut des Tieres einzuverleiben. Und Kraft brauchte mein Freund nun wirklich eine ganze Menge, nachdem die Viper ihn am Hals erwischt hatte.
   Wir brachen noch mit Sternenlicht in den frühen Morgen auf, und Raggio schaffte es nur mühsam bis zum Gipfelkamm, weil sich zehn Stunden nach dem Vipernbiss unter seinen Füßen nusshälftengroße Geschwülste bildeten, mit denen er kaum in seinen Galoschen gehen konnte. Bergab ging es dann besser. Es dauerte einen Monat, bis Raggio wieder so wie früher war und die Nüsse unter den Füßen abheilten. Seit diesem Mal trug er eine solche Wut in sich, dass er sich jede Viper und Natter vorknöpfte, die er nur finden konnte. Er schnitt ihnen den Kopf ab, zog ihnen die Haut ab, wusch sie unter fließendem Wasser, dann gab er ein wenig Butter in eine Pfanne und brutzelte sie wie Aale, um sie schließlich zu verspeisen. Einmal probierte auch ich sie und sagte ihm, sie seien gut, aber zu stark gesalzen. Er antwortete, dass er überhaupt kein Salz dazugegeben habe und dass die Vipern an sich schon von Natur aus salzig seien.

VON DA AN WURDEN WIR so eng vertraute Freunde, dass wir beschlossen, eine eigene Käserei zu gründen. Wie alle im Dorf besaßen wir, er wie ich, Kühe und Ziegen. Es war eine gute Idee, die Milch von den Bauern aus der Umgebung einzusammeln, um Käse zu machen, denn es machte zwar schon jeder seinen eigenen Käse, aber der war mal gut und mal weniger gut. Unterhalb des Rathauses stand ein Haus leer, weil die Eigentümer alle verstorben waren, und so bauten wir unsere Käserei dort hinein und begannen mit der Käseproduktion. Am Anfang gab es noch viel Misstrauen, keiner wollte mit seiner Milch zu uns kommen, und so kochten wir zunächst nur unsere eigene Milch. Aber dann kamen sie langsam, einer nach dem anderen, und brachten ihre Milch zu uns in die Käserei. Die stumme Veronica kam als Erste, stumm, nicht etwa weil sie nicht sprechen konnte, sondern weil sie einfach immer schwieg. Ich bin das Käsemachen leid, sagte sie, macht ihr das für mich, und stellte uns zwei Eimer Milch von ihren drei Kühen hin. Von da an brachten fast alle ihre Milch zu uns, weil sie mit der Zeit merkten, dass eine Mischmilch von Kühen und Ziegen einen besseren Käse ergibt, vor allem weil dann bei der Reifung nichts schiefgeht. Die Verwendung von nur einer einzigen Milchsorte dagegen kann den Käse verderben. Einmal nur wurde uns eine Käsemasse schlecht. In zwölf Formen gärte der Käse zu Kissengröße auf, und als wir einen anschnitten, war er voll mit weißen Würmern. Es passierte schon manchmal, dass sich Würmer im Käse bildeten, aber dann höchstens in einer Form, nicht gleich in zwölf. Raggio sagte, die Hexe aus Baùgo hätte den Käse verhext, weil wir ihr kein Butterschmalz gegeben hatten. Sie war zu uns in die Käserei gekommen und hatte nach ein wenig Butterschmalz gefragt, aber wir sagten ihr, wir hätten im Moment nur ein ganzes Kilo, das schon für den Priester zurückgelegt sei. Das war natürlich ein Schmarrn, wir hatten Butterschmalz, so viel sie wollte, aber wir konnten sie nicht ertragen, deshalb erzählten wir ihr ein Lügenmärchen. Im Weggehen markierte sie noch mit ihren krummen, mit Höckern übersäten Fingern, die aussahen wie eine Hagebuchenwurzel, den Käsekessel, und im Nu waren zwölf Käselaibe in einen Haufen von Lebendwürmern verwandelt. Und auch das Butterschmalz wurde grasgrün mit einem ganz fremdartigen Übelgeruch. Darauf sagte ich zu Raggio, wir müssten hier Abhilfe schaffen, und so brachten wir der Alten zwei Kilo Butterschmalz und eine stachelige Distelblüte als Bittzeichen um Vergebung. Sie nahm sie an, und in den Tagen darauf ging die Käsegerinnung wieder normal vor sich, und das Butterschmalz wurde nicht mehr grün.

Die Distelblüte dient genau diesem Zweck: Man will damit Vergebung erreichen. Wer nicht den Mut dazu hat, laut um Vergebung zu bitten, pflückt eine Distel und übergibt sie dem, der verletzt wurde. Wenn der sie dann annimmt und zu sich ins Haus nimmt, ist alles in Ordnung, wirft er sie aber auf den Boden und tritt drauf, dann will er nicht vergeben. Die stachlige Kardendistel wächst mehr als einen Meter hoch und hat einen flaumweichen Blütenkopf mit einem himmelblauen Blütenbüschel. Man pflückt sie im Sommer und trocknet sie mit dem Kopf nach unten, so halten sie sich über Jahre. Und man bewahrt immer ein Bündel davon im Haus auf, damit man für jedes Ansuchen um Vergebung gerüstet ist. Auch im Winter, wenn sie nicht mehr auf den Wiesen zu finden sind; es wäre ein Fehler, sie nicht auch dann bereit zu haben.

Die Alte hätte sie fast auf den Boden geworfen, doch dann schaute sie uns kurz an und verschwand mit der Distel in der Hand im Haus. Ich sagte zu Raggio, dass wir uns mit ihr keinen Scherz mehr erlauben dürften, denn schon einmal hatte sie ihre Hexerei mit der Hirtin Jole dal Bus getrieben, als diese der Hirtin Velfa, die gerade niedergekommen war, nicht einen Liter Milch geben wollte. So konnte Jole zehn Tage lang keinen anständigen Käse machen. Je mehr Lab sie dazugab, umso weniger verdickte er. Da begriff Jole, was los war, und brachte Velfa, nebst einer Distel, noch einen ganzen Eimer Milch, und sofort ließ sich wieder gut Käse machen.

EINMAL ERZÄHLTE MIR RAGGIO beim Käsemachen eine Geschichte zum Thema Würmer. So war vor langer Zeit wegen des Käses einer aus Montereale auf einem Stoß Lärchenzweige verbrannt worden. Er hieß Scandella Domenico, genannt Menocchio, das heißt Domenico Piccolo. Dieser Menocchio erzählte überall herum, dass er wisse, wie das Leben und auch die Menschen auf die Erde gekommen seien. Der Mensch sei ursprünglich, wie die Würmer, aus dem Käse gekommen, sagte Scandella. So sei das Leben und so auch der Mensch auf der Erde entstanden, nämlich aus dem Käse, der die Würmer erzeugt. Doch im selben Maße, wie immer mehr Leute ihm Glauben schenkten, begannen auch die Kirchenoberhäupter sich Sorgen zu machen. Da dachten sie, sie täten gut daran, Menocchio auf den Scheiterhaufen zu bringen und ihn anzuzünden, er sei schließlich ein Widerständler, also ein Ketzer, und so verbrannten sie ihn bei lebendigem Leibe. Das geschah zu Anfang des 16. Jahrhunderts. Seit mehr als dreihundert Jahren kursiert nun diese Geschichte im Tal, denn Montereale liegt nur etwa einen Gewehrschuss weit von uns entfernt am Ende des Val Cellina. Aber bevor er starb, sprach Scandella noch einen Fluch aus, worauf dann bald seine Richter einen qualvollen Tod starben. Und bis heute erkranken die Verwandten von denen, die ihn verbrannten, und müssen qualvoll sterben.

Aber auch wenn der Käse hin und wieder Würmer hat, isst man ihn trotzdem einschließlich der Würmer und allem, was dazugehört, und wirft ihn deshalb nicht gleich weg. Und sie schmecken gut, die Würmer, so weiß und saftig, und salzig schmecken sie, denn sie saugen die Salzlake in sich auf. Dabei muss ich an meinen Freund Felice Corona Menin denken, der wie ich 1879 geboren wurde, der Bruder vom dem, der auf dem Pal Piccolo gestorben ist. Er wurde auch »der Taube« genannt, weil er sehr schlecht hörte, aber viele glaubten, er würde nur so tun, als ob, um die anderen besser aushorchen zu können. Er liebte es, eine Form Käse voller Würmer, wie ein weißer Ameisenhaufen, aufzubrechen und Polenta hineinzutunken. Dabei drückte er das Stück Polenta in die Würmer, dass diese daran haften blieben, und so aß er es dann, voll mit warmen Würmern. Und wie gut die schmeckten!, pflegte Felice dann zu sagen.

Ganze Tage verbrachte ich mit Raggio zusammen auf der Jagd, bei der Holzarbeit, beim Weiden und in der Käserei. Wir waren gute Freunde geworden, und so blieb es auch, bis seine Frau schließlich anfing, mir schöne Augen zu machen.

Das erste Mal machte sie mir in der Käserei schöne Augen. Während ich die Milch abkochte und Raggio Holz aufs Feuer legte, kam sie an meine Seite, um das Lab in den Käsekessel zu schütten. Dabei spürte ich auf einmal, dass sie mit einem Knie gegen meinen Unterleib drückte. Zuerst dachte ich noch, sie hätte das Gleichgewicht verloren und mich dabei aus Versehen angestoßen. So trat ich einen Schritt zur Seite, um dem Kontakt auszuweichen, der mir das Blut so erhitzt hatte wie die Milch im Kessel. Aber sie folgte mir nach und begann wieder, als wäre nichts dabei, ihr Knie gegen meinen Unterleib zu drücken, während ihr Mann mit dem Rohr ins Feuer blies. Damit sie endlich aufhörte, ging ich zum Schein nach draußen, Holz holen, aber als ich wieder hereinkam, schaute sie mich schief an, wie beleidigt oder wie um mich zu tadeln. Ihre schönen und geheimnisvollen Augen zogen mich zu ihr hin wie ein Sapie, der einen Stamm fortzieht. Und sie sagte nie ein Wort. Dagegen sprachen ihre Augen, die einen so spontan anzogen wie der Magnet den Nagel. Eine Frau, die nichts sagt, reizt tausend Mal mehr den Appetit als eine, die spricht. Wenigstens bei mir ist es so.

Mit ihren Magnetaugen hatte die Frau von Raggio mich so angezogen, dass ich nicht mehr von ihr loskam. Ab diesem Tag in der Käserei summte ein ganzer Bienenschwarm in meinem Kopf herum, und mit allen Mitteln versuchte ich ihn loszuwerden und ihr fernzubleiben. Aber jedes Mal, wenn ich sie sah, begannen die Bienen wieder in meinem Kopf zu summen.

ALS ICH AN EINEM SOMMERTAG vom Bach Bondi aufstieg, sah ich sie, wie sie am Ufer des Vajont kniete und ihre Kleider auf einer Saldànsteinplatte auswusch. Der Saldànstein ist ein hervorragender Schleifstein, und die Kleider werden auf ihm so sauber wie auf keinem anderen Stein der Welt. Ich war sicher, dass auch sie mich aus den Augenwinkeln heraus gesehen hatte, denn nach einem flüchtigen Blick drehte sie sich zu mir um und sah mir direkt in die Augen. Dann, als hätte sie mich nicht gesehen, wandte sie mir wieder den Rücken zu und wusch weiter. Dabei beugte sie sich absichtlich so weit nach vorn, dass ihre Nase fast das Wasser berührte und ihr Kleid ihr über den Hintern hochrutschte, sodass ich alles sehen konnte. Es war klar, dass sie mich erregen wollte, und das war ihr wahrlich gelungen. Er wurde mir hart wie ein Bachkiesel, und um ein Haar hätte ich sie da beim Kleiderwaschen auf der Steinplatte wie einen Frosch durchbohrt. Und weil man das mit einem Mann nicht machen kann, ihn absichtlich so zu erregen, hätte ich vor Wut am liebsten noch ihren Kopf unter Wasser gedrückt. Aber während sie ein Betttuch ausspülte, immer noch so vornübergebeugt mit entblößtem Hintern, konnte ich nicht anders, als noch einmal hinzuschauen. Dann ging ich weiter, aber nicht weit. Denn wenig oberhalb des Schauplatzes blieb ich hinter einem Busch stehen, und mit ihrem Anblick vor den Augen befreite ich mich per Hand von meinem Verlangen, das mich nicht mehr loslassen sollte, seitdem ich sie mit ihrem bis über den Hintern hochgerutschten Kleid gesehen hatte.

Ich begriff, dass es von nun an um mich geschehen war, sie hatte mich verhext und hingemacht. Das Verlangen, das sie in mir weckte, war etwas, was ich nicht mehr abschütteln konnte, und ich begann, meinen Freund Raggio mit anderen Augen zu sehen. Ich beneidete ihn darum, eine derart begehrenswerte Frau zu haben, hatte mir selbst aber zugleich geschworen, Raggio niemals das Unrecht anzutun, es mit seiner Frau zu machen. Wäre es nicht so gewesen, ich hätte sie gleich unten am Ufer des Vajont genommen, während sie die Kleider wusch und sich absichtlich das Kleid hochrutschen ließ, um mich heiß zu machen. Jedenfalls beschloss ich, sie mir fernzuhalten, um nicht die Freundschaft mit Raggio zu zerstören.

Im selben Sommer, als ich sie gesehen hatte mit ihrem schönen Hintern unter dem hochgerutschten Kleid, ging ich mit Raggio die Palazzawiesen am Monte Buscada mähen. Die Wiesen waren einen Kilometer lang und fünf breit und lagen allesamt an Steilhängen, das Arbeiten dort war beschwerlich, aber das Gras war so außergewöhnlich gut, dass schon ein Büschel reichte, um eine Kuh zu füttern. Man mähte von morgens bis abends und schlief nachts in der Grotte von Melissa, die unangenehm bockbeinige Herrin dieser Höhle, die sich die Nächtigungen dort teuer bezahlen ließ. Sie hatte sich am Schlaf der Grasmäher reich verdient. In der Regel wollte sie Geld, aber wenn mal einer, und das waren viele, keines hatte, gab sie sich auch mit Naturalien wie Ricotta, Käse oder Salami zufrieden, und der konnte dann in ihrer Herberge nächtigen. So schliefen all die mehr als vierzig Grasmäher vom Monte Buscada in der Grotte von Melissa. Fast zwei Monate lang blieben sie dort oben.

In diesem Sommer war es auch, dass mir an Raggio ein sonderbares Verhalten auffiel, welches ich bis dahin nicht von ihm kannte. Am Abend, wenn er mit dem Mähen fertig war, entleerte er nicht etwa das Wasser aus dem *codaro*, dem Kumpf, dem hölzernen Wetzsteinbehälter, der, hinten am Rückenende an den Gürtel gehängt, aussieht wie eine Coda, ein Schwanz; nein, er trank das Wasser bis zum letzten Tropfen aus. Ich war wie versteinert bei seinem Anblick und sagte ihm, er solle doch lieber aus der Holzflasche, dem *baril*, in der Höhle Melissas trinken. Darauf erwiderte er, dass er nicht aus Durst das Wasser aus dem Kumpf trinke, sondern eher der Kräfte des Grases wegen: »Der Wetzstein schärft die Sense, die das Gras der Wiesen schneidet. Das Gras hinterlässt sein Blut auf der Sense, der Wetzstein nimmt es auf, und so wird das Blut schließlich im Wasser des Kumpfes aufgelöst. So trinkt man mit dem Wasser aus dem Kumpf zugleich das Blut des Grases, und auf diese Weise kann man sich die ganze Kraft der Wiesengräser einverleiben.« Das waren seine Worte, nachdem ich so gestaunt hatte über seine Angewohnheit, abends das Wasser aus dem Kumpf zu trinken. So ganz richtig im Kopf ist er ja nie gewesen, aber jetzt, nachdem er das gesagt hatte, dachte ich tatsächlich, er wäre verrückt geworden.

DIE ALTE MELISSA WAR ein elendes Miststück. Wer nicht zahlte, durfte nicht in ihre Höhle. Selbst wenn du bei Regen davorstandst, musstest du ihr Geld geben oder es ihr fest versprechen. Und wehe dir, wenn du dein Versprechen nicht hieltest. Ich weiß nicht, wie sie es mit ihren einundachtzig Jahren schaffte, dort hoch auf den Monte Buscada zu kommen, aber ich weiß, dass sie noch besser als ein junger Kerl zu Fuß war. Bei den Bauern war sie nicht gerade gut angesehen. Die Schnitter hassten sie, weil sie mit keinem Mitleid hatte. Wie die Schnitter blieb sie vierzig Tage lang in der Grotte, sie hatte ihre feste Ecke, von wo aus sie genau darauf achtete, dass keiner der Gäste ihrer Herberge sich einfach aus dem Staub machte. Und wie ein Rabe in seinem Nest schlief sie in ihren Kleidern in einer Mulde mit Heu, wusch sich nie, pinkelte im Stehen und stank derart nach Pisse, dass ihr keiner zu nahe kommen wollte.

Eines Tages war sie verschwunden und ward nie wieder gesehen. Niemand wusste, wo sie geendet war, mit Ausnahme der Schnitter. Die einen meinten, dass man sie erschlagen und in der Höhle verbrannt hätte. Andere Stimmen wiederum sagten, sie sei vom Palazzafelsen hinuntergestoßen worden und ihr im Fall von den Lärchen zerfetzter Körper in die Foiben von Lavestra gestürzt. Und nochmals andere sagten, die Schnitter hätten sie nach dem Erschlagen in der Höhle vergraben, aber das ist nur schwer zu glauben, denn dann hätte man einfach nach ihr zu graben brauchen und sie so gefunden. Jedenfalls tauchte sie nicht mehr auf, und ab diesem Tag benutzten die Schnitter die Höhle zum Schlafen und als Unterschlupf vor Gewitter, ohne irgendetwas dafür zahlen zu müssen.

Aber die Alte war überhaupt nicht verschwunden. Körperlich ja, aber nicht mit dem Geist, denn diese elenden Miststücke verschwinden nie, als böser Geist treiben sie weiter ihr Unwesen auf der Erde. Und so erzählten sich die Schnitter, dass immer, wenn sie abends in der Höhle am Feuer saßen, ihre Schattengestalt an der Wand erschien. Da war sie, direkt vor ihnen, und verfluchte sie und schlug das Kreuz, damit sie zur Hölle fahren sollten. Doch die Schnitter schreckte das nicht weiter, sie lachten eher darüber, weil der Schatten zwar die Arme bewegte, aber dabei weder Geld noch Essbares von ihnen verlangte, um in der Höhle nächtigen zu können. Aber im Dorf wollte man nicht so recht daran glauben, dass mit dem Feuer zugleich auch der Schatten Melissas erschien. So kam eines Abends Pilo dal Crist und zog mit einem Kohlestück die Silhouette der Alten nach, als diese wieder auf der Steinwand erschien, um alle zu verfluchen. Als es dann Tag wurde und das Feuer erloschen, war sie tatsächlich da, perfekt in ihrem hässlichen Profil gezeichnet, und schaute sie an. Und jede Nacht erschien sie immer wieder am selben Platz, genau innerhalb der Linien der von Pilo dal Crist angefertigten Kohlezeichnung. Nicht einen Millimeter trat sie dabei aus ihren Umrissen heraus, wenn sie alle verfluchte. Felice Corona, der den Wurmkäse aß, hätte die Silhouette am liebsten weggewischt, denn sie jagte ihm Angst ein, aber die anderen sagten Nein, sie soll an ihrem Platz bleiben, denn sie wollten sie immer im Blick haben, wenn sie sich vor Wut hin und her wand wie der Ast einer Esche, den man festbindet.

Die Schnitter glaubten, sie könnten ihre Scherze mit der verschwundenen Herrin der Höhle treiben, aber ihr Fluch über ihre vermeintlichen Mörder sollte bald Wirklichkeit werden.

So stürzte Pilo dal Crist vom Palazza-Felsvorsprung in den Abgrund, während er am Rand das Gras mähte. Wer ihn stürzen sah, erzählte, dass er mit einer seiner eisenbeschlagenen Galoschen auf einem Stein im Gras ausgerutscht war. Kein Wort war da von ihm zu hören, nicht einmal ein Schrei, als er in die Tiefe stürzte.

Und dabei hätte er während der zweitausend Meter Flug hinunter genug Zeit zum Schreien gehabt. Sie suchten nach ihm, aber konnten ihn nicht mehr finden, er war wohl von den Felsen zerfetzt und seine Überreste von Tieren und Raben gefressen worden. Nur einen nackten fleischlosen Beinknochen fanden sie noch, den sie gleich dort unten begruben, sonst war ja nichts mehr übrig von ihm.

Jacon de Arcangelo wurde von einer Viper in den Fuß gebissen, ausgerechnet ganz in der Nähe der Höhle. Wenn er sofort zum Dorf hinabgestiegen wäre, hätte man ihn vielleicht noch retten können, aber er wollte dort oben bleiben. Er schlug die Viper mit dem Sensenrücken tot und fuhr seelenruhig fort, das Gras zu mähen. Bis zum Abend war sein Bein blau wie eine Distelblüte und so dick wie eine Lärche angeschwollen. Dann fing er an, grüne Galle zu kotzen, wie die Hunde, wenn sie Gras fressen. Er sagte hässliche Dinge und Schweinereien, die er als gesunder Mensch nie ausgesprochen hätte, auch fantasierte er, Melissa würde ihn an den Füßen in die Hölle ziehen. Da oben gab es kein Wasser, unter das man ihn hätte stellen können, wie ich es mit Raggio im Bosconero getan hatte. Das einzige Wasser dort oben ist die Cogariaquelle, ein dünner Faden Wasser, der nur ganz langsam aus dem Gestein austritt, gerade genug, damit man ein wenig trinken kann. Jacon starb kurz vor Morgendämmerung. Er war aufgedunsen wie ein Blätterhaufen und schwarz wie sein Bein, die Augen traten ihm aus den Höhlen. Vier Schnitter luden ihn auf einen Heuschlitten, banden ihn fest, damit er nicht herunterrutschte, und brachten ihn zur Beerdigung ins Dorf.

Acht Tage später war Piare Stort an der Reihe, der so hieß, weil er krumm war, nach vorn gekrümmt durch den Stoß eines Baumstammes in die Wirbelsäule. Darauf musste er zwei Jahre lang das Bett hüten, ohne sich bewegen zu können, und als er wieder gesund war und aufstehen konnte, war klar, dass er für immer krumm bleiben würde wie eine alte Hagebuche. Er war sechzehn Jahre alt, als das passierte. Jetzt war er fünfundvierzig. Der Fluch der Alten traf ihn durch einen anderen Schnitter. Der nämlich stach ihn aus Versehen mit der Sensenspitze in die obere Innenseite seines Oberschenkels. Dabei wurde wahrscheinlich eine Schlagader getroffen, denn das Blut kam so herausgeschossen wie der Wildbach Vajont aus dem Buco dei Govoi. Sie versuchten noch das Blut zu stoppen, aber da war nichts mehr zu machen. Wie aus einem Springbrunnen schoss es heraus. Eine Frau pflückte noch in aller Eile einige Stengel Schafgarbenkraut *taj*, das Wunderkraut, das Blutungen stoppt und Wunden verschließt wie mit Nadel und Faden zugenäht, aber auch das konnte die Blutfontäne nicht stoppen, die aus dem Bein von Piare Stort herausschoss. Da half auch kein ganzes Bündel des Krautes. So zogen sie ihn in die Höhle von Melissa und legten ihn auf eine Decke. Nach und nach wurden Gesicht und Arme immer weißer, weiß wie die Steine, die oben vom Gipfel der Palazza herabschauen. Ohne einen Tropfen Blut im Körper hauchte er schließlich sein Leben aus, während er noch zur Höhlenwölbung hochschaute, wo, wie er kurz vorher noch mit dünnem Stimmchen flüsterte, ihm die Alte erschienen sei und ihm von dort oben aus ihren auseinanderstehenden Beinen ins Gesicht gepinkelt habe.

Auch ihn brachte man dann mit dem Schlitten ins Dorf hinunter.

Den vierten Mörder Melissas traf der Fluch in Form einer Himmelsstrafe.

Toni Corona della Val Martin, der Bruder von Santo, war gerade auf halber Höhe des Palazzaberges beim Grasmähen, in einem Gebiet, das man auch Peronèi nennt, was so viel heißt wie voll von *peròns*, also Steinen. Vom Monte Duranno her näherte sich ein Gewitter, aber Della Val Martin wollte die Wiese noch fertigmähen. Die anderen Schnitter hatten bereits in der Höhle von Melissa Schutz gesucht und riefen ihm zu, er solle sich doch auch endlich her bewegen. Aber Toni beachtete sie nicht und mähte weiter. Plötzlich zischte ein Blitzstrahl, gelb wie die Augen des *sberegùal*, der Schleiereule, mitten in die Peronèiwiese hinein. Sie konnten sehen, wie Toni della Val Martin sich in einem Feuerball wie eine Feder mit dem Wind in die Luft erhob und wieder zurück auf das frisch gemähte Gras fiel. Sie warteten noch das Ende des Gewitters ab, bevor sie nach ihrem Freund schauten. Er lag mit dem Gesicht im Gras und sah aus wie ein Gespenst. Er war völlig verbrutzelt, schwarz und verkrustet wie ein verkohlter Lärchenbaum, keine Hosen, kein Hemd mehr, nackt. Die Augen waren ihm herausgetreten, weiß und blutrot. Der Blitz hatte ihm alles vom Leib gerissen, die ganze Wiese zerfurcht und im Umkreis von zehn Metern alles zerfetzt. Einzig erkennbar war nur noch die halb geschmolzene Klinge der Sense.

So machten die Schnitter ihre dritte Fahrt mit dem Heuschlitten, um die Überreste von Toni Corona della Val Martin hinunter ins Dorf zu befördern. Felice Corona sagte dazu: »Jetzt sind es vier. Warten wir ab, ob es noch weitere Tote gibt, dann wissen wir, wer alles die Alte umgebracht hat.« Aber es kam keiner dazu, und so sprach Felice Corona nur mehr von vier Schuldigen, aber viele wollten nicht an den Fluch glauben und sagten, es seien alles nur unglückliche Zufälle gewesen.

FÜR DIE HEUARBEITEN wie das Zusammenrechen des Heus nahmen die Schnitter Frauen mit auf den Palazza, weil die Männer nur für das Mähen zuständig waren. Einige unter den Frauen waren schon im neunten Monat schwanger, und es geschah mehr als einmal, dass welche mitten im Feld ihre Kinder gebaren. Ich erinnere mich noch an Rosina, die an einem späten Augusttag ihr Kind quasi auf dem Gipfel des Palazza bekam. Sie brachten sie samt Kind im Arm mit dem Schlitten ins Dorf, aber eigentlich wollte sie lieber zu Fuß gehen, sie fühle sich ja gar nicht so schlecht. Sie hieß das Kind Cielo, Himmel, weil es unter freiem Himmel geboren wurde. Der Familienname war Filippin und der Beiname de Porta. Cielo Filippin de Porta wurde in der Höhe geboren, wie die Adler.

Es war nicht einfach, das Heu vom Palazza hinunter nach Erto zu bekommen. Man brauchte anderthalb Stunden, um die Heubündel auf der Schulter über die Berge Buscada, Palazza und einen Abschnitt des Borgà bis zum Bergeinschnitt des Scalèt zu tragen. Am Scalèt angelangt, wo sich ein Depot für bis zu vierzig Schlitten befand, lud dann jeder sein Heu auf und fuhr damit nochmals anderthalb Stunden hinunter ins Dorf. Auch die Toten der Verwünschung wurden so auf der Schulter bis zum Scalèt getragen, bevor man sie auf die Schlitten laden konnte. Toni della Val Martin wurde in einen Sack gesteckt, weil er ganz verbrutzelt und zusammengeschrumpft war. Dagegen ging Rosina mit ihrem Neugeborenen ganz allein bis zum Scalèt, bevor sie sich dort auf einen Schlitten legte. Damit sie es mit ihrem Kind schön weich hatte, hatten die Schnitter den Schlittenboden mit Latschenkiefernzweigen und Heu ausgelegt.

Für alle, die vierzig Tage lang auf den Hangwiesen des Palazza arbeiteten, gab es einen besonderen Ort, wo sie ihren Proviant kühl aufbewahren konnten. Er hieß das Tor zur Hölle, ein mehr als hundert Meter tiefes Karstloch nahe dem Peronèifeld. Dank der Stufen, welche die Schnitter in den Stein gehauen hatten, und der in die Felswände eingeschlagenen Eisengriffe konnte man fast senkrecht bis zum Herzen dieser Doline hinabsteigen. Unten, in einer Art länglicher Grotte, lag auf dem Tor zur Hölle immer eine meterdicke Schicht aus Eis und Hartschnee, als wäre es Marmor. Dort hinein hatten die Schnitter Löcher gebohrt, um jene Essenssachen kühl zu halten, die am wenigsten die Juli- und Augusthitze vertrugen. So vor allem Butter- und Schweineschmalz, Wild, einige Fässchen Wein und manches mehr. Dort unten herrschte eine Kälte, dass es das Fleisch von den Knochen löste. Wenn man eine Kerze anzündete, bekam man Gänsehaut vor Angst, denn die Flamme zitterte wie ein Toter, der zurückkehrt, und dann schien auch noch der Eishöcker in Bewegung zu geraten, als drücke der Teufel von unten mit dem Rücken dagegen, um herauszukommen und dich bei lebendigem Leibe zu verspeisen.

Man blieb immer nur für kurze Zeit dort unten, gerade lang genug, um das Nötigste zu schnappen und schnell wieder hinauf ans Sonnenlicht zu klettern. Es zitterten einem die Beine in dieser tiefen, eisigen Grabstätte, wo es kein Leben und kein menschliches Licht gab und man die kalte Luft des Todes spürte.

WÄHREND DER HEUERNTE auf dem Buscada versuchte die Frau von Raggio dreimal mich zu nötigen, und jedes Mal wich ich ihr aus, weil ich meinem Freund kein Unrecht antun wollte.

Das erste Mal versuchte sie es ausgerechnet unten im Eisgrab der Höllenpforte, wo ich, selbst wenn ich wollte, nichts dergleichen getan hätte.

Ich war hinuntergestiegen, ein Stück Butterschmalz zum Braten von Kürbis und Polenta zu holen, als ich so etwas wie einen Windstoß herabkommen spürte. Da war sie, schweißgebadet und mit offenem Hemd. Ich sagte ihr, sie solle sich nicht länger so verschwitzt hier drinnen aufhalten, sie würde sich noch eine Lungenentzündung holen. Sie sagte, sie wolle nur eine Flasche Wein holen. Da begriff ich, dass sie wegen mir gekommen war, weil nicht einmal eine Stunde zuvor schon ihr Mann eine Flasche geholt hatte und nicht bereits ausgetrunken haben konnte. Ich sagte ihr, dass Raggio schon wegen des Weins dagewesen sei, nahm das Butterschmalz und wollte wieder zum Licht hochsteigen. Doch sie stellte sich mir so in den Weg, dass mich ihre Brüste berührten, dann drückte sie sich an mich und sagte, ich solle doch schlau sein und nicht so brav tun. Ich schob sie mit den Händen von mir weg und erwiderte, dass ich vielleicht nicht sehr schlau sei, dafür aber aufrichtig, sie solle mich jetzt in Ruhe lassen und mit mir wieder rausgehen. Sie sagte, nur die Dummen seien ehrlich, drückte sich wieder mit den Brüsten an mich und griff mir auch noch mit der Hand zwischen die Beine. Fast hätte ich ihr dann gezeigt, dass ich so dumm auch nicht war, denn sie hatte sicher bemerkt, dass trotz der Kälte meine Hose angeschwollen war. Doch ich schob sie weg und eilte mit dem Butterschmalz unterm Arm die Stufen hinauf. Sie rief mir noch hinterher, ich sei zu nichts gut, und es sei ein Jammer, wo ich doch so einen Großen hätte, ihn nicht auch zu gebrauchen.

Das zweite Mal versuchte sie es unter dem Gipfelkamm des Buscada in der Misthöhle, von wo aus man zweitausend Meter tiefer wie auf ein Bienennest auf das Dorf Lavestra in der Nähe von Longarone blickt. Man nennt diese große Höhle über dem Abgrund Misthöhle, weil hier im Herbst mehr als achthundert Ziegen die Nacht verbringen und ihren Mist hinterlassen. Ich war zur Höhle gegangen, um mir einen Sack von dem Mist mit nach Haus zu nehmen, denn mit Ziegenmist wächst der Bergradicchio, eine Art Löwenzahn, in meinem Gemüsegarten noch besser. Nachdem ich meinen Sack gefüllt hatte, setzte ich mich noch eine Weile vor die Höhle und schaute auf die Dörfer des Cadoretals hinunter. Da hörte ich plötzlich wieder diesen Wind heransausen. Und schon stand sie wieder da wie Tage zuvor unten in der Höllenpforte: Was machst du hier?, worauf ich: Und du, was machst du hier? Sie kam zu mir und fing an mich zu befingern und mir zuzureden, doch endlich aufzuwachen und nicht so dumm zu sein, das Leben sei viel zu kurz und ginge schnell an einem vorbei, und es wäre doch schade, es einfach wegzuwerfen. Ich erwiderte ihr, dass ich mein Leben nicht wegwerfen würde, aber zugleich auch nicht Raggio verraten wolle, indem ich es seiner Frau machte. Daraufhin sagte sie mir, dass das da sich ja nicht verbrauchen würde, wenn es mal ein anderer benutzte, und dass mein Freund Raggio es jedenfalls kaum gebrauchte, er sei nicht einmal fähig, ihr ein Kind zu machen. Mehr als zwei Jahre seien sie nun verheiratet und keine Spur von einem Kind.

Ich antwortete ihr, es könne ja vielleicht auch sie der Grund dafür sein, das die Kinder ausblieben. Worauf sie zurückgab, und dabei griff sie mir wieder zwischen die Beine und leckte mich nach Art salzleckender Ziegen am Hals, sie könne sehr wohl Kinder haben, und mit mir bekäme sie sofort eines, das spüre sie, da sei sie ganz sicher, so wie eine junges Rind vor dem ersten Kalben. Dann versetzte sie mir einen solchen Stoß, dass ich nach hinten umfiel, und blitzschnell kam sie über mich. Ich war mit dem Rücken im Ziegenmist gelandet, völlig verdreckt, und sie über mir mit hochgezogenem Kleid, feuerrot, sagt, komm, sei nicht so blöd, und hol ihn raus. Vergebens versuchte ich, sie abzuschütteln, aber sie ließ mich nicht los, und so waren wir am Ende nicht mehr als zwei Misthaufen, die sich mal hier-, mal dorthin wälzten. Bis ich ihr eine Ohrfeige verpasste. Daraufhin raffte ich mich wieder auf die Beine und sagte ihr, sie solle es nie wieder probieren, dann machte ich mich, völlig mit Mist verdreckt, mit meinem geschulterten Sack auf den Weg zum Wiesengrat.

Während ich aufstieg, hörte ich sie noch schreien, dass ich wirklich blöd sei und zu nichts tauge, und wozu mir denn überhaupt noch das Ding zwischen meinen Beinen nützen würde, ich solle es doch besser gleich abschneiden und den Katzen zum Fraß vorwerfen. Um ehrlich zu sein, war es in diesem Moment nicht einmal mehr der

Respekt vor Raggio, der mich bremste, es ihr zu machen und ihr eine gehörige Abreibung zu verpassen. Sie machte mir irgendwie Angst, denn tief im Leib ließ sie mich eine schwarze Pulvermine spüren, die jederzeit explodieren konnte. Nicht dass ich Angst davor hatte, ihn ihr dort reinzustecken, wo sie wollte, aber zugleich wusste ich, dass ich danach keinen Frieden mehr finden würde. Sie war wie eine erregte Kalbin, total verrückt und von dem einzigen Wunsch besessen, mein Ding zu kriegen. Würde ich es ihr auch nur ein einziges Mal machen, würde sie mich ganz sicher in das tiefste Verderben stürzen, so wie die Lawine vom Valorch die Bäume hinab bis zum Vajontwildbach mitriss. Davon war ich wie durch ein höheres Zeichen fest überzeugt.

IN JENEM JAHR DAUERTE die Heuernte länger, denn es gab schönes Wetter und reichlich gutes Gras, und man brachte täglich bis zu vierzig Schlitten Heu ins Dorf. Am Abend stimmten die Schnitter unter der Melissahöhle ihre Lieder an, und zugleich konnte man andere Männer von der Galvanaalm her, unterhalb der Becolahöhle, singen hören. Das waren die Holzfäller, die das Holz aus den Wäldern von Col de Ter und Col dal Mus herunterbeförderten. Sie hatten es im November geschnitten, mehr als neuntausend Doppelzentner. Einer unter ihnen, Giomaria de Stièfen, erzählte mir, dass er seine Nudelsauce mit den braunen Waldmäusen, die in den Buchenwurzeln wohnen, anrichtete. Für eine Pfanne Soffritto bräuchte man zwölf bis dreizehn Mäuse. Er fing sie mit Holzfallen, zog ihnen das Fell ab und briet sie in etwas Butterschmalz, was dann zusammen mit den passenden Kräutern eine selten gute Pastasciutta ergab.

Das dritte Mal, dass die Frau von Raggio mich bedrängte, war in der Höhle der alten Melissa. Es war gegen elf Uhr, und alle Männer und Frauen waren bei der Heuarbeit auf den weiten Wiesen des Palazza. Sie hatten sich über die unteren Wiesen verstreut, die oberen waren schon abgemäht. Ich glaube, sie hatte absichtlich gewartet, bis alle auf den unteren Wiesen waren, denn von dort unten braucht man beinahe eine Stunde zur Höhle hinauf. Wir machten uns immer abwechselnd das Essen, und da ich an diesem Tag an der Reihe war, hatte ich mich schon gegen zehn Uhr zur Höhle aufgemacht. Ich hatte gerade das Wasser für die Polenta aufs Feuer gestellt und wollte das Mehl dazugeben, da sah ich sie im Höhleneingang, wieder mit offener Bluse. Diesmal ging sie mich nicht sofort an, und so dachte ich zunächst, sie wäre wirklich nur etwas holen gekommen. Aber ich hatte mich geirrt. Sie ging erst etwas um das Feuer herum, doch dann trat sie nahe an mich heran, um mich zu fragen, ob ich mich nun endlich entschlossen hätte. Ich stieß sie von mir weg und sagte, sie solle sich von mir fernhalten, sonst würde ich ihr die heiße Brühe über den Rücken gießen. Aber kaum begann ich das Mehl in den Kessel zu schütten, da kam sie schon von hinten, küsste und leckte mir wieder den Hals wie die Ziegen das Salz. Für eine Weile ließ ich es geschehen, denn wenn ich nicht schnell weiterrührte, würde das Mehl klumpen, aber dann drehte ich mich um und verpasste ihr eine Ohrfeige. Keine starke, ich wollte ihr ja nicht wehtun, und ein wenig gefiel es mir auch, dass sie mir den Hals leckte. Aber dann musste ich wieder an Raggio denken und beschloss, nicht nachzugeben. Deshalb sagte ich ihr nach der Ohrfeige, wenn sie nicht abhaute, würde ich hinausgehen und ihren Mann von der unteren Heuwiese hochrufen. Bis dahin wäre sie ja längst verschwunden, erwiderte sie, und anstatt hier den Deppen zu spielen, solle ich doch lieber die Gelegenheit ausnutzen. Und bei diesen Worten warf sie sich auf eines der Heulager, zog ihren Rock hoch und zeigte sich mir, denn sie hatte nichts drunter. »Komm, wenn du Mut hast«, sagte sie und gab sich dabei leichte Schläge dorthin. Da ging ich zu ihr und schob ihr meine Hand zwischen die Schenkel, was sich anfühlte, als legte ich sie auf ein Feuer, und schon schwollen wieder meine Hosen an. Wenn ich wollte, sagte ich, könnte ich es ihr auf der Stelle machen, aber der Respekt vor Raggio hielte mich zurück. Worauf sie mir antwortete, dass man blöd sein muss, um vor einem anderen Respekt zu haben und sich diese schöne Sache entgehen zu lassen, dabei tätschelte sie weiter an sich herum. Da packte ich sie am Arm und warf sie aus der Höhle, so wie man ein Stück Holz auf den Stapel wirft, auch weil ich Angst hatte, es könnte jemand kommen und uns sehen. Und dazu verbrannte mir wegen ihr nicht nur die Polenta, auch zwischen meinen Beinen hatte sie es auflodern lassen. Dann ging sie unter wildem Geschimpfe davon, ja, ein armseliger Wurm sei ich, und dann, zum dritten Mal, ich würde zu nichts taugen, und das Ding zwischen meinen Beinen sei eh völlig unnütz, ich könnte es gleich abschneiden und die Katzen damit füttern.

Während ich darauf die Polenta weiter umrührte, schwor ich mir, dass sie mir beim nächsten Versuch nicht mehr so ungeschoren davonkommen sollte und ich sie, wie ein Keil das Holz, zweiteilen würde im Fall, dass sie mir nochmals so kommen sollte. Ich hatte es satt, und meine Geduld war zu Ende.

IN DEN ERSTEN SEPTEMBERTAGEN war die Heuernte am Buscada beendet, und alle kehrten zurück in ihre Dörfer. Die Kühe blieben noch bis zum 7. September auf der Alm. Wir, ich und Raggio, weißelten die Käserei mit Löschkalk, so war sie sauber und desinfiziert, denn mit dem Abtrieb der Kühe von den Hochweiden begann auch wieder das Käsemachen. Am 7. September holten alle Bauern ihre Kühe von der Alm zurück ins Dorf. Viele hatten ihre Kühe auf der Bedinalm stehen, andere wieder auf der Galvanaalm oder der von Longarone und wieder andere auf der Hochebene Pagnòn oberhalb von Cimolais oder auch auf den Bregolinehöhen. Ich selbst hatte zwei Kühe auf der Galvanaalm, und so brach ich am 7. frühmorgens auf, um sie zu holen. Ich wusste, dass auch Raggio zwei Kühe zusammen mit meinen dort stehen hatte, daher ging ich bei ihm vorbei, um zu fragen, ob ich seine gleich mitnehmen sollte. Ich traf ihn gerade beim Reinigen des Heizkessels der Käserei an, und er sagte mir, dass seine Frau schon die Kühe von der Galvanaalm holen gegangen sei. Sie war also absichtlich hinaufgestiegen, dachte ich mir, und war einerseits froh darüber, sie dann oben auf der Alm zu sehen, denn sie war schließlich die Kühe holen gegangen, um mich zu treffen.

Und tatsächlich traf ich sie auch vor der Käserei an; weil aber der Senn in der Nähe war, tat sie so, als ob nichts wäre. Doch sie schaute mich an, und diesmal musste auch ich ihren Blick erwidern, aber nur aus einiger Entfernung, denn, wie ich schon sagte, aus der Nähe ließ mich ihr Blick den Verstand verlieren. Ihre Augen raubten mir den Verstand so, wie die Sense das Gras wegschneidet. Und dann war da ja der Senn, und ich wollte nicht, dass er merkte, wie ich sie anschaute. Sie nahm ihre Kühe, verabschiedete sich und schlug den Weg hinab ein, wobei sie die Tiere hinter sich zusammenhielt, indem sie ihnen etwas Salz von ihrer Hand zu lecken gab, das sie aus der Tasche ihrer allzeit getragenen Männerjacke hervorholte. Als sie so an mir vorbeiging, drehte sie sich, vorgebend, der ersten Kuh Salz geben zu wollen, zu mir hin um und bedeutete mir mit einem Kopfzeichen, dass sie weiter unten auf mich warten würde. Daraufhin plauderte ich erst einmal über eine Stunde lang mit dem Senn, um keinen Verdacht bei ihm zu erregen, dann nahm auch ich meine Kühe, die als Letzte auf der Alm geblieben waren, denn alle anderen Bauern hatten ihre Kühe schon lange vor mir abgetrieben. Fast hüpfte ich schon den Berg hinab, so neugierig war ich darauf, zu sehen, was meine Verrückte dieses Mal wieder mit mir vorhatte, denn so wie sie mich im Vorbeigehen angeschaut hatte, war ich sicher, dass sie etwas aushecke. Und wirklich, fast ganz unten, auf der schönen Lichtung der Mandrizhochebene, durchleuchtet von der langsam hinter dem Borgà untergehenden Sonne, traf ich sie wieder. Sie hatte ihre Kühe in der Abendsonne zum Weiden freigelassen. Und wie aus dem Nichts stellte sie sich mir jetzt direkt in den Weg. So abrupt blockiert, bekam ich von meiner Kuh hinter mir mit dem Kopf einen solchen Stoß in den Rücken, dass es mich geradewegs nach vorn gegen ihre Brust drückte. Als ich sie mit dem Arm zur Seite schieben wollte, sagte sie, dieses Mal würde ich ihr nicht entkommen, packte mich am Hosengürtel und versuchte mich mit Gewalt zu Boden zu schleudern, so wie man ein Kalb zu Boden wirft und seine Beine fesselt, bevor man es ausbluten lässt. Während sie mich mit der einen Hand am Gürtel festhielt, machte sie sich mit der anderen zwischen meinen Beinen zu schaffen, und als sie meine Hose anschwellen spürte, sagte sie, jetzt wollen wir doch endlich mal sehen, was du kannst. Mit dem Kopf auf meiner Kinnhöhe schaute sie dabei zu mir herauf, während ich meine Augen in der Gegend umherwandern ließ, um nicht ihrem Blick zu begegnen. Schließlich bat sie mich richtig, ich solle es doch endlich mir ihr machen, wenigstens ein Mal, danach würde sie mich auch nicht mehr stören. Wenn ich es mit ihr treiben würde, erwiderte ich, könnte ich danach Raggio nicht mehr in die Augen schauen. Darauf sie: Daran dürfe ich nicht denken, es wäre doch dumm, die Sonne von heute mit Wolken von morgen zu verdecken. Wobei sie mich jetzt überall am Körper angriff und mir den ganzen Hals einschließlich der Ohren ableckte. Und da konnte ich nicht mehr widerstehen. Ich trieb die Kühe auf die Mandrizweide, dann nahm ich sie am Arm und zerrte sie weiter bergauf zu einem Platz mit einem jahrhundertealten umgestürzten Lärchenbaumstumpf, auf dem die Männer sich schon immer die Frauen fügsam machten, auch mit Gewalt, wenn sie nicht wollten. Ich warf sie auf den Holzklotz, auch Baumstumpf der Jungfrauen genannt, und machte mir den Hosengürtel auf. Währenddessen bemerkte ich, dass sie mir direkt in die Augen sah und dabei fast lachte. Da überkam mich auf einmal der Wunsch, sie zu erwürgen, denn die da unter mir gab einen Dreck auf die Herzensdinge der anderen, einen Dreck auf alle und alles. Sie war nur wild auf die Sache zwischen den Beinen. Sie wollte mich provozieren mit diesen Augen, die jede Vernunft kappen wie die Sense das Gras. Um nicht in ihre tierwilden, stechenden Augen sehen zu müssen, drehte ich sie mit dem Gesicht zum Stamm hin um, ganz so wie man eine Ziege zum Melken umdreht. Dann zog ich ihr das Kleid hoch und machte mich über eine Stunde lang über sie her und zeigte ihr, dass ich alles andere als zu nichts gut war, wie sie sagte, und dass es ein Jammer für sie gewesen wäre, hätte man ihn mir abgeschnitten und den Katzen verfüttert.

Sie fauchte wie ein Kampfhahn, und ich hatte schwer zu tun, sie unter mir zu halten, weil sie ständig aufhüpfte und nach allen Seiten hin ausbrechen wollte wie eine vom Adler gejagte Ziege. Mit jedem Stoß, den ich ihr gab, fielen einige Salzkörner aus ihrer Jackentasche, bis der ganze Boden davon übersät war. Irgendwann ließ ich dann schließlich von ihr, worauf sie sich umdrehte und sich wieder das Kleid zurechtstrich. Sie war feuerrot, und aus ihrer Nase tropfte ein wenig Blut, denn bei der ganzen Raserei war sie mit ihrem Gesicht mehrmals gegen den Baumstumpf geschlagen. Danach kein Wort. Wir sprachen kein Wort mehr miteinander, so als wären wir plötzlich stumm geworden, und mir schien, dass mit einem Schlag die Nacht angebrochen war. Ich hätte ihr gern noch etwas gesagt, hätte sie gern noch ein wenig dort bei mir behalten, aber sie wurde unversehens zornig, steckte sich noch etwas Salz vom Boden in die Tasche und verschwand dann blitzschnell mit ihren Kühen den Berg hinunter.

Von diesem Tag an rutschte mein Leben immer tiefer ins Verderben bis zum tiefsten Grund der Mistgrube.

JETZT WAR ES GESCHEHEN, und es gab kein Zurück mehr. Aber gleichzeitig dachte ich auch, dass es nun gut war, ich hatte mich endlich mit ihr ausgetobt, und das sollte für immer reichen. Es würde mir zwar in den ersten Tagen schwerfallen, Raggio in die Augen zu sehen, aber dann würde auch die Zeit das Ihrige tun und die Gewissensbisse vergessen machen oder sie zumindest weniger stark erscheinen lassen.

Einige Tage lang ließ sie sich nicht mehr blicken, selbst in die Molkerei kam sie nicht mehr wie sonst, um uns beim Waschen des Heizkessels und der Arbeitswerkzeuge zu helfen. Aber eines Abends, es war ungefähr Mitte September, erschien sie unversehens mit dem ersten Dämmern bei mir im Stall, als ich ein frisch geborenes Kalb zum Saugen unter die Kuh stellte und am wenigsten mit ihr gerechnet hätte. Sie verriegelte die Tür und war schon an mir dran, ohne, wie immer, auch nur ein Wort zu sagen. Die machte überhaupt nie den Mund auf, sondern sprach mit ihren Augen, die dich dann so zu ihr hin zogen, wie der Sapie einen Baumstamm zu sich her zieht. Ich stieß sie zurück auf die Bank und sagte ihr, sie solle dort sitzen bleiben, solange ich noch das Kalb saugen ließe. Sie erwiderte, das Kalb könne auch allein die Milch aus ihrer Mama saugen, dabei packte sie mich an den Schultern und riss mich nach hinten. Um nicht hintüberzufallen, stützte ich mich an der Bank ab, auf der ich so schließlich zu sitzen kam. Im Nu war sie über mir und hatte mich fest zwischen ihren gespreizten Beinen in die Zange genommen. Feuerflammenrot sagte sie nur, los beweg dich, ich will ihn spüren.

Keuchend vor Verlangen öffnete sie mir den Gürtel, um mir die Hosen runterzuziehen, fiel dabei aber vor lauter Hast zu Boden, rappelte sich schnell wieder auf, und es schien, der Atem würde ihr stocken, so aufgeregt war sie. Ich musste daran denken, wie mich mit siebzehn schon einmal eine andere Frau auf eine Stallbank gestoßen und sich dann auf mich gesetzt hatte. Das war Maddalena Mora gewesen, nachdem sie zwei wegen dieser Sache ineinander verkeilte Hunde verdroschen hatte. Die gleiche Szene, nur dass es nun eine andere Frau war und ich um vierundzwanzig Jahre älter, dazu kannte ich mich jetzt aus, wohingegen es mit der Hunde-Maddalena das erste Mal gewesen war und ich noch keine Ahnung hatte.

Und im selben Moment begriff ich, dass mein guter Vorsatz, es kein weiteres Mal mehr mit Raggios Frau zu machen, zum Teufel war. Ich sagte ihr nur noch, sie solle wenigstens, damit niemand reinkäme, auch das Schloss vorhängen, der Riegel allein sei nicht sicher genug. Abends, wenn ich die Kühe versorgte, schaute nämlich manchmal mein Bruder Bastianin vorbei, oder es kamen auch die Brüder Legnòle, deren Stall sich etwas weiter unten befand. Aber sie dachte nicht daran, von meinen Beinen abzusteigen, um die Tür zu verschließen, denn jetzt verstand sie überhaupt nichts mehr. Und mich wollte sie schon gar nicht aufstehen lassen. So trieben wir es schließlich, mit dem Risiko, auf frischer Tat ertappt zu werden, gleich mehrmals. Worauf ich ihr dann gleich sagte, dass sie dabei schwanger werden könne, doch sie streichelte mir nur die Haare und erwiderte, das könne nicht geschehen, sonst wäre sie ja schon mit Raggio, ihrem Mann, schwanger geworden. Aber vielleicht war ja er gerade der Grund dafür, dass sie nicht schwanger wurde, sagte ich, und mit mir bestünde tatsächlich die Gefahr dazu, sie hätte mir ja schließlich selbst einmal gesagt, dass sie Kinder bekommen könne. Da antwortete sie mir, dass sie in diesem Fall ihrem Mann die Schuld dafür geben würde, so wäre dann alles ganz normal, denn sie waren ja schließlich ordentlich verheiratet. Aber würde sie von mir schwanger werden, sagte ich, dann wäre es mein Kind, und ich würde nicht wollen, dass sie einen anderen zum Vater erklärt. Sie antwortete, sie würde mir dann einfach nicht sagen, ob es meins wäre oder nicht. Genauso gut könnte es ja auch von ihrem Mann sein, das sei schließlich schon oft genug vorgekommen, dass zwei Eheleute auch Jahre nach der Heirat noch ein Kind bekämen. Raggio selbst sei erst auf die Welt gekommen, nachdem seine Eltern schon zehn Jahre lang verheiratet waren. Darauf erwiderte ich, dass es nicht ausgemacht sei, dass Raggios Vater wirklich sein Vater ist, schließlich hatte ja seine Mama zehn Jahre lang keine Kinder bekommen. Doch wessen Sohn Raggio immer auch sei, sagte sie, in jedem Fall hätte seine Familie ihn wie einen lang ersehnten Engel aufgenommen, weshalb er auch Benvenuto getauft und dann Raggio genannt wurde, weil er ihr Haus wie ein frisch einbrechender Sonnenstrahl erleuchtet hatte.

Inzwischen war es dunkel geworden, und sie machte sich auf den Heimweg, von plötzlicher Wut ergriffen, wie immer, wenn wir es vorher miteinander hatten. Ich fragte sie noch, was wohl ihr Mann darüber denke, wenn sie so spät heimkomme, worauf sie nur entgegnete, dass sie ihm sagen würde, sie sei noch zum Ziegenzählen im Zemolatal gewesen.

WIEDER LIESS SIE SICH eine Zeit lang nicht mehr blicken, und wieder erschien sie auch nicht in der Molkerei zum Waschen des Käsekessels. Ich ging dagegen täglich zur Molkerei, und ich fühlte mich jedes Mal schlecht, wenn Raggio mir zur Begrüßung voller Herzlichkeit ein Stamperl von seinem Grappa einschenkte, während ich es als Dank mit seiner Frau trieb. Ich traute mich nicht mehr, ihm in die Augen zu sehen, und er muss auch etwas gemerkt haben, denn eines Tages fragte er mich, weshalb ich immer so ernst, mit niedergeschlagenen Augen herumginge. Ich antwortete ihm, dass ich, so ganz allein ohne irgendjemand, eine traurige Zeit durchmachen würde, und genauso erginge es auch meinem Bruder Bastianin, alle beide seien wir ohne irgendjemand, ganz allein. Worauf Raggio mich damit zu trösten versuchte, dass alles vorübergehe und die Zeit alles wieder richten werde, man müsse nur Geduld haben, dann würde auch ich früher oder später eine Frau finden, die mich aufheitere, auch er, Bastianin, hätte ja schließlich eine gefunden. Aber dazu müssten wir unsererseits auch etwas mehr aus uns herausgehen, wir seien ja wie wilde Tiere, wie die Steinmarder, zu scheu und misstrauisch, zu sehr mit uns selbst beschäftigt, als dass die Frauen sich ein Herz nehmen und uns entgegenkommen würden. »Ihr verhaltet euch so, als hätten euch die Frauen arg mitgespielt«, brummelte er. Er habe ja recht, sagte ich ihm, es sei vielleicht wirklich unsere Schuld, wenn sich keine Frau auf uns einließe, aber in die Augen konnte ich ihm dafür immer noch nicht blicken. Armer Raggio, wenn er gewusst hätte, dass ich ja schon eine Frau hatte und es ausgerechnet seine eigene war, wer weiß, was er gemacht hätte.

Eines Morgens in der Molkerei, als ich Raggio so vor mir sah, wie er mit dem Rücken zu mir sich über den Rand des Dreihundert-Liter-Kessels beugte, um mit beiden Händen das Lab mit der Milch zu verrühren, da schoss mir plötzlich der Gedanke durch den Kopf, ihm den Kopf unter die Milch zu drücken und ihn zu ertränken. Es war nur für einen Augenblick, doch danach zitterten mir gleich die Beine bei der Vorstellung, so etwas auch nur gedacht zu haben. Um das Ganze schließlich ins Lächerliche zu ziehen, überlegte ich bei mir, wäre es ja eh nicht richtig gewesen, Raggio in Milch zu ersäufen, wo er doch ausschließlich nur Wein und Grappa trank, aber gedacht hatte ich es trotzdem, und das war nicht gut.
 Diese vermaledeite Hexe hatte mich mit ihrem magischen Blick tatsächlich so weit gebracht, dass ich daran dachte, Raggio umzubringen, um sie ganz für mich zu haben. Nur Hexen können einen so weit bringen, das heißt den Männern so den Kopf verdrehen, wie man Eschenzweige zu Schnürbändern dreht. Und sie musste eine Hexe sein, niemand sonst hätte mir derart den Kopf verdrehen können.

Dann kam der Herbst, und ich traf sie noch einige Male, immer dann, wenn wir sicher waren, dass Raggio sich nicht in der Nähe aufhielt. Der erste Mitwisser unserer Affäre sollte mein Bruder Bastianin werden, als er eines

Abends unerwartet zu mir heraufkam und sie aus meinem Stall heraustreten sah. Er nahm mich zur Seite und sagte mir, ich solle mir gut überlegen, was ich da täte, in solchen Dingen sei mit Raggio nicht zu scherzen, denn wenn er es erführe, würde er mir mit der *manéra*, der Holzfälleraxt, den Kopf wie eine Distelblüte abschlagen. Aber nein, da täusche er sich, sagte ich ihm, sie sei nur gekommen, um mich nach etwas Salz für ihre Ziegen zu fragen. Daraufhin machte er ein Gesicht, wie um zu sagen, für wie dumm hältst du mich, dann erwiderte er, dass es jetzt ja nicht gerade die richtige Tageszeit sei, um Ziegen Salz zu geben, eher wohl für etwas anderes, und wenn sie wirklich Salz bräuchte, würde sie es am folgenden Tag bei sich zu Hause holen, wo sie einen Krug mit zehn Kilo haben. Dann wiederholte er, ich möge nur aufpassen, und sprach nie wieder darüber.

Im November ging ich mit Raggio zum Holzfällen hinunter in das Zemolatal. Während wir das Holz in der Nähe der Seilbahn aufstapelten, gestand mir mein Freund, dass er sich wegen seiner Frau Sorgen mache, so hätte er sie in einer Nacht dabei beobachtet, wie sie mit dem Messer zum Schweineschlachten in der Hand durchs Haus geirrt sei. Und als er sie dann fragte, was machst du mit dem Messer, war sie wie aus einem Traum aufgewacht und ließ es zu Boden fallen. Ich sagte, dass sie vielleicht Nachtwandlerin sei und man sich darüber keine großen Sorgen zu machen brauche, aber Raggio antwortete nichts darauf und stapelte weiter das Holz.

Eines Morgens, es war an einem der ersten Dezembertage, machte ich mich mit Raggio daran, eins meiner beiden Kälber zu schlachten, von denen ich nur das Weibchen behalten wollte. Es lag schon Schnee und war kalt, deshalb hatten wir im Hof gleich neben dem Stall ein Feuer entzündet. Ein großes Feuer, das die halbe Umgebung mitwärmte, und so waren auch einige Bauern neugierig aus ihren Häusern gekommen, um sich bei einer Schale Glühwein aufzuwärmen. Raggio ließ das Kalb durch einen Stich mit dem Messer zum Schweineschlachten ausbluten. Es ist nicht einfach, ein Kalb ausbluten zu lassen, während es dich mit seinen Kinderaugen ansieht, und Raggio tat sich schwer, die Klinge tief bis zum Griff in die Kehle des armen Tiers zu stoßen. Es war seine Aufgabe, denn ich hatte nicht den Mut dazu, da es mein eigenes Kalb war. Im Gegenzug würde ich dann eines seiner Kälber schlachten, wenn es so weit war. Kälber zu schlachten gehörte zum Schwersten überhaupt, wo sie doch schön anzusehen waren mit ihren Kinderaugen, aber man musste ja schließlich essen und nicht nur essen, man brauchte auch das Lab zum Käsemachen, und das Lab macht man halt mit den Hodensäcken der Kälber. So musste notwendigerweise hin und wieder eins geschlachtet werden, auch wenn man kaum Mut dazu hatte, andernfalls gab es kein Lab und ohne Lab auch keinen Käse. Um ein gutes Lab zum Verdicken der Milch zu erhalten, muss der Hodensack des Kalbs wenigstens ein Jahr, noch besser sind zwei, unter dem Rauchfang des Kamins im Rauch abhängen. Raggio räucherte nicht nur die kleinen Hoden, sondern auch einen Teil des Kalbsmagens, denn auch der ergab gutes Lab. Das war ein dunkles Magenstück, das er vor dem Räuchern in den Sack dazusteckte.

An diesem Tag, als wir das Kalb schlachteten, wurde mir zugleich auch klar, wie gefährlich Raggios Frau war. Sie war morgens dazugekommen, aber ohne ein Wort zu sagen. Als wir dann das Kalb an den Beinen aufgehängt hatten, um ihm das Fell abzuziehen und die Hoden für das Lab abzuschneiden, nahm sie unversehens ein Messer vom Tisch, stürzte blitzschnell zum aufgehängten Kalb, und mit bloß einem Schnitt hatte sie auch schon die Hoden abgeschnitten. Die warf sie dann auf den Tisch und sagte, dass man mit den Männern genauso verfahren müsste wie mit dem Kalb, also ihnen die Eier abschneiden. Ich versuchte das Ganze noch ins Lächerliche zu ziehen, indem ich sagte, dass ich nicht sicher sei, dass die Dinger, die wir zwischen den Beinen hätten, auch gutes Lab ergeben würden, aber sie lachte überhaupt nicht und wiederholte nur, sie gehörten trotzdem, Lab hin, Lab her, von allen Männern dieser Welt abgeschnitten.

Raggio schickte sie wütend fort, worauf sie noch das Messer zum Hodensack auf den Tisch warf und verschwand. Da dachte ich bei mir, dass ich, falls ich es noch einmal mit ihr treiben sollte, ganz gewiss darauf achten würde, dass nicht irgendwo ein Messer herumliegt oder sie eins unter ihrem Kleid verbirgt. Bei ihr konnte man nie wissen, mit ihren funkelnden Augen einer Wahnsinnigen und ihrem ständigen Schweigen.

Da mein Bruder Bastianin nun alles wusste, bat ich ihn an einem Abend, die Tür zu seiner Schmiede für mich offen zu lassen, damit ich mich dort mit ihr treffen könnte, ohne gesehen zu werden, denn an meinem Stall kamen zu viele Leute vorbei, die Blätter zur Einstreu für die Kühe sammelten. Bastianin verstand gleich und riet mir nochmals, ich solle mich vor der in Acht nehmen, denn die würde mich zugrunde richten, gleichzeitig aber ließ er die Tür offen und übergab mir den Schlüssel.

Von nun an trafen wir uns immer in der abgelegenen Schmiede von Bastianin unten am Vajont. Und genau dort in der Schmiede, die voll von Eisengegenständen war, redete sie zum ersten Mal davon, ihren Mann Raggio umbringen zu wollen. Nicht, dass sie es direkt aussprach, aber sie redete deutlich von einem Kreuz mit seinem Namen. Mein Bruder war gerade dabei, ein Eisenkreuz zu schmieden für einen, der sich aufgehängt hatte und Balbi hieß. Er hatte die Teile schon mit einem Nagel verbunden, nur der Name fehlte noch. Als sie das Kreuz sah, deutete sie mit dem Finger darauf und sagte, dass dort Raggios Name geschrieben stehen könnte. Ich antwortete ihr, dass Raggio noch am Leben sei und man daher auch seinen Namen nicht aufs Kreuz schreiben könne, worauf sie erwiderte, er bräuchte ja nur zu sterben, dann könne man auch seinen Namen draufschreiben. Ob sie scherzen wolle oder verrückt sei, fragte ich sie; aber nein, weder wolle sie scherzen, noch sei sie verrückt, sagte sie, aber wenn ich wollte, dass sie weiterhin mit mir zusammenbleibt, dann wäre ihr Mann einfach einer zu viel, wenn er dagegen stürbe, dann gäbe es keinen mehr zu viel, und wir könnten machen, was immer wir wollten. Ich befahl ihr, damit aufzuhören, ich wolle nichts mehr davon hören, gleichzeitig erinnerte ich mich aber daran, wie auch ich schon einmal daran gedacht hatte, Raggio beim Käsemachen im Milchkessel zu ersäufen. Also war ich genauso boshaft wie sie, nicht mehr und nicht weniger.

Ich sagte ihr, dass ich sie nicht mehr so reden hören wollte, dass ich in meinem bisherigen Leben höchstens mal mit meiner Mutter einige Frösche getötet hätte und dann mal eine Gämse, ein Reh oder einen Fasan und auch so manches Kalb, und es vielleicht wirklich besser wäre, wenn wir uns nicht mehr träfen, denn ihr geheimer Plan würde mir schon beim bloßen Hören Angst einjagen. Und was mich anginge, so könne ich Raggio nur eines natürlichen Todes sterben sehen, aus Altersschwäche oder an einer Krankheit. Worauf sie erwiderte, sie hätte schon gewusst, dass ich zu nichts gut wäre, ein Schwächling, und dass sie ihrerseits bereits daran denken würde, mich loszuwerden.

Eines Tages, es war inzwischen Winter, kam Raggio mit verbundener linker Schulter und dem Arm in einer Schlinge in die Molkerei. Auf meine Frage, was denn passiert sei, antwortete er mir, es hätte ihn eine Kuh, die zum Stier wollte, mit den Hörnern gestoßen und ihm ein Loch in die Schulter gerissen. Wenn die Kühe zum Stier wollen, werden sie bösartig, es reicht, dass sie unerwartet einen Schatten sehen, und schon stoßen sie um sich, und die Kuh von Raggio wollte in dieser Zeit nun wirklich einen Stier. Da er mit seiner durchbohrten Schulter vorerst keine Milch mehr im Käsekessel rühren konnte, verrichtete ich für zehn Tage die Arbeit, und Raggio machte, so viel er konnte, mit seinem einen Arm. Dann eines Abends, wieder in der Molkerei, bat mich Raggio, ihm beim Verbinden der Schulter zu helfen, weil die Binde sich gelöst hatte. Er zog sich das Hemd aus und setzte sich nah ans Kesselfeuer, denn es war kalt draußen. Während ich dabei die Binde aufrollte, sah ich mir die Verletzung genauer an. Ich hatte an ein rundes Loch gedacht, wie man es von einem Horn erwartet, das ins Fleisch eindringt, aber das in Raggios Schulter war eine längliche Schnittwunde. Also sagte ich ihm, das ist kein Hörnerstoß, da hätte er mir etwas Falsches erzählt, und er solle mir doch bitte die Wahrheit sagen oder sonst lieber schweigen, mir nur keinen Schmarrn erzählen, denn ich würde mich mit Hörnerstößen auskennen. Da nahm mich Raggio zur Seite, als ob noch jemand in der Molkerei wäre, dabei waren wir ganz allein. Und während er mir in die Augen schaute, sagte er mir, dass sie es gewesen sei, sie hätte ihm beim Abendessen einen Messerstich versetzt. Sie hatten darüber gestritten, warum sie keine Kinder bekommen würden, und da habe er ihr direkt ins Gesicht gesagt, dass sie die Unfruchtbare in der Familie sei. Daraufhin hat sie ohne ein Wort ein Messer genommen und mit Knoblauch bestrichen. Dann plötzlich stach sie zu und hätte ihn direkt in die Brust getroffen, aber er konnte sich noch rechtzeitig mit einem Ruck zur Seite drehen, und so erwischte sie die Schulter. Das also hatte es mit dem Hörnerstoß auf sich, aber Raggio beschwor mich, keinem irgendetwas zu sagen, sonst würde es nur großen Ärger geben, und sie war ja im Grunde nur eine arme Teufelin und verdiente es nicht, ins Gefängnis zu kommen. Dann sagte er mir noch, dass sie die Messerklinge mir Knoblauch bestrichen hätte, weil so kein Blut aus der Wunde kommt.

Armer Raggio, wenn er gewusst hätte, wie teuflisch sie wirklich war!

Wenn er bloß ahnte, was für eine Dämonin sie war!

Hätte er gewusst, dass sie mir gesagte hatte, dass er überflüssig sei und dass es ein Segen wäre, wenn er stürbe, dann hätte er gewiss noch anders gedacht. Aber was Raggio betraf, war ich ja schließlich nicht besser als sie.

ALS ICH MICH das nächste Mal mit ihr unten in der Schmiede meines Bruders traf, fragte ich sie, ob sie nun völlig verrückt geworden sei, etwas Derartiges zu tun, sie hätte Raggio ja fast umgebracht mit dem Messer. Wenn sie ihn getötet hätte, wäre sie jetzt glücklicher, erwiderte sie, und im Übrigen hätte ich ihr dann dabei helfen müssen, ihn irgendwo zu verstecken und das Gerücht zu verbreiten, er sei nach Frankreich oder Österreich ausgewandert. Wenn er tot gewesen wäre, hatte sie schon daran gedacht, sagte sie, ihn unter dem Mist tief unten in der Mistgrube zu vergraben, nach zwei Jahren hätte der Mist dann alles wie eine Säure zersetzt, selbst die Knochen. Und ich hätte ihr dabei geholfen, das Loch im Mist zu machen und ihn darin zu begraben, niemand hätte dann gedacht, dass er tief unten im Mist stecken würde, und nach zwei Jahren hätte er sich ganz aufgelöst. Und wenn später dann der Mist auf Wiesen und Felder geworfen worden wäre, hätte der Nichtsnutz wenigstens dazu gedient, die Erde zu düngen, so als wäre er selbst Mist, in seinem Leben war er ja eh schon ein Stück Dreck.

Ihre Worte erschreckten mich. Wie konnte eine menschliche Person so über ihren Ehemann denken. Ich sagte es ihr ins Gesicht, aber sie zuckte nicht einmal mit der Wimper, und als ich meine Standpauke beendet hatte, antwortete sie, dass Raggio umgebracht gehört, und wenn ich mit ihr zusammenbleiben wolle, solle ich ihr gefälligst dabei helfen, ihn für immer verschwinden zu lassen, wörtlich: »ihn aus dem Verkehr zu ziehen«. Aber da sie zugleich wusste, dass ich ihr nie dabei helfen würde, so etwas zu tun, sagte sie, sie hätte eh schon geahnt, dass auch ich ganz wie ihr Mann nur ein Nichtsnutz und Schlappschwanz sei.

Ich erwiderte, sie solle es vergessen und es sich endgültig aus dem Kopf schlagen, dass ich ihr dabei helfen würde, Raggio umzubringen. Darüber bräuchte man kein Wort mehr zu verlieren, und ich wolle nichts mehr hören von der Geschichte. Dann, so von Mörderwut gepackt, dass ich sie wegen ihrer Sprüche hätte umbringen können, warf ich sie mit dem Rücken auf den Amboss, den ich genau dazu gebrauchte, wozu er eben dient: als Unterlage für die Hammerschläge. Dabei hielten uns die Kohlefeuer warm, die ich, eins im Schmiedeofen, eins im Heizofen, entzündet hatte, denn es war Winter und kalt, draußen wie drinnen.

Endlich, nach den qualvollen Monaten eines nicht enden wollenden Winters mit Eis und Schnee, kam der Frühling, und wir trafen uns im Wald oder auf den Hochweiden mit dem Vorwand, Holz zu sammeln oder die Ziegen zu weiden. Aber jedes Mal, nachdem wir es gemacht hatten, fing sie wieder mit ihrer Geschichte an, dass wir zu unserem Wohlergehen ihren Mann umbringen müssten. Und jedes Mal antwortete ich ihr dann, dass, wenn ihr wirklich so viel daran läge, sie ihren Mann schon allein töten müsse, denn ich würde Raggio nie etwas zuleide tun. Ich fühlte mich eh schon als elender Schurke, weil ich mit seiner Frau ging, ich hatte ihm schon so viel Leid angetan, das reichte jetzt und war bereits viel zu viel, da musste ich ihn nicht auch noch umbringen.

DAS FRÜHJAHR GING VORÜBER und auch der Sommer, und nichts änderte sich. Heimlich traf ich mich weiter mit ihr, und jedes Mal, wenn wir fertig waren, sagte sie mir, ich soll ihren Mann umbringen.

Dann, an einem Septembertag, geschah etwas, das Raggios Verdacht erregte.

Sie war zu mir in den Stall gekommen, weil Raggio hinab ins Zemolatal gegangen war, um die passenden Hölzer für einen neuen Schlitten zu besorgen, und so fühlten wir uns für einen halben Tag ziemlich sicher. Aber er hatte seine Hölzer schnell gefunden und kehrte vorzeitig zurück mit dem Gedanken, bei mir im Stall vorbeizuschauen. Und so sah er sie aus meinem Stall kommen, als er von der San-Romedio-Höhe abstieg, denn von dort hat man einen guten Überblick, und die Distanzen verkürzen sich. Er rief ihr zu, sie solle stehen bleiben. Dann kam er hinunter zum Stall und fragte sie, was sie denn zu dieser späten Zeit, es war vier Uhr nachmittags, bei mir mache. Von drinnen hörte ich sie antworten, dass sie nur etwas Salz für die Ziegen holen gekommen sei, aber auf seine Frage, wo das Salz denn wäre, wusste sie nichts mehr zu antworten, schließlich trug sie ja kein einziges Korn bei sich. Da trat ich schnell hinaus und sagte Raggio, dass sie mich tatsächlich um Salz gebeten hätte, aber meins sei mir auch ausgegangen, und dass ich ebendiesen

Abend noch zu Pilin gehen wollte, um mir ein Kilo zu holen. Und da ich nicht mehr weiterwusste, sagte ich ihm noch, ich müsse mit ihm reden. Raggio war inzwischen ganz ernst geworden und erwiderte, das sei aber merkwürdig, dass nicht einmal ich Salz im Stall hätte. »Alle ohne Salz heute«, brummte er. Daraufhin wandte er sich zu seiner Frau und sagte ihr, dass es im Haus Salz gebe, so viel sie wolle, worauf sie schlagfertig erwiderte, dass sie auf der Stelle etwas gebraucht hatte, um die Ziegen vom Pradònhang herunterzubringen, und die Salztasche habe sie in der Küche am Nagel vergessen. Da sagte Raggio erst einmal nichts mehr, schaute mir in die Augen, dann verabschiedete er sich mit gesenktem Kopf und machte sich mit seiner Frau auf den Weg bergab.

Ich verstand gleich, dass ihn die Geschichte mit dem Salz kaum überzeugt hatte, und begann mir tief im Innern darüber Sorgen zu machen. Von nun an müssen wir besser aufpassen, dachte ich, denn jetzt hatte er Verdacht geschöpft und würde seinerseits genauer auf uns achten und uns dabei womöglich bei frischer Tat ertappen.

Zwei Tage später redete ich nochmals in der Molkerei mit ihr darüber, während Raggio hinausgegangen war, um Holz für den Heizkessel zu holen. Mit der selbstverständlichen Einfachheit eines dahinfließenden Baches sagte sie, dass man ihn nur aus dem Weg zu schaffen bräuchte, und alles würde sich von selbst erledigen. Nunmehr redete sie jedes Mal, wenn wir uns trafen, wie besessen davon, dass wir Raggio umbringen müssten, um frei zu sein, immer wieder rieb sie es mir unter die Nase, und ich antwortete schon gar nichts mehr darauf, seit Langem schon wollte ich nichts mehr wissen von ihrem niederträchtigen Plan.

AN EINEM TAG WAREN WIR, ich und Raggio, gezwungen, ein Kalb zu schlachten, das sich ein Bein gebrochen hatte, als es, übergierig, in den Futtertrog springen wollte. Nachdem wir ihm das Fell abgezogen, es zerteilt und den Hodensack für die Labgewinnung zum Räuchern aufgehängt hatten, schlug Raggio vor, am Sonntag vor Weihnachten einen kleinen Braten davon auf der Glut zu rösten. Und so wurde es dann auch gemacht. Wir luden noch meinen Bruder Bastianin ein und auch einige derer, die Raggio beim Hausbauen geholfen hatten. Während das Feuer langsam abbrannte und immer mehr Glut bildete, sprachen wir über den armen Nacio Baldo, und Raggio sagte, er hätte lieber wie die Ziegen in einer Grotte gehaust, wenn er geahnt hätte, dass Nacio sterben musste, als er ihm beim Hausbau half. Währenddessen begann sie, Raggios Frau, damit, die Fleischstücke auf die Spieße aufzuziehen, die dann zum Rösten über der bronzefarben züngelnden Glut gedreht wurden. Dazu wurde schwarzes Hainbuchenholz verwendet, denn so nahm das Fleisch keinen unangenehmen Geruch an. Dabei fiel mir auf, dass sie zweierlei Arten Spieße benutzte. Welche aus Haselnuss, wie es sich gehört, andere wiederum aus einem gelblichen Holz. Auf diese aus gelblichem Holz hatte sie nun vier bis fünf Fleischstücke samt einem Fettstreifen gesteckt und sagte, die seien für ihren Mann, weil er gern etwas Fett dazu isst. Ich verstand nicht so recht, warum sie zwei verschiedene Arten Spieße verwendete und fragte sie. Sie habe nicht genug Haselnussstöcke zur Hand gehabt, antwortete sie, und so, damit es schneller ging, auch anderes Holz, das ihr gerade unterkam, geschnitten. Da wurde ich stutzig, denn zu sagen, es hätte nicht genug Haselnussholz gegeben, war, wie zu sagen, am Vajont würde es keine Steine geben.

Schlagartig wurde aus meiner Neugier ein Verdacht, und ich ging dort nachschauen, wo sie mit dem Messer die gelben Stöcke geschält hatte, und hob eine Handvoll der herumliegenden Rindenstreifen auf. Einige wenige waren aus Haselnussholz, aber als ich mir dann die anderen genauer ansah, standen mir vor Schrecken die Haare zu Berge, denn die stammten vom Oleander. Und Spieße aus Oleanderholz bedeuteten nichts anderes als den sicheren Tod. Die sind giftiger als jener tödliche Giftpilz mit breitem Hut, den man Falce bianca oder Grüner Knollenblätterpilz nennt. Hätte Raggio die gerösteten Kalbsstücke von diesen Stöcken gegessen, wäre er noch am selben Abend tot gewesen. Jetzt wurde mir klar, warum sie für ihn die fetten Fleischstücke auf die gelben Stöcke aufgezogen hatte. Sie wollte ihn umbringen. Denn mit der Feuerhitze scheidet das Oleanderholz ein Gift aus, das direkt in das brutzelnde Fleisch schießt und den sofortigen Tod bedeutet.

Da stieg eine Wut in mir hoch, dass ich diese Hexe auf der Stelle mit dem Kopf zuerst ins Feuer stoßen wollte, so wie es Hexen eben verdienen.

Damit Raggio nichts vom vergifteten Fleisch essen würde, und überhaupt sollte er nichts von alldem merken, tat ich so, als würde ich mich nun um die Spieße kümmern, und ließ sie alle verbrennen. So konnte ich sie schließlich, unter dem Vorwand, dass sie ja nun dahin seien, zusammen mit den Oleanderstöcken und der Rinde ins Feuer werfen.

Raggio sagte mir, ich tauge nicht zum Essenmachen, und schnitt sich neue Fleischstücke zurecht. Sie hatte gleich begriffen und tat so, als wäre nichts gewesen, zugleich aber schaute sie mich mit todfinsterem Blick an. Dann sagte sie, noch etwas im Stall besorgen zu müssen, und ging fort.

So aßen und tranken wir, ohne dass irgendjemand etwas bemerkt hätte, und niemand konnte sich vorstellen, dass noch kurz zuvor der Tod selbst am Feuer gesessen war und Raggio fast schon mit dem vergifteten Fleisch zu sich geholt hatte. Dieser war am Ende ganz glücklich über die mit wahren Freunden gemeinsam verbrachte Zeit, mit denen er endlich mal richtig essen, trinken und sich entspannen konnte.

Hätte er gewusst, was für eine üble Sorte von Freund ich war, er hätte gewiss nicht so gesprochen.

Ein wahrer Freund lässt sich nicht mit der Frau seines Freundes ein. Aber sie war wie das Pinienbaumharz, an dem die Ameisen kleben bleiben und schließlich sterben, weil sie sich nicht mehr befreien können. Und ebenso war auch ich am Harz ihres Körpers und am Leuchten ihrer Augen kleben geblieben. Und auch wenn es mir hin und wieder gelang, mich ein wenig von ihr zu lösen, nach kurzer Zeit gab die Hexe wieder neues Harz von sich, und dabei ging eine solche Anziehungskraft von ihr aus, dass ich schlagartig von ihr angezogen wurde, wie der Nagel vom Magneten. Es war längst um mich geschehen, ich kam nicht mehr von ihr los. Doch auch sie schien von mir angezogen, immer häufiger kam sie in die Molkerei.

In kurzer Zeit war sie so gut wie wir im Käsemachen und vor allem auch im kraftaufwendigen Herausholen der schweren Käsemasse aus dem Kessel. Und sie hatte wirklich Kraft, nicht gerade wie ein Mann, aber fast. Sie mähte das Gras, schnitt und spaltete das Holz, trug die Heubündel auf dem Rücken, grub Äcker um und hackte Kartoffeln.

Jedes Jahr stellten ich und Raggio einen Käselaib her, der doppelt so groß wie gewöhnlich war und den wir dann dem Priester als Geschenk zu Weihnachten oder Ostern übergaben, aber wir verschenkten ihn auch zu jeder anderen Zeit, auch wenn kein Feiertag war, nämlich immer dann, wenn die Kühe mehr Milch gaben. Es musste also nicht immer gleich Ostern oder Weihnachten sein.

Eines Morgens wollte sie einen solch schweren Käselaib mit dem Tuch aus dem Kessel ziehen. Ich sagte ihr, er sei zu schwer, aber sie bestand darauf und zog ihn tatsächlich heraus, und als wäre nichts dabei, stemmte sie die fast zwanzig Kilogramm schwere Käsemasse in die runde Form. Dann knetete sie den Laib händisch in die Form, gab noch Salz dazu und sagte, es sei ja einfacher, als sie dachte, einen solch großen Käselaib zu machen. Sie hatte den Käserberuf so gut gelernt, dass ich und Raggio sie eine Woche lang allein den Käse machen ließen, während wir zu den Weihnachtsfesttagen zum Holzmachen auf die Höhen von Cima Camp gingen, denn im Zemolatal hatte man damit schon seit November aufgehört.

Wir schliefen in der Holzhütte, wo der arme Gustin einige Jahre zuvor in der Weihnachtsnacht den Teufel gesehen hatte. Um abends schneller wieder hinunter- und heimzukommen, hängten wir uns mit einer Zugrolle an das Kabel der Seilbahn. Eines Tages, es war gegen Nachmittag, ließ sich Raggio schon vor mir am Seil hinuntergleiten. Als ich ihm so zusah, wie er gleich einer Krähe bergab flog und nur ab und zu die Fahrt mit einer Nussholzgabel abbremste, dachte ich, wie leicht es wäre, das Seil einfach mit der Axt durchzuhauen und ihn hinab auf das Kiesbett des Vajont stürzen zu lassen. Oder ihm eine Ladung Holz hinterherzuschicken, die ihn zertrümmern würde. Aber solche Gedanken waren nur von kurzer Dauer, niemals hätte ich meinem Freund etwas zuleide tun können, auch wenn seine Frau von mir wollte, wie sie immer wiederholte, dass ich ihn so schnell wie möglich aus dem Verkehr zog.

IN DIESEM DEZEMBER fiel so viel Schnee, dass man die Straßen nicht mehr begehen konnte. Tag für Tag, ununterbrochen, nur ganz selten hörte es einmal zu schneien auf. Wenn dann gar nichts mehr ging und man sich nicht mehr bewegen konnte, wurde der Räumtrupp von Piovech gerufen. Mehr als achtzig Männer machten sich dann auf, schaufelten die Wege im Dorf frei und räumten den Schnee von den Dächern, damit die unter der Last nicht einstürzten. Doch als sie so auch das Dach des Hauses von Toldo Filippin Zuano freiräumten, brachen plötzlich die Dachbalken, und fünf Schneeschaufler endeten eine Etage tiefer in der Küche. Einer von ihnen war auf der Stelle tot. Das war Micèl Corona, kaum achtunddreißig Jahre alt. Er wurde drei Tage später begraben, so lange brauchten wir, um die Zufahrtsstraße zum Friedhof freizuschaufeln und das Grab für ihn auszuheben. Und dann musste das Haus von Toldo Zuano eiligst wieder gedeckt werden, wozu man hier und da aus den Ställen die nötigen Balken heranschaffte, um einen neuen Dachstuhl hochzuziehen. Dann musste eine neue Zimmerdecke eingezogen werden, denn auch sie war vom einstürzenden Dach, vom Schnee und den Ziegeln durchbrochen worden. Das alles bedeutete eine Extrawoche Arbeit, und zum Glück hörte es zwischendurch zu schneien auf, sonst hätten wir das Haus gar nicht wieder herrichten können, denn wenn nicht gleich die anderen Dächer geräumt wurden, drohten die auch einzubrechen. Nach dem unglückseligen Einsturz des Hausdaches legte die Mannschaft von Piovech ein Gelöbnis ab, das innerhalb weniger Jahre das gesamte Dorf mit einbezog. Und so errichteten sie in der Kurve von Costa über dem Abgrund von Filomena ein Marterl, in das sie eine Madonnenfigur aus Ahornholz hineinstellten, die noch weißer als Schnee war. Genio Damian Sgùima hatte sie geschnitzt, er war ein guter Holzschnitzer, aber schnitzte für gewöhnlich nur die Heiligenfigur des heiligen Antonius mit Kind. Nie hatte er bisher Madonnenfiguren gemacht, sodass die jetzige, die aus seiner Hand hervorgegangen war, eher ein Mann als eine Frau zu sein schien. Eine Madonna also, die wie der heilige Antonius aussah. Und der Trupp von Piovech legte fest, dass man bei jedem starken Schneefall zu Ehren dieser kleinen Madonna dort eine Kerze in der Kurve von Costa über der Filomenaschlucht aufstellen musste. Deshalb wurde sie auch die Madonna des hohen Schnees genannt, weil eine Prozession zu ihr nur stattfinden durfte, wenn der Schnee ungefähr einen Meter hoch lag und es dauerhaft schneite. So sah man dann bei dichtem Schneefall die Leute in ihren schweren Winterumhängen durch das Zemolatal zum Costabergmassiv pilgern, um unserer Madonna eine Kerze zu bringen, und das war ein ausnehmend schöner Anblick.

Bis eines Tages, als die Leute durch ein furchterregendes Schneegestöber von der Madonna heimkehrten, sich vom Pradòn eine Lawine löste und die letzten beiden Männer der Prozession in den Tod riss. Beide stammten aus der Ortschaft Spesse, und man fand sie im Frühjahr, als die Kuckucke riefen, auf dem Kiesbett des Wildbachs Vail, in der Nähe der Stelle, wo der Vajont eine Biegung macht und mit dem Vail zusammenfließt. Daraufhin errichtete die Mannschaft von Piovech ein weiteres Marterl, gut anderthalb Meter hoch und wieder mit einer Madonnenfigur von Genio Damian Sgùima, und wieder schaute sie einem Mann ähnlich.

Diese nun wurde die Madonna der Lawinen genannt, denn schließlich waren die mit heiler Haut Davongekommenen ja von ihr beschützt worden, wie sie sagten, und dafür musste man ihr danken, sonst wären nämlich nicht nur zwei, sondern die ganze Prozession in der Lawine vom Pradòn umgekommen. So begannen sie auch dieser Madonna eine Kerze zu bringen, aber erst nachdem die Lawine schon vom Pradòn abgegangen war.

So ist das bei uns, jedes Mal, wenn ein Unglück geschieht, errichtet man ein Marterl mit einer Madonnenfigur oder dem heiligen Antonius darinnen, in der Überzeugung, dass ohne sie das Unglück nur noch größer gewesen wäre. Niemals stellt man den heiligen Herrn da hinein, den findet man nur in der Kirche oder ans Kreuz genagelt auf den Kreuzgängen der Bittprozessionen. Man nimmt keine Darstellung des heiligen Herrn, weil alle wissen, dass der Herr es ist, der uns der Madonna, dem heiligen Antonius und den anderen Heiligen anempfiehlt. Und es sind die Heiligen, die hier oben kommandieren. Sie sind es, die Gott vorausschickt, damit sie Gutes tun. Und wenn manchmal jemand sterben muss, dann nicht etwa, weil der Herr Schlechtes will oder die Heiligen nicht auf ihn hören, sondern damit die Übrigen sich wieder bessern. Aber immer kann man sich nicht bessern, weil oft der Teufel dazwischentritt, um uns zum Gegenteil zu verleiten, uns schnell unsere Toten und das Geschehene vergessen zu machen. So ist das Leben, eine einzige Buße, bei der wir selbst Tag für Tag vergessen werden, bis wir dann plötzlich sterben, ohne dass uns Zeit bliebe, darüber nachzudenken, was wir überhaupt gemacht haben und was überhaupt in unserem Leben passiert ist.

Ich traf mich weiter mit ihr so heimlich wie irgend möglich, wobei ich keine Ruhe mehr fand, seitdem Raggio sie aus meinem Stall hatte herauskommen sehen, auch redete sie immer weniger, und wenn sie etwas sagte, dann immer nur, dass ich ihren Mann umbringen und auf den Mist werfen müsse.

Als ich eines Tages mit Raggio in der Osteria von Pilin mit einer Gruppe Waldarbeitern zusammensaß, kam auch sie herein und setzte sich zu uns. Einer vom Cassanatal fragte sie spaßeshalber, ob sie ein Glas Wein mittrinken wolle, worauf sie, ohne zu antworten, gleich eins zur Hand nahm und es hinunterschüttete, als wäre es Wasser. Darauf folgte dann noch eins und noch eins, und alle leerte sie in einem Zug aus. Es reicht, sagte schließlich Raggio, und sie hörte auf. Aber nach kurzer Zeit wurde sie auf einmal feuerrot im Gesicht und lief hinaus, um sich über der Jauchegrube von Marina zu erbrechen. Jedes Mal, wenn sie etwas Wein trinke, müsse sie sich übergeben, sagte sie, als sie wieder zurückkam. Da fragte sie einer der Waldarbeiter, warum sie dann überhaupt Wein trinke, worauf sie antwortete: »Damit ich kotzen kann.«

AUCH DIESER SCHNEEREICHE Winter verstrich.

Eines Morgens lud ich mir einen Sack Hirse auf den Rücken und stieg zum Vajont hinab, um sie in der Mühle von Bati zu Mehl mahlen zu lassen. Unten in der Mühle traf ich auch auf Raggio, der ganz eifrig mit dem alten Bati schwatzte, und fragte ihn, wieso auch er zur Mühle gekommen sei. Er müsse zehn Kilo Weizen abholen, gab er zur Antwort, und wenn ich einverstanden wäre, würde er auf mich warten, um mit mir gemeinsam wieder heimzukehren. Ich sagte, dass es schon einige Stunden dauern würde, bis Bati meine Hirse gemahlen hätte, und so lange solle er doch nicht auf mich warten. Aber Raggio wollte unbedingt auf mich warten, und um nicht untätig herumzustehen, half er dem alten Bati beim Mahlen. So ging ich unterdessen zu Gioanin de Scàndol, der wenig weiter ein immer noch von einem Wasserrad angetriebenes Sägewerk besaß, gespeist vom Wasser des Vajont. Scàndol sollte mir geriffelte Tafelbretter anfertigen, mit denen beim Käsemachen noch besser die überflüssige Käsemilch aus den Laiben gepresst werden konnte. Ich brauchte fünf Tafeln, aber er hatte mir nur drei zurechtgesägt. Zum Spaß sagte ich ihm, er hätte wohl nicht besonders viel Lust zu arbeiten, worauf er mir ganz ernst erwiderte, dass er nur so viel arbeite, wie es für eine Mahlzeit am Tag und einen Liter Wein erforderlich sei. Alles andere war ihm gleichgültig, die anderen könnten ja arbeiten, wenn sie mehr wollten. Wie etwa sein Kollege aus Spesse, der den ganzen Tag und selbst nachts noch einen Baumstamm nach dem anderen zersägte. »Mir geht's nicht schlecht dabei«, sagte der alte Scàndol, »ich brauche nicht viel Arbeit, ich bin zufrieden, wenn ich den Geruch des frisch gesägten Holzes rieche, den Harzgeruch der Pinien und Lärchen.« Gioanin hatte auf seiner Wiese mehrere Stapel von Baumstämmen liegen, die seit Monaten darauf warteten, zu Brettern gesägt zu werden, aber das kümmerte ihn nicht weiter. Und wenn sich einer über die Verspätung bei einer Arbeitserledigung beklagte, sagte er ihm nur, er solle seine Stämme doch wieder mit heimnehmen und sie selbst händisch sägen oder sie von jemand anderem sägen lassen, denn er saß lieber am Vajont und schaute auf das vorbeifließende Wasser.

Das Sägewerk von Giovanni Filippin Scàndol war ein wahres Meisterwerk. Sein Großvater hatte es mit der Hilfe eines alten Österreichers aufgebaut, wobei das Sägeblatt das einzige Teil aus Eisen war, alles andere war aus Holz, sogar die Zähne des Räderwerks, die aus Viertelholunderholz gefertigt waren. Als Gioanin mir das erzählte, konnte ich kaum glauben, dass die Zähne des Räderwerks tatsächlich aus Holunderholz waren, aber er erklärte mir, dass der Holunder, zur richtigen Mondphase geschlagen und von seinem Mark befreit, sodann in Viertel gespalten und getrocknet, härter als Stahl wird. Sein Großvater war für zwei Jahre nach Österreich gegangen und hatte sich dort von alten Handwerkern zeigen lassen, wie man ein Sägewerk baut, und die hatten ihn auch in die Kunst eingeweiht, Zähne aus Holunderholz anzufertigen. Dann war er mit einem von ihnen zurückgekehrt, um sich sein eigenes Sägewerk aufzubauen. Ich verstand zwar etwas von Holz, aber dass Holunderholz sich auch für Gegenstände für dauerhaften Einsatz eignet, das erfuhr ich tatsächlich erst durch Gioanin de Scàndol. Und auch das Mühlrad war ganz aus Holz, bis auf seine Achse, beim Mühlrad von Bati waren dagegen die Schaufeln aus Eisen.

Ich bat Scàndol, mir auch noch die beiden anderen Bretter fertig zu machen, weil ich sie bald brauchen würde, worauf er nur brummelte, er mache es, wenn er es mache. Da sagte ich nichts mehr, und nach ein paar Stunden kehrte ich zur Mühle von Bati zurück, der meine Hirse inzwischen gemahlen hatte. Ich und Raggio luden uns die Mehlsäcke auf die Schulter und schlugen den Kreuzweg zurück zum Dorf ein. Der Weg ist sehr steil, und so setzten wir hin und wieder unsere Last ab, um uns ein wenig auszuruhen. Als wir dann vor der Kirche von Beorchia eine Ruhepause einlegten, schaute mich mein Freund auf einmal ganz ernst an und fragte mich, was das für eine Geschichte sei mit seiner Frau.

Er würde nämlich einen Verdacht gegen mich hegen, denn die Geschichte mit dem Salz hätte ihn nicht überzeugt, aber andererseits könne er auch nicht mit Sicherheit sagen, dass sie mit mir ging, doch irgendetwas passte dabei nicht, und wenn ich es wüsste, sollte ich ihm jetzt die Wahrheit sagen, und vor allem sollte ich sagen, ob ich wirklich sein Freund sei. Ich stritt natürlich alles ab, sagte ihm, dass die Geschichte mit dem Salz die reine Wahrheit sei, auch wenn sie kaum zu glauben sei, denn manchmal scheinen auch die einfachsten Wahrheiten kaum zu glauben. Damit war es schließlich gut, aber er hatte mich wegen dieser Sache fragen müssen, die ihn im Innern schon seit längerer Zeit wie ein Pfahl im Fleische quälte, und schließlich müsse man ja zwischen Freunden alles klar aussprechen können, auch wenn es um hässliche Dinge ginge. Da begriff ich, dass es so nicht weitergehen konnte, in irgendeiner Weise musste diese Geschichte mit seiner Frau zu Ende gebracht werden, so oder so musste ich einen Ausweg finden.

Jedenfalls trafen wir uns heimlich auch weiterhin, dabei merkte ich allerdings, dass sie immer ernster wurde, auch bewegte sie sich, wenn wir es machten, nicht mehr wie früher wie eine vom Dämon gerittene Ziege, wie von Blitzen durchzuckt. Nein, jetzt blieb sie jedes Mal wie tot unter mir liegen und ließ mich ruhig machen, bis ich fertig war, dann zog sie sich ihr Kleid zurecht und ging weg. Aber so gefiel mir das überhaupt nicht, und ich fragte sie, was los sei, ob etwas nicht passte, aber sie antwortete nichts darauf.

Dann kam der September, und eines Tages waren wir oben auf der Mandrizhöhe im Zemolatal. Wir hatten ausgemacht, uns dort zu treffen. Sie, unter dem Vorwand, die Ziegen von den Centenere hinuntertreiben zu müssen, war schon früh auf der Straße nach Costa aufgebrochen. Ich dagegen, um nicht gesehen zu werden, hatte zunächst den Köhlerweg genommen, ging aber dann, noch bevor ich zum Zemolatal einbog, weiter bis Casso, diesmal gerade, damit mich die Cassaner sahen, so konnte ich dann Raggio sagen, dass ich aus Berufsgründen in Casso gewesen sei. Wenn er dann die Leute von Casso fragte, würden sie nicht sagen können, dass sie mich nicht gesehen hätten.

Als wir jedenfalls an jenem Tag auf der Mandrizhöhe mitten im noch grünen Gras lagen, sie unter mir, bewegte sie sich wieder einmal so gut wie überhaupt nicht. Als wäre sie verletzt oder gar tot. Da fiel mir jenes erste Mal mit dem Baumstumpf der Jungfrauen ein, als ich sie oberhalb der Mandrizweide auf den umgestürzten Holzklotz geworfen hatte und sie sich wie besessen bewegte und ihr Gesicht unter meinen Stößen immer wieder gegen den Baumstumpf schlug, bis ihr das Blut aus der Nase lief. Es machte mich wütend, daran zu denken, denn ich konnte einfach nicht verstehen, warum sie nicht mehr so wild war wie früher, als sie noch wie eine nervöse Viper zuckte, wenn sie unter mir lag. Seit Monaten war sie jetzt schon wie ein Brett so steif und reglos, dass ich dachte, es mache ihr wohl keinen Spaß mehr. Vor lauter Gereiztheit sah ich plötzlich auch noch Sterne. Und als ich dann in der Nähe einen Riesenameisenhaufen mit wespengroßen Ameisen entdeckte, dachte ich gleich, dass damit der richtige Augenblick gekommen wäre, sie einmal, wie es sich gehört, wieder richtig in Schwung zu bringen. Mit einem Ruck hob ich sie hoch, ihre Beine noch gespreizt, und warf sie mit dem Hintern zuerst auf den Ameisenhaufen, um sie dann zu nehmen und dabei zugleich niederzuhalten. Und wie sie sich da auf einmal bewegte, mit dem nackten Hintern im Ameisenhaufen und den Ameisen, die an ihr rauf- und runterkrabbelten, dass sie zu schreien anfing!

Da gab ich ihr hintereinander vier Ohrfeigen, auch wenn ich das bei Frauen ungern tue, und zog sie dann wieder aus dem Ameisenhaufen heraus, aber so hatte sie jedenfalls begriffen, dass sie sich bei mir wie früher bewegen musste, sonst würde ich sie wieder dorthin mit dem Hintern zuerst in den Ameisenhaufen setzen.

Sie wischte sich die Ameisen vom Körper, und während sie mich noch auf das Übelste beschimpfte, blickte sie plötzlich in eine andere Richtung und wurde mit einem

Mal ganz ernst. Sie zeigte mit dem Finger zum Wald und rief: »Schau, die Pilze!« Ich folgte ihrem Blick und sah ringsum tatsächlich viele *falci bianche*, Knollenblätterpilze, bei deren Verzehr man in kürzester Zeit mausetot ist. Mit feurigen Augen sagte sie mir, man bräuchte doch nur Raggio diese Pilze zu essen zu geben, und alles regelte sich von selbst. Nicht einen giftigen Pilz würde ich Raggio geben, gab ich zurück. Worauf sie mit Eisesstimme erwiderte, sie würde sie ihm in die Reissuppe geben, und begann damit, die *falci bianche* zu pflücken und in ihre Schürze zu legen. Da kam mir mit einem Schlag die Geliebte meines Bruders in den Sinn, der sie Tollkirschen gegeben hatten. Da ich wusste, dass sie nun endgültig dazu entschlossen war, ihrem Mann die giftigen Pilze zu essen zu geben, sagte ich ihr, es gäbe noch einen anderen Weg, um Raggio aus dem Verkehr zu ziehen, ohne dass er dabei sterben müsse. Ja, welchen denn?, fragte sie und schaute mich an, glühend vor Verlangen, ihn loszuwerden. Tollkirsche, erwiderte ich, und dass auch nur ein paar Bällchen davon ausreichten, und er würde für den Rest seines Lebens irre werden und so niemandem mehr im Weg umgehen. Wie man ihn denn dazu bringen könne, Tollkirsche zu essen, fragte sie noch. Trinken muss er sie, antwortete ich ihr, man braucht sie nur zu zerstampfen und ihm in den Kumpf zu geben, so würde er, wenn er wie gewöhnlich nach dem Mähen das Wasser, wegen der darin enthaltenen Kräfte des Grases, aus dem Kumpf trank, zugleich mit dem Wasser auch die Tollkirsche trinken und dann den Kopf so voller Wespen kriegen, dass er uns zwei gar nicht mehr weiter beachten würde.

Für Augenblicke senkte sie nachdenklich den Kopf und sagte dann, dass es so auch gehen könne. Jedenfalls besser, als gar nichts zu tun, und es würde ihr schon reichen, wenn er verrückt wäre, denn so wie bisher könne es nicht weitergehen, und damit warf sie die eben aufgesammelten *falci bianche* wieder weg. Am selben Tag machte ich mich noch auf den Weg in Richtung der Käserei Galvana und bog auf der Suche nach Tollkirschen immer wieder in den angrenzenden Wald ein, bis ich schließlich drei Pflanzen fand, von denen ich drei nussgroße und schwarzbeerfarbene reife Beeren pflückte. In Wahrheit reicht schon eine einzige reife Tollkirschenbeere, um eine Person wahnsinnig werden zu lassen, aber ich wollte sicher sein, dass Raggio vollends den Verstand verlieren würde, und so pflückte ich drei. Die hängte ich dann zum Trocknen unter dem Rauchfang auf, nachdem ich sie vorher in einen mit Tabak vollgestopften Beutel aus Katzenfell gesteckt hatte, was ihre wahnsinnig machende Wirkung noch zusätzlich verstärkte.

Die getrockneten Beeren zerstieß ich im Salzmörser zu einem dunkelvioletten Pulver, das ungefähr die Menge von einem halben Esslöffel ergab. Dann wickelte ich das Pulver in einen Tuchfetzen und versteckte es in dem Loch unter dem Standbild des heiligen Antonius, das dort hineingebohrt war, damit das Holz sich nicht verzog.

Es war noch September, und man mähte das Grummet, den zweiten Schnitt des Heus noch vor dem Herbst, aber es war bereits kalt, und die Bäume begannen schon ihre Farbe zu wechseln, und bald würde sie der Eiswind von den Bergen ganz entlauben.

Ich und Raggio mussten das Grummet auf den tief liegenden Spianadawiesen mähen, die fast bis unten zum Vajont herunterreichen. Das Gras hält sich dort viel länger als oben am Palazza. Da wir uns auch hierbei, damit es schneller ging, wie immer gegenseitig halfen, dachte ich, dies sei jetzt die einfachste und letzte Gelegenheit, um Raggio die Tollkirsche zu verabreichen. Also nahm ich das Pulver und steckte es in die hintere Hosentasche. Mein Plan war, es in seinen Kumpf zu schütten, sodass er mit dem Wasser gleichzeitig auch die Tollkirsche trinken würde, denn ich wusste ja, dass er in den Mähpausen immer zu seinem Kumpf griff, um mit dem Wasser zugleich in den Genuss der Kräfte des Grases zu kommen. Ich brauchte ihm also nur das Tollkirschenpulver hineinzuschütten, und Raggio wäre innerhalb einer oder höchstens zwei Nächten wahnsinnig geworden.

Den ganzen Tag hatten wir nun schon gemäht und waren fast auch mit der letzten Wiese fertig. Ich wartete, bis Raggio sich zum Ausruhen an den Wiesenrand setzte, und setzte mich zu ihm. Während der Mähpausen löst man sich für gewöhnlich den Kumpf vom Gürtel hinten am Rücken und steckt ihn, damit das Wasser nicht ausläuft, mit der Spitze am unteren Ende vor sich in die Wiese. Und so hatte es auch Raggio gerade getan. Ich erinnere mich, dass in dem Kumpf ein Teufelsgesicht eingeschnitzt war, das von Genio Damian Sgùima stammte. Als ich mich neben ihn setzte, hielt ich das Pulver schon in der Hand bereit, und während ich zu ihm sagte, Raggio, für heute soll es genug sein, und ihm dabei mit einer Hand auf die Schulter schlug, schüttete ich mit der anderen die Tollkirsche zum Wasser in seinem Kumpf. Nach unserer Pause mähte ich noch ein wenig weiter und hielt ihn dabei im Auge. Raggio schärfte noch einmal seine Sense, mähte noch den letzten Winkel Grummetgras auf der Spianada und sagte schließlich basta. Darauf hängte er die Sense an den nächsten Apfelbaum, nahm seinen Kumpf vom Gürtel hinten am Rücken, zog den Wetzstein heraus, setzte sich den Kumpf an den Mund

und trank in vier Zügen das ganze Wasser aus, was ungefähr ein Viertelliter war.

Dabei gab er kein Zeichen von sich, dass er irgendetwas bemerkt hätte, weder mit den Augen noch mit dem Mund. Dann wischte er sich noch die Lippen mit dem Hemdsärmel ab und sagte: »Lass uns heimgehen, für heute haben wir mehr als genug getan.«

So stiegen wir, ich hinter ihm, langsam wieder zum Dorf hinauf. Kurz vor dem Dorf trennten sich unsere Wege, und jeder ging zu sich nach Haus. Nun war es getan, und es galt nur noch ein wenig abzuwarten.

ICH WEISS NICHT, ob es Raggio in der Nacht schlecht ging. Sie sagte mir Nein, aber dass er nach zwanzig Stunden unaufhörlich zu reden anfing. Auch ich konnte am nächsten Tag in der Molkerei keine besonderen Auffälligkeiten an ihm bemerken, nur dass er nun gar nichts mehr sagte und mit großen Augen in die Ferne sah, als sähe er dort schreckliche Dinge, die ihm Angst einjagten. Ich versuchte, ihn in ein Gespräch zu verwickeln, um zu sehen, ob er noch klar denken konnte, und ich muss sagen, dass er noch ziemlich richtige Antworten gab, aber doch anders als sonst. Zugleich waren allerdings seine Augen stark vergrößert und blickten irgendwohin nach draußen, wo ein anderer nichts gesehen hätte, er aber wohl Dinge sah, die ihn erschrecken mussten.

Aber bis dahin war das noch nichts Außergewöhnliches. Erst am zweiten Tag setzte es richtig aus bei Raggio, und es machte mir wirklich Angst, was er nun alles sagte, sah und zu tun anfing. Es brauchte etwas Zeit, bis die Tollkirsche ihre Wirkung zeigte, aber am zweiten Tag drehte Raggio durch wie ein Pferd, das vor einem Blitz scheut, oder ein Stier, der rot sieht. Wie gärendes Heu, das vor Hitze schäumt und in dem es rumort, als bäume sich ein wildes Tier darunter auf, so fing auch Raggio an zu kochen und Schaum aus dem Mund zu spucken und derart wild herumzuspringen, dass man ihn mit Heuseilen festbinden musste, als er in der Osteria von Pilin alles zertrümmerte, was in Reichweite war. Das war an einem Regentag, in der Osteria saß man bei einem Glas Wein zusammen, als Raggio plötzlich Schaum vorm Mund hatte. Er zitterte, als stünde er unter Strom, und als sie ihn festhalten wollten, begann er zu schreien und wie eine Gämse vor seinen Verfolgern davonzuspringen. Höllenfeuerrot war er dabei angelaufen. Dann packte er sich plötzlich eine Sitzbank und schlug mit ihr auf alles ein, was in seinem Weg stand, auf Tische, Theke und Ofen, und dabei brüllte er, dass man ihn wegbringen wolle und dass es draußen Blut regnete, aber er wolle nicht nach draußen ein Blutbad nehmen.

Wir mussten ihn schließlich überwältigen und mit Heuseilen fesseln, denn er hatte mit seiner Sitzbank einen aus Piancuèrt, Gioachin de Mola Strano, mit Wucht auf die Schulter getroffen, der darauf einknickte und zu Boden ging. Hätte man ihn gelassen, hätte er noch andere so niedergeschlagen. Alle sagten, er wäre völlig verrückt geworden und würde überhaupt nichts mehr verstehen, dabei wusste ich ja, warum er so verrückt spielte. Als er wie ein Bündel Holz zusammengeschnürt war, riefen sie nach seiner Frau, die, als sie eintraf, als Erstes mich ansah und dann Raggio, wie er auf dem Boden lag und immer noch schrie, dass es Blut regne, wobei ihm inzwischen der Schaum vorm Mund so trocken wie Lärchenrinde geworden war.

Einer sagte, er sei durchgedreht, weil er zu starkes Blut habe, und man solle ihn zur Ader lassen, bis der Arzt aus Cimolais eintreffe. Ein anderer sagte, man bräuchte Blutegel, um ihm das Blut auszusaugen, und man müsse nur jemanden zum Rio Valdenere schicken, um welche zu holen. Dagegen sagte Pietro Filippin Spaléta aus Spesse, man bräuchte keine Blutegel, wenn es bloß ums Blutabnehmen ginge. Darauf zog er sein Klappmesser aus der Tasche, nahm einen Arm von Raggio hoch und machte ihm mit der Messerspitze nahe der Schlagader einen Schnitt, der, obwohl gar nicht sonderlich groß, augenblicklich das Blut bis zur Weintheke hochspritzen ließ. Damit nicht alles vollgespritzt wurde, hielten sie ihm den Arm wieder nach unten und nahmen eine Schüssel, um das Blut aufzufangen. Während das austretende Blut langsam zu schäumen anfing, beruhigte sich auch Raggio und schlief endlich ein.

Das Blut konnten sie ihm schließlich mit einem Verband mit Schafgarbenkraut stillen, das ein jeder im Haus hatte. Zu viert brachten sie ihn dann, gefolgt von mir und ihr, heim in sein Bett, wobei sie ihn weiter gefesselt ließen. Pietro Spaléta sagte, es wäre wohl besser, noch den folgenden Tag abzuwarten, bevor man den Arzt aus Cimolais kommen ließ, denn es könnte ja sein, dass Raggio sich nach dem Aderlass erholt. Der Mund meines Freundes war immer noch so trocken wie Lärchenrinde, und so befeuchteten sie ihn ab und zu mit einem mit Wasser und Essig getränkten Tuch.

Tags darauf fühlte sich Raggio ein wenig besser, und ich ging ihn besuchen. Er lag im Bett, und seine großen runden Augen starrten geradeaus wie zwei tote Monde. Aber ich bin sicher, dass er mich sehr wohl genau sah und mich anschaute. Er sprach nicht, aber schaute. Sie versuchte, ihm etwas Brühe zu geben. Mir war zum Heulen zumute, ihn durch mein Verschulden in dieser Lage zu sehen. Mir wurde bewusst, was ich ihm da angetan hatte, und ich fühlte mich wie in einer Mistgrube. Aber was getan war,

war getan, und nun gab es kein Zurück mehr. Um jedoch dem ihm zugefügten Schaden und zugleich meinen Gewissensbissen ein wenig abzuhelfen, nahm ich mir vor, ihm fortan so viel wie möglich zu helfen, auch wenn ich wusste, dass es nie mehr so wie früher sein würde.

Sie hatte es bald aufgegeben, ihm die Brühe zu geben, denn er trank keinen einzigen Schluck. Um ihn nicht so ansehen zu müssen, ging ich in die Küche und setzte mich an den Kamin, wo noch etwas Glut vor sich hin glomm, und nahm den Kopf in die Hände. Wenig später kam auch sie und versuchte mich dazu zu bringen, es wieder mit ihr zu machen. Jetzt sei doch alles in Ordnung, sagte sie, aber ich jagte sie fort, sie solle sich schämen, für mich sei es wirklich nicht der richtige Augenblick, an solche Dinge zu denken, weil ich mich schlechter als ein Misthaufen fühlte, nein ich war selbst ein Misthaufen. Dann erhob ich mich und ging weg, mit dem Bild des armen Raggio in den Augen, wie er ans Bett gefesselt dalag und mich mit trockenem Mund anschaute.

ER BRAUCHTE EINE WOCHE, um sich wieder etwas zu erholen, aber für seinen Kopf gab es keine Besserung mehr. Nach und nach kam er auch wieder in die Molkerei, um seine Arbeit zu tun. Während er sich langsam in seinem Wahn einrichtete, half sie mir beim Käsemachen und Waschen des Kessels und allen Zubehörs. Und fast immer spätnachts, wenn sie den Kessel auswusch und sich dabei absichtlich mit dem Kopf vornüber tief in den Kessel beugte, sodass ihr Kleid den Hintern hochrutschte, nahm ich sie von hinten, genau wie jenes Mal, als sie am Vajont ihre Kleider auswusch.

Wenn Raggio in die Molkerei kam, bekam ich immer Angst, wenn ich zuhören und zusehen musste, wie er sich aufführte. Und in jedem Regen sah er gleich einen Blutregen, vor dem er dann schnellstens in ein Haus flüchtete, weil er kein Blutbad nehmen wollte. Dazu hatte er sich extra um eine Spanne höhere Galoschen aus Ahornholz anfertigen lassen, damit bei seinen Fluchten kein Blut in die Galoschen eindringen und ihm die Füße nass machen würde.

Einmal sagte er, das Wasser aus dem Brunnen beim Kirchturm sei heißes Blut, und machte deshalb mit seinen Kühen, ohne sie trinken zu lassen, wieder kehrt und brachte sie zum Stall zurück. Das Blut, behauptete er, käme von der toten Melissa, die, wie man munkelte, ja schon vor längerer Zeit von den Schnittern umgebracht worden war, und das jetzt war ihr Fluch, dass sie überall Blut fließen ließ. Und so ging der arme Raggio, aus Angst, die Alte könnte wieder Blut regnen lassen, nur mit Regenschirm auf die Straße, auch bei nur wenigen Wolken. Aber es war nicht immer so. Es gab Augenblicke, da war er ganz normal und konnte sich an nichts von dem erinnern, was er gesagt und getan hatte. Wie auch die anderen hütete ich mich dann davor, ihm irgendetwas davon zu sagen, und auch seine Frau erzählte ihm nicht, was er alles anstellte, wenn er verrückt spielte. Doch dann vergrößerten sich plötzlich seine Pupillen, und er sah schlimme Dinge.

An einem Tag lief er schreiend durchs ganze Dorf, der arme Nacio Baldo würde mit einem seiner Rippenknochen in der Hand, wie mit einem Messer, hinter ihm herlaufen, um ihn zu durchbohren, denn er, Raggio, war ja schuld an seinem Tod gewesen. »Nacio, bring mich nicht um!«, brüllte er.

So verbrachte Raggio seine Tage, bis der Winter vor der Tür stand. Und mit dem ersten Schnee wurde es dann nur noch schlimmer, denn sah Raggio bis dahin Blut regnen, wenn es regnete, so sah er jetzt Blutschnee herunterkommen. Die ganze Dorflandschaft, Wiesen und Wälder waren von einem Meter roten Blutschnees bedeckt, und mein Freund hielt sich mit beiden Händen den Kopf fest, denn all dies Blutschneerot war ihm unerträglich. Und dann beschimpfte er die Kinder, die mit Blutbällen warfen und mit ihren Schlitten auf Blutwegen fuhren, und war wütend auf die Leute von Piovech, weil sie Blut schaufelten. Wenn die Nacht anbrach, glaubte er nicht mehr, dass es einfach Nacht wurde, wie er es unzählige Male gesehen hatte, nein, jetzt war es plötzlich der schwarze Nebel, der da einzog, und es konnte einem Angst werden dabei, wenn er schrie, aus dem Zemolatal sei der schwarze Nebel gekommen, und es würde fortan keinen helllichten Tag mehr wie früher einmal geben.

Am Ende war er ganz zerstört und weinte nur noch und sagte dann mit leiser Stimme, all dies Blut sei ja der Fluch der alten Melissa, die ihn holen käme. Doch hatte er immer wieder auch klare Momente, in denen der gute alte Raggio von früher mit seiner Ruhe und seinem Verstand durchschien, dann allerdings auch sein alter Argwohn mir und seiner Frau gegenüber. Seine großen Augen mit den erweiterten Pupillen aber blieben unverändert, auch sein starrer Blick in die Ferne, wo es für Augenblicke den Anschein hatte, als seien seine Wahnvorstellungen dort vorübergehend zur Ruhe gekommen.

Doch ruhten sie nur für kurze Zeit, und eines Morgens waren sie mit einem Schlag wieder hellwach.

Wie immer ging Raggio in den Stall, um die Kühe zu versorgen. Bevor er ihnen zu fressen gab, fixierte er die junge Pastèla, ein schönes, gesundes und starkes Rind, das gewiss ebenso gesunde und starke Kälber zur Welt gebracht hätte. Eine Zeit lang starrte er sie noch weiter an, dann plötzlich, wie mir seine Frau erzählte, rannte er zurück ins Haus, nahm den schweren Eisenhammer, lief damit wieder in den Stall und schrie, dass er den Teufel erschlagen müsse. Dann fing er an, mit dem Hammer auf Hörner und Kopf der armen Pastèla einzuschlagen, die ihm als Teufel in Kuhgestalt erschien. Und während er mit all seiner Kraft auf den Kopf des Viehs schlug, brüllte er, dass der Teufel selbst in Kuhgestalt seine Hörner nicht habe verbergen können, aber er habe es gemerkt, und jetzt würde er ihn töten. Ich weiß nicht, wie lang, aber er schlug so arg mit dem Hammer auf die arme Kuh, bis sie schließlich tot zu Boden sank. Merkwürdig dabei ist, dass auch andere Kühe im Stall waren und alle mit Hörnern, aber in ihnen sah er nicht den Teufel. Ich denke, vielleicht, weil sie alt waren.

Seine Frau war zu mir gekommen, erzählte mir alles und bat mich, Leute zu rufen, um der Kuh das Fell abzuziehen und sie zum Verzehr in Stücke zu zerteilen. Ich konnte drei Männer auftreiben, und zusammen machten wir uns dann an dem armen Rind zu schaffen, bis es geviertelt von der Decke hing. Während wir das Fell abzogen, stand Raggio mit der Mistgabel daneben, um aufzupassen, ob nicht etwa der Teufel unter dem Fell hervorspringen würde. Erst als er sah, dass da kein Teufel war, beruhigte er sich, stellte die Mistgabel in die Ecke, haute sich aufs Ohr und schlief ein.

Ein anderes Mal in der Molkerei öffnete er plötzlich den Ablaufhahn des Käsekessels, voll mit Milch und kurz vor dem Zugeben des Labs, weil auch die Milch ihm wie Blut vorkam und er sie deshalb wegschütten wollte. Nur mit Mühe konnte ich ihn davon abhalten und ihn zwei Männern, die gerade ihre Milch gebracht hatten, mit der Bitte übergeben, ihn heimzubringen. In allem, was flüssig war, aber auch im Schnee, sah Raggio Blut. Aber es blieb nicht beim Blut allein, oft sah er auch Menschen, die ihn töten wollten, ihn verfolgten oder durch die Luft flogen.

Immer waren es schlimme Dinge, nur selten sah er auch mal etwas Friedliches, bei dem er sich wohlfühlte. Nur einmal brachte er mich zum Lachen, als er erzählte, dass er seine schon vor Jahren verstorbene Mama gesehen hätte, wie sie im Gipfel des Apfelbaums selig Polenta mit Käse aß. Wir nutzten seine Wahnvorstellungen, um uns an wechselnden Orten zu treffen, mal im Stall, mal in

Bastianins Haus oder auch in meinem Stall, sobald es dunkel wurde und die Leute uns nicht mehr sehen konnten.

Eines Tages hatte, glaube ich, Raggio eine friedliche Vision, denn als ich in die Molkerei kam, fand ich ihn auf der Bank sitzend vor, wie er das Warmwerden der Milch beobachtete und leise, aber dauernd vor sich hin sprach, als säße jemand gegenüber auf der anderen Seite des Käsekessels. Er hatte nicht einmal mein Eintreten bemerkt und redete einfach weiter, ohne sich umzudrehen. Ich erinnere mich noch, dass er sonderbare Wörter aussprach und sagte, dass ihn nicht die geringste Schuld träfe und er sicher sei, dass, wäre er tot, sie ihn dann ins Paradies bringen würde. Darauf faltete er die Hände, so als wolle er ein Dankgebet an diese Sie richten, die er vor dem Kessel sah, weil sie ihm tags zuvor den Rucksack getragen hatte, als er durch den hohen Blutschnee zum Col di Cuore hinaufgestiegen war. Dabei war er in Wahrheit am Vortag nirgends sonst als bei mir in der Molkerei gewesen, doch er bestand darauf, auf dem Col di Cuore oben gewesen zu sein, und dankte nochmals der Frau, die ihm bei dem hohen Blutschnee mit dem Rucksacktragen geholfen hatte.

Ganz vorsichtig fragte ich ihn, wer denn diese Frau sei, die ihm den Rucksack getragen und vor dem Käsekessel zu ihm gesprochen hatte, worauf er, ganz erstaunt, dass ich sie nicht sehen würde, mir antwortete, es sei die Madonna, die immer, wenn er sie brauchte, zu ihm käme. Wann er sie denn bräuchte, fragte ich ihn. Er bräuchte sie immer, gab Raggio darauf zurück, denn ständig verfolge ihn der Teufel. Dann fragte er mich erneut, ob ich sie denn wirklich nicht da vor dem Kessel sehen würde, worauf ich schließlich, um ihn zufriedenzustellen, mit Ja antwortete. Raggio war zwar verrückt, aber ganz blöd auch wieder nicht, und so fragte er mich nach der Farbe ihres Gewandes. Ich musste an die Madonna in der Kirche denken und riskierte es, »blau« zu sagen. Da leuchteten auf einmal Raggios Augen: »Dann siehst du sie ja wirklich, denn sie ist tatsächlich blau.«

Er tat mir unendlich leid, und für den Rest des Tages fühlte ich mich wie im Mist versunken. Ich, ganz allein ich war der Grund dieses Unheils. Ich hätte ihm keine Tollkirschen verabreichen dürfen, doch andererseits hatte ich ihm so vielleicht das Leben gerettet, denn seine Frau hätte ihn früher oder später gewiss mit den Knollenblätterpilzen umgebracht.

Im selben Winter entdeckte mein Freund Raggio für sich eine Leidenschaft, der er bisher noch nie nachgegangen war und von der er mir auch noch nie erzählt hatte: Er ging sozusagen in die Holzbildhauerschule zu Genio Damian Sgùima, der ausschließlich Bildnisse des heiligen Antonius schnitzte. Genio war froh darüber, ihm das bisschen, was er wusste, zu zeigen, bekam zugleich aber auch ein wenig Angst, wenn Raggios Augen anschwollen und er seine Visionen hatte. In solchen Momenten legte Genio dann seine Schnitzwerkzeuge zur Seite, weil man nie genau wissen konnte, wo Raggio diesmal den Teufel sehen würde.

Eines Tages fragte ich Sgùima, ob er wüsste, warum Raggio die Bildhauerei erlernen wolle. Sgùima wusste es, weil Raggio es ihm gleich zu Anfang gesagt hatte. Er wolle den Beruf ordentlich erlernen, damit er jene Frau schnitzen könne, die ihm immer wieder einmal vor dem Käsekessel oder auch anderswo erschien und zu ihm sprach. Er wollte also die Madonna abbilden, aber so, wie er sie sah, mit ebendiesem Gesicht, diesem Gewand und Holzgaloschen, weil er sie mit Frauenschuhen an den Füßen sah, welche ja bei uns zugleich die Blumen sind, die man auch Scarpette della Madonna, Frauenschuh, nennt.

Damian Sgùima brachte ihm bei, wie man die Körperformen nachbildet, aber das Gesicht der Madonna wollte Genio nicht recht gelingen, weil es immer nur demjenigen des heiligen Antonius ähnelte, das einzige Gesicht, das er in der Lage war nachzubilden. Da fragte Raggio, ob er selbst sich an dem Gesicht der Madonna versuchen dürfe, worauf Genio mit: »Ja bitte, versuch's« antwortete. Raggio machte sich gleich an die Arbeit, und Sgùima erzählte mir später voller Bewunderung, dass es war, als stünde plötzlich jemand vor meinem Freund und gäbe ihm Anweisungen, wo er zu schnitzen und wie er die Werkzeuge zu führen habe. Nach weniger als einem Tag hatte er eine so schöne Madonna geschnitzt, dass sie ganz lebendig schien und dazu mit einem leichten Lächeln im Gesicht. So beschloss ich, sie mir anzusehen. Und dann konnte ich kaum hinschauen, so schön und geheimnisvoll war sie, und für einen Augenblick war mir sogar, als hätte sie ihre Augen bewegt. Da fragte ich Raggio, wer ihn denn im Führen der Werkzeuge unterrichtet hätte, worauf er mir kindereinfach zurückgab, dass sie es war, und dabei auf die eben fertiggestellte Madonna zeigte.

Genio Damian Sgùima erzählte mir, dass Raggio immer so arbeite, wie auf Anweisung dieser Frau, die nur er sehen konnte. Ab diesem Tag schnitzte Raggio nur Madonnen, die lebend echt wirkten. Dazu benutzte er Kirschholz, das fleischfarben war und nicht rissig wurde, denn er schnitt es immer bei abnehmendem Mond, wenn die Bäume weich und reif wurden, aber auch weil Kirschbaumholz sehr wenig reißt.

Die Madonnen meines Freundes waren von leicht dunkler Farbe, gebräunt von den Sonnenstrahlen, die sich allmorgendlich von den Cerentónbergen hinunter über unser Tal ergossen.

Seitdem er mit dem Madonnenschnitzen angefangen hatte, ersetzte er nach und nach die von Genio Damian Sgùima gefertigten Madonnen der Bildstöcke, die eher wie Männer aussahen, weil ihre Gesichter mehr nach dem des heiligen Antonius denn nach der Madonna geraten waren. Wie schön unsere Kapellen doch nun mit diesen Madonnen geworden waren! Wie Häuser, in denen die Mütter auf ihre weit entfernten Kinder warten. Alle Dorfbewohner gingen jetzt zu Raggio, um sich eine Madonna schnitzen zu lassen, und jeder einzelnen Madonna gab mein Freund den Namen der Familie, die fortan von ihr beschützt wurde. Madonna di Lodio, Madonna dei Govoi, Madonna dei Ruava, dei Menin, dei Frassen, dei Alba, dei Pont und so weiter bei jeder Familie im Dorf. Die alten Madonnen von Genio Sgùima dagegen wurden nicht verbrannt, sondern mit ins Haus genommen und neben den Kamin gestellt, als Madonna, aber auch als heiliger Antonius, weil ihre Gesichter zugleich etwas von einem Mann und einer Frau hatten.

DOCH EINES TAGES HÖRTE ER damit auf, Madonnen zu schnitzen, denn er meinte inzwischen ein König geworden zu sein, und Könige machten keine Madonnen.

Sich für einen König zu halten war dabei nur eine weitere seiner vielen Wahnvorstellungen. Zuerst war er der König von Cuaga, dann von Prada, Savéda, Lirón und Marzàna, alles Ortsteile von Erto. Dann aber auch König von San Martino, wo vor Jahrhunderten tatsächlich einmal König Marco mit Königin Claudia gewohnt hatte.

Mit dem Verstreichen der Tage hielt er sich dann in der Folge für den König des Val Cellina und des Friaul, dann gar für den Italiens, und schließlich behauptete er, der König der gesamten Welt zu sein, und über ihm stand nur noch Gott, aber vielleicht nicht einmal er.

Mein Bruder hatte sich in Maniago, dem für seine Messer bekannten Ort, Teile alter Blattfedern besorgt und daraus für Raggio einen schönen Satz von Meißeln und Beiteln zum Madonnenschnitzen ausgeschmiedet. Gehärtet hatte er die Werkzeuge im Wasser des Rio Valdenere, das beste überhaupt in der Gegend, wodurch die Werkzeuge rasierklingenscharf wurden, und gerade das Wasser des Valdenere ist einzigartig zum Härten von Holzschnitzwerkzeugen, denn es ist heilig.

In der Zwischenzeit hatte Raggio allerdings mit dem Madonnenschnitzen aufgehört und wandte sich nun dem

Schnitzen von anderen Dingen zu. Zunächst einmal fertigte er jetzt einen Thron für sich an, denn ein König, sagte er, müsse schließlich auch seinen eigenen Thron haben. Dazu nahm er einen ein Meter hohen Block aus Weißtannenholz mit einem Meter Durchmesser. Aus diesem schnitt er dann mit viel Geduld seinen Thron in Form eines großen Stuhls heraus, mit einer Art behörntem Adler am Kopfende, umringt von allerlei Wildtieren wie Gämsen, Rehen, Vögeln, und am Fuß des Stuhls, wo er die Füße absetzte, der Teufel mit seinem von einer *manéra*, der Holzfälleraxt, gespaltenen Schädel, wie um zu sagen, dass natürlich Raggio ihm den gespalten hatte. Aber die Tiere wie auch alles Übrige waren längst nicht so schön geraten wie die Madonnen, so als hätte ihm dabei nicht mehr jene Frau zur Seite gestanden und den Meißel geführt. Ich riet ihm, doch wieder Madonnen zu schnitzen, aber er erwiderte, Könige schnitzten keine Madonnen, und so tat er es auch nicht mehr.

Jetzt kam Raggio nur noch selten in die Molkerei, und an seiner Stelle half mir seine Frau beim Käsemachen, die sich inzwischen gut darauf verstand und manchmal schon alles allein machte, wenn ich nicht da war. Aber hin und wieder kam Raggio doch noch, um mit mir Käse zu machen, auch wenn er verrückt geworden war und sich immer daran zu schaffen machte, Holz für sein Königreich zu schneiden. Wenn er kam, verließ seine Frau ohne ein Wort die Molkerei.

Eines Tages sagte sie mir, es täte ihr leid, ihren Mann in diesem Zustand zu sehen, und dass es besser sei, sich für einige Zeit nicht mehr zu treffen, da sie ihm helfen wolle, dass es ihm wenigstens etwas besser ging. »Wie du willst«, gab ich ihr zurück und fuhr ohne großes Aufhebens mit dem Käsemachen fort. Ohnehin kam sie dann doch noch manchmal zum Käsemachen, denn ihr Mann war nicht immer gerade beweglich bei seiner Wahnidee, ein König zu sein.

WIE SCHON GESAGT, war es in Erto üblich, gleich wann, aber einmal im Jahr, einen ungefähr zwanzig Kilo schweren und doppelt so großen Käselaib wie gewöhnlich herzustellen. Es war ein Geschenk für den Dorfpriester, das man ihm meist zu Ostern oder Weihnachten übergab, oder jedenfalls wenn man konnte, denn nicht immer gab es ausreichend Milch genau zu den Festtagen. Der Priester zerteilte dann den Käse und gab jeweils ein Stück davon an die Ärmsten weiter, und ein wenig behielt er auch für sich. Andere hingegen, wenn sie mit ihrem Karren voll guter Sachen aus der Ebene zurückkehrten, schenkten ihm Eier oder gleich das ganze Huhn, falls er etwas mehr Gefälligkeiten brauchte, oder ein Stück Gämsenfleisch oder eine Schüssel voll Mehl. Oder man gab ihm auch etwas vom Schwein, das man für die Weihnachtsfesttage frisch geschlachtet hatte. So half man sich üblicherweise untereinander.

Eines Morgens ging ich schon früh in die Molkerei und wunderte mich, dass bereits einige Lampen brannten. Zunächst dachte ich an Raggio, aber es war seine Frau, die bereits Käse gemacht hatte. Und zwar in der großen, für den Priester bestimmten Form. Ich fragte sie, wie sie es geschafft habe, den Käselaib von über zwanzig Kilo aus dem Kessel auszuziehen. Ich müsse dazu wissen, antwortete sie, dass es nicht das erste Mal und nicht einmal besonders schwer gewesen sei, ihn auszuziehen. Darauf fragte ich sie, wie es ihr in den Sinn gekommen sei, einen großen Käselaib für den Priester zu machen, wo wir doch schon einen fertig hätten. Sie erwiderte, dass es gerade jetzt Milch im Überschuss gebe, und da hätte sie es nur richtig gefunden, dass auch sie einmal einen großen Laib, wie er dem Priester gebühre, anfertigte.

Es war wirklich ein schöner Käselaib, mit einer Höhe von dreißig und einem Durchmesser von circa fünfzig Zentimetern. Und sie hatte ihn auch schon auf das neue Ablaufbrett gelegt, das mir Gioanin de Scàndol in seiner Sägerei am Vajont angefertigt hatte. Der Laib war noch in der Holzgebse, und ich fragte sie, ob sie schon Salz zugegeben hätte, aber sie antwortete, sie würde damit noch warten, weil sie den Laib erst in den Bottich mit Salzlake legen wolle, wenn er schon fester geworden sei. Sie solle nur machen, wie sie es wolle, sagte ich, sie selbst hätte ja schließlich den Laib gemacht und könne ihn so behandeln, wie sie es am besten fand.

Mit jedem Monat, der verstrich, nahmen bei Raggio die äußeren Zeichen des Wahnsinns zu. Eines Tages sagte er zu mir, ein König müsse auch seinen Kommandostab, sein Zepter, besitzen, und so schnitzte er sich einen Kornelkirschenast mit einer Länge von anderthalb Metern als Königsstab zurecht. In das obere Ende hatte er eine Krone geschnitzt, darunter dann den Adler, König des Himmels, dann den Gamsbock, König der höchsten Gipfel, dann Blumen, die Wiesenfürsten, und schließlich ganz unten die Viper nebst einer Hand, die ihr den Kopf mit einem Stein zermalmt. Das jedenfalls war seine Erklärung, nachdem ich ihn gefragt hatte, warum er gerade diese Tiere geschnitzt hatte. Dabei hasste er die Vipern geradezu. Da ihm eine unten im Bosconero in den Hals gebissen hatte, konnte er sie nicht mehr sehen, deshalb hatte er sie unten in den Stab geschnitzt, mit einer Hand, die ihr mit einem Stein den Kopf zerquetscht. Er musste oft an diese Geschichte denken, und jede Viper, die in seine Reichweite kam, erschlug er, um sie gleich darauf gebraten zu verspeisen.

Unter den Knauf seines Kommandostabs schließlich hatte er gut sichtbar seinen Namen geschnitzt: Raggio Martinelli.

EINES TAGES GESCHAH DANN ein sehr schwerwiegender Vorfall. Raggio saß vor der Osteria von Pilin neben dem Vertragsstein und sah mit seinem Stab in der Hand tatsächlich aus wie ein König auf seinem Thron. Kerzengerade und steif saß er da, mit starrem Blick nach vorn auf jene Dinge gerichtet, die nur er sah und die seine Augen größer werden ließen. Die vorbeigehenden Leute lachten heimlich bei seinem Anblick, vermieden es aber, ihm zu nahe zu kommen, und nahmen, um in die Osteria zu gelangen, lieber die Seitentür zum Kirchturm hin. Nur Gigin de Jan da Tòrnol, ein Bursche von nicht einmal zwanzig Jahren, ging direkt an ihm vorbei, denn er hatte überhaupt vor nichts Angst. Raggio hielt ihn an und fragte ihn, warum er sich vor seinem König nicht verbeugt habe. Gigin antwortete ihm lachend, dass er sich vor keinem König verbeuge und schon gar nicht vor ihm. Da sprang Raggio blitzschnell auf und verpasste ihm mit seinem Stab einen wuchtigen Hieb quer über den Rücken. Darauf knickte der Junge zusammen und sank zu Boden, und wären ihm nicht andere Dabeistehende zu Hilfe gekommen, hätte Raggio ihn totgeprügelt.

Das war ein sehr ernster und schwerwiegender Vorfall, und nachdem sich Raggio beruhigt hatte, meinte auch jemand, man müsse ihn in die Irrenanstalt nach Pergine in Valsugana oder in die von Feltre bringen. Aber in die Irrenanstalt von Feltre würde er kaum aufgenommen werden, denn sie war ständig überfüllt. Ich sagte auch Nein, Raggio müsse zu Hause bleiben, und ich würde mich fortan um ihn kümmern und Tag und Nacht darauf achten, dass er nicht zu viel Schaden anrichtete.

EINES MORGENS BEGEGNETEN sich Genio Damian Sgùima und Raggio, und Raggio grüßte ihn mit seinem Stab. Genio Damian erwiderte, dass nicht der König, sondern der Diener zuerst grüßen sollte. Und er setzte lachend hinzu, dass ein kommandierender König auch eine Krone tragen müsse, die ihm aber fehle. Bei diesen Worten wurde Raggio ganz ernst und dachte eine lange Weile darüber nach. Am selben Tag noch kam er dann zu mir und bat mich, ihn zu meinem Bruder Bastianin zu begleiten, um ihn zu bitten, ihm eine Krone anzufertigen. Ich sagte ihm, er könne sich doch auch eine aus Holz machen, aber Raggio antwortete, dass die Krone eines Königs aus Gold und Silber und Diamanten und anderen Kostbarkeiten sein müsse, nicht aus Holz. Darauf sagte ich ihm, dass Bastianin zwar Eisen mehr als genug hätte, was aber Gold, Silber, Diamanten und anderes Kostbares anginge, da sei er an der falschen Adresse, wenn er hoffte, Derartiges bei meinem Bruder zu finden. Raggio erwiderte, es reiche ihm auch eine Krone nur aus Eisen, das sei besser als gar keine. Um ihn nicht zu enttäuschen, begleitete ich ihn daher zu meinem Bruder Bastianin, der lachen musste, als er erfuhr, worum es ging, aber dann auch gleich mit einer Schnur am Kopf Maß nahm.

In den folgenden Tagen schmiedete Bastianin ihm dann aus Teilen alter Aluminiumtöpfe, Kupferstreifen und Zinnnägeln eine Königskrone, und als Raggio sie sah, war er so glücklich darüber, wie ich ihn noch nie gesehen hatte. Er setzte sie sich gleich auf den Kopf und nahm sie nur mehr zum Schlafengehen ab. Selbst in der Molkerei behielt er seine Krone auf dem Kopf, doch einmal fiel sie ihm beim Ausziehen eines Käselaibs in den Kessel. Eine Weile brummte er missmutig vor sich hin, und von diesem Tag an jedenfalls hängte er sie, immer wenn er am Käsekessel arbeitete, an einen Nagel in der Wand, aber niemand durfte sie anfassen. Seinen Stab hingegen stellte er immer in dieselbe Ecke hinter der Eingangstür.

Solange Raggio den König spielte, ging alles gut, und abgesehen von dem Hieb, den er Gigin de Jan da Tòrnol versetzt hatte, richtete er keinen großen Schaden an. Aber immer wenn das Wetter umschlug und es zu schneien anfing, denn es war Winter und schneite fast immer, sah er auch wieder Blutschnee und war nicht mehr zu halten. Dann musste man ihn fesseln, wozu es vier Männer brauchte, und anschließend für zwei Tage in den Stall sperren, bis er sich beruhigte. Während seiner Visionen verfluchte er Gott, die Menschen und die Hexe Melissa, die nach seiner Meinung den Blutfluch über ihn verhängt hatte. Die Madonna hingegen verfluchte er nie.
Seine Frau verlor kein Wort und verzog keine Miene, wenn Raggio durchdrehte. Sie war wie aus Marmor, bewegungslos wie die Marmorpfosten von Jaco dal Cuch. Als interessierte sie überhaupt nichts an ihm, nur wenn er gefesselt war, gab sie ihm ein wenig heißes Wasser mit Honig zu trinken, doch das war schon viel.

Ich traf mich jetzt nur noch selten mit ihr, denn unversehens war sie viel ernster als sonst und allem gegenüber gleichgültig geworden. Hin und wieder trafen wir uns zwar noch irgendwo, doch mit jedem Mal wurde sie stiller und hatte kaum noch Lust, es mit mir zu machen, eigentlich so gut wie gar keine mehr.

ES WAR EIN LANGER und kalter Winter, und viele Buchen, die von allen Bäumen am meisten Wasser speichern, waren vor Kälte geborsten, und überall war das Wasser gefroren. Auch das Sägewerk meines Freundes Gioanin Scàndol war lahmgelegt, weil das Mühlrad eingefroren war. Zu sechst sind wir ihm beigesprungen und haben mit Spitzhacken das Eis aufgebrochen, damit das Wasser wieder fließen konnte. Es war, als würden wir Glas zertrümmern, mit einer Kälte, die bis unter die Nägel kroch, richtig wehtat und sie schwarz anlaufen ließ. Wir reparierten die defekten Teile, und nach zwei Tagen konnte Scàndol wieder seine Holzstämme sägen und war ganz glücklich darüber. Dabei musste das Eis täglich neu aufgebrochen werden, sonst blockierte das Mühlrad gleich wieder.

Wenn morgens die Sonne aufging, rauchte der Vajont, als hätte er Feuer gefangen, und die schwachen Sonnenstrahlen mussten schwer ankämpfen gegen diese Kälte, unter der die Erde einfror. Alles war vereist und die Erde wie tot. Der Rio Valdenere führte noch das einzige fließende Wasser, das lauwarm aus einer Felsspalte entspringt, und keine Kälte dieser Welt lässt es zufrieren. Es war der Herr, der uns dieses gesegnete Wasser gab, das niemals vereist. Damit wir nie ohne Wasser sind, hat Gott diese warme und segensreiche Quelle geschaffen, und das ist das größte Geschenk des Herrn, nicht Gold, nicht Schätze oder Edelsteine.

Jacon Piciol, der Kleine, besaß eine Quelle, die wenig entfernt von seinem Stall aus einer Felswand in der Nähe des Wildbachs Vail entsprang. Es war eine wasserreiche Quelle, doch in diesem Jahr vereiste auch sie, denn sie wurde nicht wie die des Valdenere von Gott gewärmt.

Den Leuten im Dorf war aufgefallen, dass Jacon Piciol schon seit zwei Tagen nicht mehr zu sehen war, nicht einmal mehr Rauch stieg aus seinem Kamin.

So öffneten sie die Tür, die nicht zugesperrt war, und riefen nach ihm, aber es kam keine Antwort. Drinnen wie draußen nur Stille und Kälte und kein Jacon Piciol. Da begannen sie nach ihm zu suchen, denn es war merkwürdig, dass er nicht da war. Giovan Maria dei Govoi, genannt Bia, hatte die Idee, Jacon bei seiner Wasserquelle zu suchen. Und da fand er ihn auch, zwanzig Meter unterhalb seiner vereisten Brunnenquelle mit dem Kopf zwischen den Händen dasitzend, steif gefroren wie ein Marmorblock. Er war ausgeglitten und mit dem Kopf auf das Eis geschlagen, unfähig, wieder aufzustehen und zurück, hinauf zur Brunnenquelle, zu gehen. Weiter oben, nah der Quelle, stak noch seine Spitzhacke in einem wie Glas glänzenden Eisblock. Jacon Piciol, mit der Absicht hiergekommen, seine Quelle vom Eis zu befreien, war stattdessen ausgeglitten und den vereisten Hang bis zum Kiesbett am Vail hinuntergerutscht. Dort erst kam er zum Halten, unfähig, wieder hinaufzusteigen. So setzte er sich auf, legte den Kopf in seine Hände und schaute nach vorn.

Die eisigen Nebel, die aus der Schlucht des Vail aufstiegen, hatten sich wie weiße Laken um ihn gelegt und ihn wie zu einer gläsernen Statue gefrieren lassen. Unter dem Eis waren noch die Augen des toten Jacon Piciol zu sehen, wie sie die Vorbeigehenden fixierten. An einer Pinienstange aufgehängt, deren Enden sich zwei Männer, einer vorn und einer hinten, auf die Schulter legten, trugen sie ihn heim. Doch dort angekommen, wollte es einfach nicht gelingen, ihn zu enteisen, ebenso wenig wie ihn für den Sarg wieder gerade zu bekommen. Er war wie aus Gusseisen, und sie dachten schon daran, ihn mit der Säge gerade zu schneiden. Da schlug Bia dei Govoi, der ihn gefunden hatte, vor, ihn in ein Fass zu stecken und ihn so, sitzend und gefroren, wie er war, zu begraben, ohne ihn zersägen zu müssen, und das war wohl eh besser für ihn, denn im Sitzen ist es vielleicht doch bequemer für einen Toten als zersägt im Liegen.

Und so wurde es ausgeführt. Sie steckten ihn in ein Fass, das man von den Gebrüdern Abramo di Valdapont geholt hatte, die auf Bottiche, Fässer und Tanks spezialisiert waren, und begruben ihn im Fass sitzend, mit dem Kopf zwischen den Händen und immer noch nach vorn blickend. Es war schwere Arbeit, dann mit den Spitzhacken die Grube auszuheben, denn die Erde war wie Stein von der Kälte.

Armer Jacon Piciol, er war ein guter Arbeiter gewesen, hatte keine Mühe gescheut, und jetzt konnte er sich nicht einmal im Tod, wie alle anderen, für lange Zeit zum Ausruhen hinstrecken.

Aber vielleicht ging es ihm wirklich besser so, im Fass unter der Erde sitzend nach vorn schauen und dabei an seine Sachen denken.

Auch Raggio war zum Begräbnis gekommen und schrie herum, dass nach dem Fluch der Hexe Melissa nun alle die sterben müssten, die sie umgebracht hatten. Und während man das Fass mit dem gefrorenen Jacon Piciol darin in die Grube hinabsenkte, segnete Raggio ihn mit seinem Königsstab. Als das der Priester Don Chino Planco sah, ordnete er an, Raggio vom Friedhof zu entfernen, er würde hier schließlich den Segen geben, doch Raggio wollte nicht weggehen, und es fehlte nicht viel, und er hätte auch dem Priester einen Hieb auf den Kopf versetzt. Da ergriffen sie ihn zu viert und zerrten ihn zur Seite, ohne ihn jedoch vom Gottesacker wegzubringen.

In der Molkerei hatten wir gut zu tun, und immer brannte ein Feuer, um der großen Kälte dieser Winterplage Herr zu werden. Wenn Raggio nicht da war, half sie mir beim Käsekochen. Dabei hielt sie den großen Käselaib, den sie für Don Chino angefertigt hatte, immer perfekt sauber. Eines Tages sagte ich ihr etwas verärgert, dass auch die anderen Laibe gereinigt gehörten, nicht nur der große; worauf sie gleich die Bürste nahm, alle Laibe abbürstete und mit einem kleinen Messer noch die letzten schwarzen Ablagerungen entfernte, dann wusch sie alle mit Wasser und Salz ab und stellte sie an ihren Platz zurück. Wenn sie wollte, war sie wirklich sehr tüchtig.

EINES ABENDS NAHM SIE den großen Käselaib des Priesters mit zu sich heim. Sie sagte, der sei dort besser aufbewahrt, denn anders würde er vielleicht beschädigt, und zu Hause habe sie mehr Zeit, ihn zu pflegen. So meinte sie jedenfalls. Sie legte ihn in ihr Zimmer, und jeden Tag wusch und bürstete sie ihn und kratzte die Schimmelflecken und Ablagerungen weg.

Im selben Winter geschah dann noch ein weiteres Unglück, denn wie von der Hitze werden die Menschen auch von der Kälte verrückt. So ertrug Carle dal Bus dal Diaul die Kälte nicht länger, setzte sein Haus in Brand und ließ sich gleich mit verbrennen. Kurz zuvor hatten sie ihn noch in der Osteria von Pilin gesehen. Er hatte einen halben Liter Schnaps getrunken und dann gesagt, jetzt würde er sein Haus mal so richtig einheizen. Alle glaubten, er wolle ein Feuer im Ofen und eins im Herd machen und vielleicht auch eines im Innenhof, denn das halb aus Stein, halb aus Holz gebaute Haus hatte einen schönen Hof mit einem Unterstand voll von gespaltenem Holz. Aber für Carle dal Bus dal Diaul war es immer zu kalt, und je mehr Holz er aufs Feuer legte, umso weniger warm würde es im Haus, sagte er, und außerdem habe er in mehr als fünfzig Jahren nie eine solche Kälte im Kreuz gespürt. Dabei dachte niemand daran, er würde sein Haus anzünden, als er die Osteria von Pilin mit den Worten verließ, dass er es nun ein für allemal einheizen gehe. Doch es war nicht einmal eine halbe Stunde vergangen, schon hörte man die Leute rufen, es sei irgendwo ein Feuer ausgebrochen. Das Haus von Carle dal Diaul brannte wie ein Stück Harzholz, und die Ersten, die eintrafen, berichteten, dass man ihn drinnen noch schreien hörte, jetzt in der Hölle sei es ein für allemal heiß genug. Und er verfluchte Gott und sagte, er, Carle, sei Sohn des Teufels, denn seine Mama habe Unzucht mit dem Teufel getrieben, und aus dieser Unzucht sei er hervorgegangen und kehre jetzt zum Teufel zurück.

Noch ein letzter Fluch, dann hörte man nichts mehr, denn Carle war inzwischen verkohlt. Im Grunde war sein Name schon eine Art Schicksal, weil dal Bus dal Diaul bedeutet: vom Teufelsloch, das heißt, der Hölle.

Damals fehlte nicht viel, und das ganze Dorf wäre in Feuer aufgegangen, weil alles Wasser gefroren war. Um die anderen Häuser zu retten und ein Überspringen des Feuers zu verhindern, sägten und schlugen sie die Zwischenbalken weg. Hundert Mal verfluchte jemand Carle dal Bus dal Diaul dafür, dass er fast alle Häuser im Umkreis in Brand gesetzt hätte. Zunächst wollte man retten, was noch zu retten war, dann machten sich alle zusammen daran, den armen Carle aus den Überresten seines Hauses zu bergen. Was sie vorfanden, war eine Art verbrutzeltes Stück Kohle, bei dem man Angst bekam. Es war, als sähe man den leibhaftigen Teufel vor sich. Mehr als alles andere ließen einen die Augen erschauern, die, teils milchweiß, teils blutrot, weit aus den Höhlen herausgetreten waren. Wie jene des armen Toni della Val Martin, nachdem er auf der Palazza vom Blitz getroffen worden war. Jemand erzählte, dass ihm dabei auch zwei kleine Hörner herausgetreten waren, aber das war dummes Gerede.

Wir beeilten uns, ihn zu begraben, doch in einiger Entfernung vom armen Jacon Piciol, denn Carle hatte sich schließlich selbst umgebracht und sollte nicht unter dieselbe Erde zu dem, der für sich allein gestorben war. Und auch diesmal konnten wir nur unter großer Anstrengung eine Grube ausheben, die Erde war bis in die Tiefe durchgehärtet, als würden wir mit der Spitzhacke auf Felsen hauen.

Nach der Beerdigung begannen wir gleich, mit unseren vor Kälte schon fast schwarzen Händen die vom Feuer beschädigten Häuser wieder zu reparieren, und nach einer Woche war alles wie zuvor. Dabei hielt die Kälte unvermindert an, das Wasser taute nicht, und so konnte man der täglichen Prozession von Eimer tragenden Menschen beiwohnen, die das gesegnete Wasser von der warmen Quelle des Rio Valdenere holen gingen. Und alle dankten sie Gott für das Wunder der warmen Quelle, die niemals zufror.

Und auch ich dankte Gott dafür.

AM TAG DES DREIKÖNIGSFESTES wurde im Ortsteil San Rocco den Jungvermählten Maria und Felice Corona Menin ein kleines Mädchen geboren. Da draußen ein Meter Schnee lag und man bei der Kälte kaum atmen konnte, brachten alle dem Paar etwas Holz, um das neugeborene Kind zu wärmen. Sie hatten Angst, es könne sterben; die Kleine hingegen gab nicht das geringste Zeichen von sich, dass sie frieren würde, und weinte auch nie. So wurde sie Neve, Schnee, genannt und auch auf diesen Namen getauft, denn sie war gesund und frisch wie der Schnee. Neve Corona Menin, das einzige Mädchen, das in diesem Jahr der großen Kälte geboren wurde und das, wenn alle anderen froren, selbst keine Kälte spürte. Ein ganz besonderes Kind, wie eine kleine Heilige war sie gekommen, um etwas Wärme in diese Winterplage zu bringen. Und dass sie ein besonderes, von Gott gesandtes Wesen war, das zeigte sie allen gleich nach fünf Tagen, kaum dass sie in diesem frostigen Strafwinter zur Welt gekommen war.

Felice Corona Menin besaß eine junge Hündin namens Storna, die zur selben Zeit sechs kleine Welpen geworfen hatte. Aber Felice wollte sie nicht behalten, und so steckte er sie einen Tag nach ihrer Geburt in einen Sack und warf sie von der Brücke Daltin in den Abgrund hinunter.

Aus Verzweiflung über ihre verschwundenen Jungen lief Storna darauf jaulend und heulend im Haus herum, dann hin und her zwischen Haus und Hundehütte, die sich unterhalb der Straße nach San Rocco befand, nah dem Hühnerstall, von dem sie nachts mit ihrem Bellen die Füchse fernhalten sollte.

Eines Morgens gingen die Vermählten Menin in den Stall die Kühe versorgen und ließen Neve allein im Korb neben dem Herd zurück. Als sie zurückkamen, war das Kind nicht mehr da. Da liefen sie schreiend auf die Straße und riefen: Wer hat uns unser Kind gestohlen! Haus für Haus suchten sie nach ihr ab, aber die Kleine tauchte nicht mehr auf. Fast hätten sie schon einer fünfzigjährigen Frau das Geständnis herausgeprügelt, dass sie das Kind versteckt hielt. Da die Frau allein lebte und immer gern die Kinder streichelte, denen sie begegnete, dachte man, sie hätte die Kleine entführt, und sie wäre beinahe schon aus dem Verkehr gezogen worden, denn hierzulande wird nicht lange gefackelt, wenn jemand Kinder angreift. Es war zwei Uhr nachmittags, als sie schließlich entdeckten, dass die gute Frau nichts damit zu tun hatte.

Es war Felice Corona eingefallen, in der Hundehütte von Storna nachschauen zu gehen, denn seit vormittags hatte er die Hündin nicht mehr gesehen. Und tatsächlich, bei eisigster Kälte lag da die Kleine auf ein wenig Stroh gebettet. Storna hatte sich dicht neben sie gelegt und leckte sie unaufhörlich. Nunmehr ohne eigene Jungen, hatte die Hündin sich das Mädchen geholt und es in Hundemanier, als wäre es ihr eigenes Junges, sanft, ohne zuzubeißen, mit den Zähnen fortgetragen und in der Hütte versteckt. So begriff Felice Menin, was es bedeutet, wenn einem die Kinder geraubt werden. Das Schöne daran war, dass die Kleine, selbst nach sieben Stunden, die sie in der Hundehütte zugebracht hatte, weder weinte noch fror noch Zeichen von Erfrieren zeigte. Da hielten es alle für ein Wunder, und Neve sei eine kleine Heilige, eine kleine Madonna, die gekommen war, um Wärme in die Herzen der Menschen und ihr Dorf zu bringen, das dort in eisiger Winterstarre unter Schnee begraben lag.

Felice Corona Menin nahm die Schaufel und hob schon die Arme, um Storna, die ihm seine Tochter geraubt hatte, zu erschlagen, als im selben Augenblick seine Bewegung stockte und er wie zu einer gelenklosen Eisenskulptur erstarrte. Da wusste er, es war ein Zeichen vom Himmel. Er nahm seine Storna mit ins Haus neben den Kamin, und von diesem Tag an tötete er ihre Jungen nicht mehr, denn indem Neve ihm den Arm erstarren ließ, als er Storna erschlagen wollte, hatte sie ihn zu einem guten Menschen werden lassen.

Er erzählte mir, er habe so etwas wie eine plötzliche Kälte gespürt, die ihn schlagartig von Kopf bis Fuß steif werden ließ, sodass er nicht mehr in der Lage war, die Arme zu bewegen und zum Schlag auszuholen.

Das erzählte er nicht nur mir, das ganze Dorf erfuhr davon, und so suchten immer mehr Leute das kleine Heiligenmädchen auf und zündeten ihr Kerzen draußen vor der Haustür an und brachten Ziegenmilch und allerlei Esszeug für die Vermählten Felice und Maria Corona Menin als Dank dafür, dieses von Gott geschickte Wesen auf die Welt gebracht zu haben.

Doch nicht alle glaubten, dass dieses kleine Kind Dinge tun könne, die nur in der Macht des Herrn standen. Da ich glaube, dass Gott sie gesandt hatte, glaube ich auch, dass sie ebenfalls dazu in der Lage war. Ein anderer wiederum sagte, er würde es nur dann glauben, wenn er das Mädchen, das viele für die Madonna selbst hielten, mit seinen eigenen Augen ein Wunder vollbringen sähe.

Nicht einmal nach dem, was einen Monat später geschah, wollten diese Leute ohne Glauben und Gottesfurcht ihre Meinung ändern. Matteo, der elfjährige Sohn von Marianna Corona, wegen seiner Schläue auch *La Bolp*, der Fuchs, genannt, war auf seinem Rückweg von Marzàna, der ihn nahe der Pila dei Gavoi auch über den gefrorenen Vajont führte, auf dem Eis ausgerutscht und an der einzigen offenen Stelle ins glaskalte Wasser gefallen. Er zog sich sofort wieder heraus, aber durchnässt, wie er war, erstarrte er vor Kälte und war wie gelähmt. Unter äußerster Anstrengung schleppte er sich noch bis zur Sägerei von Scàndol, dann brach er zusammen. Gioanin de Scàndol rettete ihn vor dem sofortigen Tod. Er setzte ihn ans Feuer, schälte ihm die Kleider vom Leib, die stocksteif wie eine Eisenrüstung waren, wickelte ihn in zwei, drei Decken und gab ihm kochendheißen Grappa mit Zucker zu trinken. Aber der Junge wollte sich nicht wieder erholen, zitterte nur und klapperte mit den Zähnen. Da lud Gioanin de Scàndol ihn sich, ganz in Decken gehüllt, auf die Schulter und trug ihn hinauf ins Dorf zu seiner Mutter.

Tags darauf bekam der Junge starkes Fieber, war glühend heiß, zitterte am ganzen Leib und redete so irres Zeug, dass man nichts mehr verstand, fast schlimmer noch als Raggio. Dabei konnte ihm keiner zu Hilfe kommen, auch nicht der Arzt aus Cimolais, denn die Straßen waren voller Schnee und Eis, und selbst zu Fuß gab es kein Fortkommen mehr, die Kälte hielt alle in ihren Häusern gefangen.

Am zweiten Tag hörte der Bursche dann plötzlich zu reden auf, sein Gesicht brannte heißer noch als der Schmiedeofen meines Bruders, und alle glaubten, dass er nun bald sterben würde. Vielleicht hatte er sich auch eine Lungenentzündung eingefangen oder sonst eine üble Krankheit, keiner wusste das so recht. Nur dass er wohl bald sterben musste, darin war man sich sicher. Der Priester bestrich ihn mit heiligem Öl und rief zum Hoffen auf, aber mehr noch müsse man beten, denn alleiniges Hoffen würde nicht mehr hinreichen.

Am Abend des dritten Tages kam Marianna das Mädchen in den Sinn, das keine Kälte spürte, bei dem sich viele sicher waren, es sei eine kleine Madonna und vollbringe Wundertaten. Und so dachte sie daran, ihren Sohn Matteo zu ihr zu bringen, damit sie ihn heilen möge.

Die Frauen des Viertels sagten ihr, sie sei ja verrückt, aber sie verlor nicht den Mut, nahm den in Decken gehüllten Jungen in die Arme und trug ihn zu Felice und Maria Corona Menin ins Haus und setzte ihn dort vor die kleine Neve, die inzwischen kaum älter als zwanzig Tage war.

Als Marianna ihnen erklärte, warum sie gekommen sei, zeigte sich Maria Menin mehr als verwundert, das wäre ja zu schön, wenn ihre Tochter die Menschen heilen könnte, sie würde sich als Erste darüber freuen. Aber Marianna gab nicht auf und fragte, ob die Kleine ihren Sohn vielleicht am Gesicht berühren dürfe. Maria stimmte zu, ja, mach ruhig, und so hielt Marianna das Gesicht ihres Matteo dicht an jenes von Neve heran. Dann fasste sie ein Händchen der Kleinen und berührte damit das Gesicht ihres Sohns. Eine Weile lang ließ sie das Händchen dort ruhen, dann setzte sie es wieder ab.

Neve schien nicht einmal bemerkt zu haben, dass jemand ihr die Hand hochgenommen hatte. Doch es war kaum eine halbe Stunde vergangen, als Matteo wie aus einem Traum erwachte und wie von den Toten zum Leben erweckt auch wieder richtig zu sprechen anfing und »wo bin ich« fragte und »was ist hier überhaupt los«. Sie fassten sein Gesicht an, und es glühte nicht mehr, eiskalt war es, wie der Kupfereimer voll Wasser, der im Zimmerchen hing. Da mussten alle Anwesenden weinen, und die Frauen fingen an, den Rosenkranz zu beten und sich zu bekreuzigen vor dem hölzernen Korb, in dem die kleine Neve lag und inzwischen schon eingeschlafen war.

Von diesem Abend an änderten auch die, die bisher nicht an die kaum geborene Madonnina geglaubt hatten, ihre Überzeugung, und alle Bedürftigen gingen nun zu ihr, um eine Gnade zu erbitten. Aber nicht immer wurde ihnen auch Gnade erwiesen, denn einige kamen ohne Glauben, nur um eine Gnade zu erhalten, worauf dann auch gar nichts geschah, denn einem Ungläubigen gibt der Herr nichts. Und auch die Madonna gibt denen nichts, die nicht glauben, und tut gut daran, denn Wunder sind nicht wie auf einem Markt zu haben, wo einer bezahlt und dafür nimmt, was er will und was ihm dient. Die Wunder muss man in sich selbst erleben, und dazu muss man glauben, denn die Wunder sind die Seele des Menschen, der Gott um Barmherzigkeit bittet.

Auch ich ging mir dieses wundersame Mädchen anschauen, und alle drei Male war ich schwer betroffen, denn kaum kam ich in seine Nähe, fing es jedes Mal verzweifelt zu weinen an. Wenn ich dann fortging, hörte es auf zu weinen, kam ich wieder näher, weinte es von Neuem wie von einer Nadelspitze gestochen. Anfangs dachte ich noch, es sei bloßer Zufall, weil das Kind ja sonst niemals weinte, aber als es zum dritten Mal zu heulen anfing, als ich ihm näher kam, wusste ich, dass es kein Zufall war und ihm irgendetwas an mir Angst einjagte. Da ging ich es nicht mehr anschauen. Seine Mutter meinte, es wäre vielleicht mein Geruch, da ich ja mit Kühen und Ziegen umging, aber das glaube ich nicht, denn auch die anderen gingen mit Kühen und Ziegen um, und bei ihnen weinte das Mädchen nicht, wenn sie ihm näher kamen.

Eines Tages brachten Freunde auch Raggio zu der Kleinen, um zu sehen, ob sie ihn vielleicht von seinem Wahn heilen könne, aber kaum stand er vor ihr, begann sie schlimmer als bei mir zu heulen. Da zogen sie ihn wieder weg von ihr, und augenblicklich hörte sie auf zu heulen, und Raggio blieb so verrückt als wie zuvor.

So war es nun einmal, im ganzen Dorf heulte die kleine Madonna Neve nur, wenn ich und Raggio ihr nahe kamen. Und wehe, sie begegnete uns auf der Straße! In eine Decke gewickelt auf dem Arm ihrer Mama Maria hörte sie uns schon aus zehn Metern Entfernung und heulte los, selbst wenn sie schlief. Es war ein Rätsel, das sich niemand erklären konnte, und so gab man schließlich auf, es erklären zu wollen.

Jedenfalls ging auch dieser Strafwinter vorüber, der nur Tote auf den Straßen und Kälte in den Knochen und Herzen zurückließ.

Und so sah man dem Osterfest entgegen.

AM KARFREITAG GESCHAH ein Akt des Teufels, der alle erschreckt verstummen ließ. Man hatte geplant, die Passionsprozession und die Kreuzigung zu veranstalten, wozu mehr als zweihundert Menschen aus dem Dorf benötigt wurden. Den Kaiphas spielte einer aus Soprafuoco, den Pilatus einer aus San Martino, den Christus einer aus der Ortschaft San Rocco, groß und mager wie ein Stockfisch, und den Judas schließlich spielte einer vom Col delle Cavalle, dort, wo das Zemolatal beginnt. Von dort oben kamen immer schon die Gottverdammten, und so hatte man einen von ihnen für die Rolle des Judas ausgewählt. Giulin Filippin Sesto hieß dieser Mann vom Col delle Cavalle, auch er war ein Schnitter, der auf den Palazzahöhen mähte und länger als alle anderen in der Höhle der alten Melissa nächtigte, weil er dort oben mehr Grund als die anderen besaß und deshalb auch immer erst eine Woche später mit dem Mähen seiner Wiesen fertig war.

An diesem Karfreitagabend sollte er als Judas, wie immer nach dem Verrat an Jesus, sich zum Schein an einem ausgetrockneten Baum auf dem Pico del Valdenere erhängen. Keiner weiß, was ihm dabei durch den Kopf ging, Tatsache aber ist, dass Giulin Sesto sich wirklich erhängte, und als die anderen es bemerkten, war er schon seit einer Weile tot. Sie zogen ihn vom Baum herunter und riefen den Priester Don Chino Planco, der ihm nicht einmal einen kümmerlichen Segen geben, geschweige denn ihn bekreuzigen wollte, da er sich selbst umgebracht hatte, und die so etwas tun, erhalten weder Kreuzzeichen noch heiliges Wasser, sagte Don Chino. Aber weil er gleich mehrere Drohungen bekam, sah sich Don Planco gezwungen, unseren Freund vom Col delle Cavalle doch noch mit heiligem Wasser das Kreuzzeichen zu erteilen, sonst hätten sie auch ihn aufgehängt. Doch auch Giulin Sesto wurde dann dort begraben, wo schon die verdammten Seelen von Maddalena Mora, Carle dal Bus dal Diaul und allen anderen ruhten, die sich selbst umgebracht hatten.

Am frühen Ostermontagmorgen ging der Priester durchs Dorf, um jedes einzelne Haus zu segnen. Jede Familie gab ihm, was sie konnte, Eier, eine Salami, ein Stück Gämsen- oder Rehfleisch, fünfzig gehäutete Frösche, einen Ricotta und anderen Käse. Wer wenig oder nichts besaß, gab ihm einen Korb mit trockenem Spaltholz, was für sich schon von einigem Wert war. Alles schien im Sinne des Priesters zu verlaufen, der einen Teil der Geschenke an die Ärmeren weitergab, also jenen, die ihm ihrerseits schon einen Korb mit trockenem Spaltholz gegeben hatten.

An diesem Ostermontag kam Don Chino auch zu Raggios Haus. Mein Freund war allein. Ruhig saß er auf seinem Königsthron mit dem Stab in der Hand und der Krone auf dem Kopf und blickte wortlos nach vorn in Richtung Berge, hin zu seinen Dämonen. Auf die Frage des Priesters, wo seine Frau sei, antwortete er, sie sei zum Feld auf den Baèrt gegangen, um die Erde umzugraben und für die Saat vorzubereiten. So erzählte es jedenfalls der Priester.

Darauf erhob sich Raggio, grüßte Don Planco und die Messdiener mit ihren bereits gut gefüllten Körben und bereitete sich für die Segnung seines Hauses vor. Der Priester forderte ihn auf, während der Segnung seine Königskrone abzusetzen, da Gott über ihm wie über allen Königen der Erde stünde. Raggio gehorchte, nahm die Krone ab, legte sie auf den Küchentisch und bekreuzigte sich. Der Priester segnete das Haus und wartete noch, dass der Hausherr, wie alle, ihm etwas als Spende gebe. Raggio zog fünf Eier aus einer Lade, doch dann erinnerte er sich an den großen Käselaib im Zimmer, den seine Frau hergestellt hatte und jeden Tag pflegte; mit einer nie gesehenen Hingabe bürstete ihn die Frau, reinigte ihn mit Wasser und Salz, trocknete ihn, kratzte mit der Messerspitze die schwarzen Löcher heraus und legte ihn zurück an seinen Platz auf das Bord. Jetzt war der Augenblick gekommen, ihn dem Priester zu geben.

So legte Raggio die Eier zurück in die Lade, rief einen der Messdiener mit dem Korb, nahm den großen Laib, trug ihn aus dem Zimmer und packte ihn in den Korb des Messdieners, dem unter dem Gewicht gleich die Beine einknickten. Das sei das Geschenk des Königs, sagte er zum Priester, für ihn und seine Armen, auch wenn es von diesen ja nicht viel gab im Dorf, aber einige gab es doch immer. Der Priester war es sehr zufrieden, bedankte sich bei Raggio, verabschiedete sich und ging seine Runde weiter.

ES WAR UNGEFÄHR VIER UHR nachmittags, als das geschah, was für das Dorf, nach schon so vielen Unglücken, das schlimmste sein sollte.

Don Chino war schreiend auf die Straße gelaufen, der Teufel sei im Pfarrhaus, Satan sei im Gotteshaus erschienen, aber er, der Priester, würde sie alle, ob Teufel oder nicht, ins Gefängnis werfen lassen, wo immer sie auch auftauchten.

Bei diesen Schreien hatte sich schnell eine ganze Schar Leute versammelt, und der Priester schrie weiter »Mörder!« mit Augen, die Angst erweckten. Man solle die Gendarmen rufen, damit sie all die Schuldigen ins Gefängnis werfen und die Komplizen jener Todsünde, die da plötzlich vor seinen Augen aufgetaucht sei. Auch ich ging hin, um nachzuschauen, was da passierte, und stieß unterwegs auf Raggio, der ebenfalls mit seinem Stab in der Hand auf dem Weg zum Pfarrhaus war, um zu sehen, was das für Schreie waren.

Als der Priester uns zwei sah, beruhigte er sich und sagte: »Kommt rein und schaut euch das an, dieses Mal kommt mir keiner ungeschoren davon, hier gehört einer endgültig ins Gefängnis, bis er verreckt, und danach, wenn er einmal verreckt ist, wird er zur Hölle fahren.« Darauf gingen zehn oder zwölf von uns, Männer und Frauen, ins Pfarrhaus hinein.

Was ich dort im Pfarrhaus sah, werde ich, solange ich lebe, nicht mehr vergessen, auch wenn ich weiß, dass ich nur noch wenig Zeit zu leben habe. Der Priester hatte den großen Käselaib zur Hälfte aufgeschnitten, um ihn an die Armen zu verteilen. Und im Käse drinnen lag da, wie ein Murmeltier zusammengerollt, ein winzig kleines neugeborenes totes Kind, weiß wie die Käsemasse. Und schon begann der Priester wieder zu schreien und mit dem Finger auf das Kind im Käse zu zeigen, da schaut die Sünde, schaut den Teufel, und sagte weiter, dass er uns alle ins Gefängnis bringen würde.

Mit einem Schlag war mir alles klar.

Diese feige Schurkin, diese Schlampe hatte mir alles verheimlicht. Jetzt verstand ich, warum sie sich eng einschnürte, Männerjacken trug und es auch nicht mehr mit mir machen wollte. Jetzt begriff ich, warum sie kotzen musste, wenn sie bei Pilin Wein trank. Sie trank absichtlich Wein, um dann sagen zu können, dass sie wegen des Weins kotzen musste, weil Frauen immer kotzen müssen, wenn sie schwanger sind. Und jetzt verstand ich auch, warum sie mir in der letzten Zeit möglichst aus dem Weg ging. Sie war von mir schwanger gewesen und hatte sich von niemandem etwas anmerken lassen, niemandem etwas gesagt. Und jetzt wurde mir auch klar, warum sie so versessen jenen vermaledeiten Käselaib pflegte und bürstete. Sie pflegte ihr Kind, das drinnen war. Sie hätte es auch im Mist verschwinden lassen können, aber dann wäre es nicht mehr bei ihr gewesen. Im Käse hingegen konnte sie es nah bei sich behalten, wie in einem anderen Leib, im Leib des Käses.

Als es so weit war, hatte sie ganz allein das Kind entbunden oder mithilfe irgendeiner alten Engelmacherin, wie die, die früher Maddalena Mora mit Stricknadeln entbunden hatte. Dann hatte sie es in den Kessel zur Käsemasse dazugelegt und darauf im Käselaib versteckt. Sie hatte schon im Voraus an alles gedacht, deshalb wollte sie auch das Käsemachen lernen und ganz allein den großen Käselaib ausziehen. So eine feige Schurkin. Ich schaute mir das Gesicht meines eingedickten Kindes an und war froh, dass ich es wenigstens noch so sehen konnte, denn wenn der Käse erst Würmer gekriegt hätte, wäre das Kind von ihnen zerfressen worden, und dann hätte ich nicht einmal mehr sein Gesicht sehen können, denn von den Würmern zerfressen, wären nur noch die Knochen herausgestanden.

Als Raggio die Szene sah, rannte er sofort los, um seine Frau auf dem Feld zu erschlagen, und wir mussten ihn zu fünft zurückhalten. Während wir ihn niederhielten und Piare Ciolt de la Spianada ihn mit einem Lederriemen fesselte, den der Priester ihm gegeben hatte, sah er mich mit feuerglühenden Augen an und sagte, ich sei der Vater dieses Kindes im Käse, denn er könne keine Kinder zeugen. Und er schwor und wetterte, dass er, sobald er wieder frei wäre, uns beide, mich und auch sie, umbringen würde. Ab heute, schrie er, müsse ich mich in Acht nehmen, denn sobald er kann, mache er mich fertig. Und er würde auf jeden Fall zu mir ins Haus kommen, und wenn er dazu die Ziegel aus dem Dach reißen müsste.

Sie trugen ihn heim zu sich, und der Priester folgte ihnen, nachdem er noch einen beauftragt hatte, die Gendarmen zu benachrichtigen. Aber schließlich holte an diesem Tag keiner mehr die Gendarmen, da alle zum Haus von Raggio gingen.

Während wir alle in Raggios Haus waren, auch ich war den anderen nachgefolgt, kam sie schließlich von der Feldarbeit zurück, mit Spaten und Erdhacke auf der Schulter.

Der Priester nahm sie zur Seite und sagte ihr, was aus dem Käselaib herausgekommen war und ob sie etwas davon wüsste.

Und das war dann das Ende von allem.

Sie wurde hart wie Stein, und für einige Augenblicke schien sie zu einer Mumie erstarrt, während die Augen anschwollen wie die eines Ochsen oder wie die von Raggio. Für einen Augenblick herrschte eine Stille im Raum, die die ganze Welt in Schrecken versetzen konnte.

Dann explodierte sie.

Sie begann wie eine Wahnsinnige zu brüllen, dann stürzte sie zum Tisch, riss ein Messer aus der Schublade und musste schließlich von zweien festgehalten werden, dass sie sich das Messer nicht in die Brust rammte. Raggio, quer über die Bank gelegt und wie ein Holzbündel zusammengeschnürt, beobachtete das Schauspiel mit Augen, die noch geschwollener als ihre waren, während sie nur unaufhörlich schrie und heulte, um sich schlug und trat. Sie war weinrot angelaufen und schrie weiter so arg, bis sie schließlich wie tot zu Boden sank. Da legten sie sie ins Bett, und zwei Frauen wachten bei ihr, während draußen in der Stube drei Männer auf Raggio aufpassten, der wie eine Viper zischte, aber kein Wort mehr sagte.

Die ganze Nacht über wurden die beiden bewacht, die jetzt beide verrückt geworden waren, als wären sie nicht mehr Kinder menschlicher Wesen, sondern des Teufels und des Todes.

TAGS DARAUF WACHTE SIE mit so verlorenem Blick auf, als wäre sie von weither aus einer anderen Welt zurückgekehrt, und solange sie lebte, sprach sie nun kein Wort mehr. Wie eine Schlafwandlerin ging sie umher und sah fast nicht einmal mehr Türen und Stufen, sodass sie sich überall die Nase anschlug. Dann machte sie alles in die Hose, wollte niemanden mehr im Dorf kennen, weder die Freundinnen, die sie besuchen kamen, noch mich oder Raggio. Manchmal weinte sie den ganzen Tag lang still in sich hinein. Dann flossen die Tränen nur so aus ihr heraus wie aus den sieben Quellen des Zemolatals. Sie aß nur noch alle zwei, drei Tage etwas, und dann so wenig, dass es nicht einmal mehr für einen Vogel gereicht hätte, auch wusch sie sich nicht mehr und wollte sich nicht mehr ankleiden. Abwechselnd kamen die Frauen aus dem Viertel, um sie anzukleiden und ihr auf die Beine zu helfen.

Don Chino Planco meinte, hier sei jetzt nicht mehr die Polizei gefragt, sondern das sei ein Fall für die Irrenanstalt.

Eines Tages dann fragte mich Don Chino, ob ich nichts von der Sache mit dem Kind gewusst hätte, und ich erwiderte Nein, worauf er mich nur schräg ansah und dann fortging.

Nachdem Raggio fast eine Woche lang unter Aufsicht gefesselt gewesen war, beruhigte er sich schließlich und spielte wieder den König, als hätte er alles vergessen. In dieser Woche des Gefesseltseins sorgte ich mit drei anderen für sein Essen, brachte ihn in den Stall, damit er seine Bedürfnisse erledigte, und hin und wieder wuschen wir ihn auch wie ein kleines Kind, ließen ihn dabei aber an Händen und Füßen gefesselt, weil er immer wieder böse knurrte. Das Kind wurde inzwischen im Limbus begraben, ein Flecken Erde am Rand, wo die ungetauften Kinder hinkamen.

Als wir Raggio die Fesseln abnahmen, hatten die am Handgelenk einen Zentimeter tiefe Einschnitte voll mit verkrustetem Blut hinterlassen. Armer Raggio, wie arg hatte ich ihn zugerichtet. Und alles war meine und ihre Schuld.

In der Zeit seines Gefesseltseins war ich es manchmal, der ihm zu essen gab. Wenn ich ihm dann den Löffel in den Mund schob, sah er mich mit bösen Augen an, aber hin und wieder waren sie auch traurig, als wollte er mich fragen, wie konntest du mir das antun und meine Frau schwängern. Und dann, nach kurzem Nachdenken, wiederholte er ständig »töt eu, töt eu«, das bedeutete, er würde uns beide töten.

Ich ging weiter jeden Tag in die Molkerei, aber Raggio kam nicht mehr zum Käsemachen. Und jedes Mal, wenn ich ihm begegnete, sagte er mir, er würde mich mit diesem Stab töten, und streckte dabei seinen Königsstab in die Luft. Von da an ging ich nur noch mit meinem Taschenmesser in der rechten Hosentasche aus – ein wenig, um ihm Angst zu machen, ein wenig auch, weil man ja nie sicher sein konnte, und wenn er mir jetzt sagte, er würde mich mit seinem Stock umbringen, antwortete ich ihm, dass ich ihm schon mit dem Messer zuvorkommen würde. Und dabei zog ich es aus der Tasche und zeigte es ihm. Aber davon ließ sich Raggio überhaupt nicht beeindrucken und erwiderte, dass er viel mehr Grund hätte, mich umzubringen, als ich ihn, aber wenn ich ihn umbringen wollte, dann sollte ich es gleich tun, denn früher oder später würde er mich töten.

Don Chino rief nicht die Gendarmen. Er wollte erst abwarten, wie es der Frau ergehen würde. Wenn es ihr dann besser ginge, wollte er auch die Polizei rufen. Aber es sollte ihr nie wieder besser gehen.

Denn schon einige Tage, nachdem das Kind aus dem Käse geschlüpft war, wurde allen klar, dass man sie in ihrem Zustand nicht im Dorf behalten konnte. Sie ließ sich immer mehr gehen, machte alles in die Hose und wurde immer wahnsinniger. Nachts fing sie mit ihrem Kind, das auch meins war, zu reden an. Und dann sprach sie auch tagsüber mit ihm. Sie redete zu ihm und streichelte es, als hätte sie es auf den Knien und gäbe ihm zu essen. Und Raggio konnte man dabei nicht zutrauen, dass er ihr helfen würde, schließlich war er noch verrückter als sie, und auch wenn es ihm für Augenblicke besser ging, konnte man die beiden nicht mit sich allein lassen. Da war die Befürchtung zu groß, dass er sie in einem Wutausbruch mit einem Hieb hinter den Kopf töten würde, so wie man Kaninchen oder Vipern tötet.

Daher wurde sie, kaum dass der Frühling begonnen hatte und ringsum die Blumen sprossen, die Kuckucke sangen und die Sonne die Erde erwärmte, auf Beschluss von

Don Chino, als Waise ohne Verwandte, auf einen Karren geladen und nach Belluno ins Spital gebracht.

Doch dort merkte man nach einer Woche, dass es nicht der richtige Ort für sie war, und so wurde sie in die Irrenanstalt nach Pergine in Valsugana verlegt, weil die von Feltre schon mit Irren überfüllt war.

Nach einem Monat brach ich auf, um sie zu besuchen. Es war um Mitte Mai, und der Frühling hatte schön und warm begonnen. Ein Freund von mir wollte sich in der Zwischenzeit um die Molkerei kümmern, und so ging ich zunächst zu Fuß bis nach Longarone. Von dort ging es dann mit dem Postbus und anderen Mitfahrgelegenheiten weiter bis nach Pergine. Ich fand auch bald das Irrenhaus und fragte die dortigen Nonnenschwestern nach ihr. Ich erklärte, sie sei eine Berglerin und erst vor Kurzem hierhergebracht worden, und dass sie ein Kind streichelte und mit ihm redete, welches aber nur sie sehen würde, weil es in Wirklichkeit gar nicht existierte. Darauf führte mich die älteste Schwester in einen großen Raum mit ungefähr zwanzig Verrückten. Ich erschrak, denn so etwas hatte ich noch nie gesehen, und nie hätte ich gedacht, dass es so etwas überhaupt gibt auf der Welt. Da gab es Nackte, Angezogene, welche, die schrien, andere, die sangen, und einen, der wie tot und einbalsamiert in einer Ecke saß und sich nicht einen Millimeter bewegte. Dann ging ich, begleitet von zwei Krankenpflegern und der alten Schwester, zum Tisch, an dem sie saß. Fast hätte ich sie nicht wiedererkannt. Ihre Haare waren ganz zerzaust, und ihre weltverlorenen Augen schienen nichts mehr wahrzunehmen. Sie hatten ihr eine Art aschenfarbene Kutte angezogen, die bis zu den Füßen reichte. In der Hand einen Löffel, den sie von einem leeren Teller zum Mund führte, als würde sie Minestra oder sonst etwas essen. Dann blies sie ein wenig auf den Löffel, um die Minestra, die keine war, abzukühlen und darauf jemandem in den Mund zu schieben, der auf ihren Knien saß. Aber außer Luft war da niemand auf ihren Knien.

Die Nonnenschwester sagte mir, was ich schon wusste, dass nämlich ein Kind auf ihren Knien saß. Ich wusste, es war das Kind, das sie mit mir gemacht und nach dem Niederkommen in den Käselaib gesteckt hatte, aber ich hielt meinen Mund.

Ich trat näher an sie heran und rief sie an.

Sie hob den Kopf und schaute mich an, ohne mich zu erkennen, dann fütterte sie ihr Kind weiter, das nicht existierte. Ich empfand einen unerträglichen Schmerz bei dem Anblick, wie sie da einem Nichts zu essen gab. Da beschloss ich, sofort wieder wegzugehen und nie mehr an diesen Ort des Todes zurückzukehren, wo es keine Vernunft mehr gab. Aber bevor ich aufbrach, geschah noch etwas, dass mir die Tränen kamen, auch wenn ich innerlich schon seit langer Zeit weinte.

Sie blickte mich noch einmal starr an, dann nahm sie das Kind, das nicht da war, und streckte es mir lächelnd entgegen, wie um es mir zu zeigen, und ich sollte es doch auch ein wenig halten, während sie etwas anderes machte. Da nahm ich es dann zum Schein hoch, als würde es tatsächlich existieren. Sie tat nichts weiter, als mir zuzusehen, und mir schien, sie lächelte auch ein wenig. Dann stand sie auf und stellte sich nah zu mir, und während ich mit der Hand so tat, als streichelte ich das Kleine, fing sie an, mit diesem Kind aus Luft auf meinem Arm zu spielen. Sie gab ihm mit der Fingerspitze einen Stups auf die Nase, dann auch mir und lachte leicht dabei. Da musste ich weinen. Als sie meine Tränen sah, nahm sie ihr Kind zurück, setzte sich weiter weg und gab ihm wieder zu essen. In diesem Augenblick hörte die Welt für mich zu existieren auf, und ich schwor mir, sie nie wieder zu besuchen. Wozu sollte es gut sein, sie in diesem Zustand zu sehen, wo sie gar nicht mehr zu existieren schien, nur noch Luft, wie ihr Kind.

Die Schwester fragte mich, ob ich ihr Mann sei, worauf ich antwortete, ich sei nur ein Verwandter. Dann erzählte sie mir noch, dass sie Tag und Nacht das Kind pflegen und nie schlafen würde, und keinem wäre es bisher gelungen, ein Wort aus ihr herauszubekommen. Aber in der Nacht weinte sie immer, wenn sie ihrem Kleinen zum Einschlafen nicht gerade Wiegenlieder vorwinselte.

Zum Abschied legte ich noch meine Hand auf ihren Kopf, aber als hätte ich sie gar nicht berührt, fütterte sie nur weiter ihr Kind.

Ich kehrte nach Erto zurück, meinen Kopf in den Händen vergraben.

Während der ganzen Reise dachte ich an die Frau mit ihrem Kind, und dabei kam mir wieder die arme Maddalena Mora in den Sinn, über die man sich erzählte, dass sie mit einer Lungenentzündung im Sterben lag, wobei sie sterben musste, weil eine Alte ihr das Kind mit einer Stricknadel aus dem Bauch geholt hatte. Sicher war auch jenes Kind meins gewesen, aber sie, Maddalena Mora, hat es nie zugegeben, weil sie niemandem etwas von ihren Angelegenheiten erzählte. So hatte ich jetzt zwei Kinder, die nicht am Leben gelassen wurden.

Ich öffnete die Tür zu meinem Haus und versuchte, wie es irgend ging, mein früheres Leben wiederaufzunehmen, aber nach all den schlimmen Dingen, die passiert waren, fiel es mir nicht leicht, einfach wie früher weiterzumachen. Und dann war da Raggio, der mir geschworen hatte, mich umzubringen. Und tatsächlich gab es wenig später den ersten Zusammenstoß mit ihm.

Eines Morgens in der Molkerei, als ich gerade dabei war, den Käse aus dem Kessel zu ziehen, hörte ich Schritte hereinkommen. Da ich dachte, jemand brächte Milch oder holte Käse oder Butterschmalz, drehte ich mich nicht einmal um und wartete auf den Gruß, an dem ich den Eintretenden erkennen würde. Dagegen spürte ich plötzlich, wie mich eine Hand am Nacken packte und meinen Kopf unvermittelt in den Kessel voller Molke und Käsebruch presste. Weil ich so überrumpelt wurde, steckte ich unversehens bis zur halben Brusthöhe im Kessel. Ich hatte das Gefühl zu ersticken und spürte, wie jemand mich mit beiden Händen heruntergedrückt hielt.

Zum Glück konnte ich mich noch mit einer Hand am Kesselrand festhalten und mich so weit hochstemmen, bis ich ihn auch mit der anderen zu fassen bekam. Atemlos nahm ich die letzten Kräfte zusammen und zog mich mit einem Ruck aus dem Kessel heraus, mit jemandem am Rücken, der mir immer noch den Hals zudrückte. Ich drehte mich um und sah dem ins Gesicht, der mich im Kessel ertränken wollte. Es war Raggio, mit Augen, die ihm aus dem Kopf herausstanden. Ich versetzte ihm einen so starken Schlag, dass er jetzt fast selbst in den Kessel hineinstürzte. Dass es Raggio war, hatte ich mir schon gedacht, aber ihn so direkt vor mir zu sehen ließ eine ungekannte Wut in mir aufsteigen. Ich zog ihn zu mir heran und gab ihm einen weiteren Schlag, dass er zu Boden sank wie ein frisch geborenes Kalb, das sich noch nicht auf den Beinen halten kann. Dann stellte ich ihn wieder auf die Füße, schob ihn zur Tür und warnte ihn, er solle das nie wieder versuchen, denn dann würde ich ihn wirklich umbringen.

Bevor er wegging, nahm er seinen Königsstab, den er draußen gelassen hatte, erhob ihn in die Luft und sagte noch, früher oder später würde er mich erschlagen mit dem Stab, denn ich sei die Ursache all seines Unglücks. Dann drehte er sich um und verschwand.

Während ich schließlich mit durchnässtem Hemd versuchte, den Käse abzustreifen, dachte ich, wie alles so schlimm werden konnte und dass es so nicht weitergehen konnte. Einer von uns war zu viel und musste aus dem Dorf fortgehen, aber weder ich noch er waren bereit, unser Tal zu verlassen. Als ich dann den Käse mit den Händen knetete, spürte ich auf einmal etwas Hartes. Ich zog es heraus, und es war Raggios Krone, die zusammen mit ihm in den Kessel gefallen war, als ich ihm den ersten Schlag versetzt hatte. Ich wusch sie unter Wasser ab und brachte sie nach der Arbeit zu meinem Bruder Bastianin, der sie später dem König zurückgab.

EINES TAGES NAHM ICH meinen Mut zusammen und ging zu Raggios Haus mit der Absicht, ihm zu erklären, wie es zu allem gekommen war. Auch wenn ich wenig Hoffnung hatte, dass er mich verstehen würde, ich wollte es versuchen.

Er saß auf dem Treppeneinsatz vor der Haustür und sprach laut zu sich selbst. Er schien mich nicht zu sehen und brummte weiter vor sich hin, auch nachdem ich ihn zwei-, dreimal angesprochen hatte. Dann richtete er laute Klagerufe gen Himmel, voller Wut auf die alte Melissa dort oben, die von allen verdächtigt wurde, die Schnitter getötet zu haben. Er schrie, dass es ihr Fluch war, der ihm und mir und seiner Frau Unglück gebracht hätte, wie überhaupt allen im Dorf, den Toten, den Lebenden und denen, die noch sterben würden. Und er wusste, auf welche Weise wir alle dafür bezahlen würden, sie umgebracht und vor allem beseitigt zu haben, denn, so fuhr Raggio fort, man könne jemanden töten, aber der habe dann wie alle Christen auch das Recht, unter der Erde begraben zu werden. Dann brüllte er noch, dass er ein König sei, und keine vermaledeite alte Schlampe könne ihm etwas Böses antun, und überhaupt habe er vor niemandem Angst. Dabei fuchtelte er mit seinem Stab wild in der Luft herum, als wolle er der alten Hexe Melissa oben im Himmel drohen.

Ein letztes Mal noch redete ich ihn an, doch weder hörte noch sah er mich, und so drehte ich mich um und ging. Im Fortgehen dachte ich, dass seine Frau die wahre Hexe war und nicht die alte Melissa, und auch mich hatte sie verhext, sonst wäre es nicht so weit gekommen, dass ich meinem Freund etwas derart Böses habe antun können.

Ich ließ eine Woche verstreichen, dann versuchte ich noch einmal, mit ihm zu reden. Schließlich ging es auch um die Zukunft der Molkerei, denn nachdem Raggio versucht hatte, mich in der Käsemolke zu ertränken, kam er nicht mehr zur Arbeit.

Ich hoffte, ihn in einem der guten Momente zu erwischen, wo man auch mal vernünftig mit ihm reden konnte. Und genau in einem solchen traf ich ihn an. Er war ruhig, dabei immer mit seinem Stab in der Hand und der Krone auf dem Kopf. Am Anfang wollte er nichts von mir wissen, aber als ich darauf bestand, sah er mich an und sagte, dass das Kind natürlich von mir sein musste, denn er könne keine haben, sonst wären schon früher welche gekommen. Und am Ende wäre es ihm gar nicht wichtig gewesen, von wem es sei, es hätte nur am Leben bleiben müssen, denn dann hätte er auch seinen Königsnachfolger gehabt. Doch diese Hure hatte es in der Milch ertränkt, es dann zusammen mit ihr eingedickt und schließlich im Käse versteckt, und dafür verdiente sie es, doppelt zu sterben. Und auch ich verdiente zu sterben, und früher oder später, dreimal wiederholte er das, würde er mich mit seinem Stab erschlagen. Und bei diesen Worten hob er seinen Kornelkirschenast hoch und ließ ihn mehrmals vor meiner Nase durch die Luft schwirren, mit einer Wut und Kraft, dass ich nur staunte. Wie die Sense das Gras durchschnitt der Stab mit kurzem Pfeifen die Luft, und ich erschrak nicht wenig, als er direkt an meiner Nase vorbeizischte. Aber ich wich keinen Millimeter von meinem Platz, andernfalls würde dieser Verrückte merken, dass ich Angst hatte, und wirklich zuschlagen.

Ich versuchte, dem Gespräch eine andere Richtung zu geben und fragte Raggio, was er mit seinem Anteil an der Molkerei machen wolle. Er wolle nichts mehr davon wissen, antwortete er, weder von Milch noch von Molkerei, noch wolle er mich sehen, gar nichts mehr. Er müsse mich umbringen und würde daher auch nicht mehr arbeiten kommen, aber wenn ich ihm dreißig Ziegen gäbe, hätte ich ihm damit seinen Anteil an der Molkerei ausgezahlt, denn er wolle wieder als Hirte arbeiten. Dann begann er erneut, in die Luft zur alten Hexe Melissa zu reden, nannte sie Schlampe, und da war es Zeit zu gehen.

Tags darauf brachte ich ihm zusammen mit zwei Zeugen die dreißig schönsten Ziegen, die ich besaß, und sperrte sie in seinen Stall, weil er gerade böse Teufel und von Neuem Blut aus seinem Brunnen herausschießen sah.

Von jenem Tag an war Raggio wieder Hirte und hütete seine Ziegen zusammen mit denen, die ich ihm gegeben hatte. Überall zog er mit ihnen herum, vom Monte Borgà bis zum Certèn, von Lodina bis zu den Bus di Bacòn, vor allem aber trieb er sie auf den Monte Porgait zum Weiden. Dabei zeigte er, auch wenn er wegen der Tollkirsche vollkommen unberechenbar war, einen heiligen Respekt vor seinen Tieren. Dagegen war er zu der Zeit, als er noch auf die Jagd ging, grausam wie ein Marder gewesen, unbarmherzig und mitleidlos gegenüber den wilden Tieren, denen er begegnete. Ich hatte nicht die geringste Angst, dass er mich erschießen würde, denn er hatte die fixe

Idee, mich mit dem Königsstab zu erschlagen, daher war ich gefeit gegen Gewehrschüsse, und das war viel wert.

Vollkommen lustlos nahm ich meine Arbeit in der Molkerei wieder auf, neben der Arbeit mit meinen Kühen und Ziegen. Es war nichts mehr wie früher. In der Molkerei empfand ich alles als schwere Last, so als trüge ich den Amboss meines Bruders auf dem Kopf. Mir kam vor, alles Elend des Lebens sei nun in unsere Molkerei eingezogen.

Ohne meinen Kumpan Raggio und ohne sie, die mir beide früher so viel Kraft gaben, hatte ich jetzt allen Lebensmut verloren. Und nach der Geschichte mit dem Kind begannen nun auch die Leute im Dorf, mich ein wenig schief anzusehen. Kaum dass sie mir Guten Tag und Guten Abend sagten, wenn sie Milch abliefern kamen oder Käse kauften. Früher dagegen, als noch alles gut war, blieben sie auf ein Schwätzchen bei einem Glas Wein, denn obgleich es in unserer Molkerei um Milchverarbeitung ging, so fehlte doch nie die Korbflasche Wein.

Damit mir jemand bei der Arbeit zur Hand gehen konnte, nahm ich einen Burschen aus dem Soprafuoco-Viertel, Corona Vitorin Scàia, zu mir in die Molkerei. Ich wollte ihn etwas in das Handwerk einweisen, denn insgeheim dachte auch ich schon daran, dem Beispiel Raggios zu folgen, alles aufzugeben und mit meinen Ziegen wieder auf die Bergweiden zu ziehen. Dort oben wenigstens gab es für die schlechten Gedanken mehr Raum, sich auf dieser oder jener Weide zu zerstreuen.

Ich schleppte mich noch bis Juni so dahin, aber fortan war ich des Lebens überdrüssig und todmüde. Mehr noch als müde, war ich von allem angeödet, über alles verbittert und wollte diesen Ort nicht mehr sehen. Jedes Mal, wenn ich in die Molkerei ging, schmerzte mir das Herz.

Denn dann hatte ich Raggio vor Augen, wie er mir bei der Arbeit half, und sie, wie sie ihren Käse, jenen vermaledeiten großen Käselaib, sauber bürstete, und musste zugleich daran denken, dass sie unser Kind da hineingesteckt hatte.

Eines Tages dann geschah etwas, das meinen Entschluss beschleunigte, die Molkerei an jemand anderen zu übergeben und wieder meine Hirtenarbeit aufzunehmen. Gemeinsam mit dem Burschen Vitorin Scàia war ich gerade mit der Herstellung des Käsebruchs beschäftigt. Es gab wenig Milch, weil die meisten Kühe zu dieser Zeit auf der Alm waren. Da tauchte unversehens Raggio mit einem Bündel im Arm auf; mit weit hervorquellenden Augen, wie immer, wenn ihn der Wahnsinn packte. Ich ahnte Schlimmes. Er lehnte seinen Stab an die Wand und bat mich, ihn einen großen Käselaib für den Priester machen zu lassen. Ich erwiderte, dass die Milch für einen großen Laib nicht ausreiche, und außerdem sei es jetzt nicht die richtige Zeit dafür. Dann käme er am folgenden Tag wieder, wenn es mehr Milch gab, sagte er, denn die Zeit passte ja immer, schließlich bräuchte man nur ein wenig Milch anzusammeln.

Weiters wolle er die große Käseform, weil er ein Kind hineinstecken müsse. Bei diesen Worten schnürte er sein Bündel auf, welches ein Tuchsack war, und zog ein frisch geborenes totes Zicklein heraus. Auch er wolle ein Kind im Käse verstecken, sagte er, denn diese Hure von Ziege hätte ihr Kleines tot getrampelt. Um Zeit zu gewinnen und ihn nicht wütend zu machen, sagte ich ihm, er solle es auf den Tisch legen, ich würde es dann schon am nächsten Tag eindicken. Völlig unerwartet gehorchte Raggio auf der Stelle, warf das Zicklein auf den Tisch, nahm seinen Stab und ging.

Später erfuhr ich, dass eine seiner Ziegen ein Kleines geworden hatte, welches darauf von den anderen Ziegen zu Tode getrampelt worden war, weil Raggio vergessen hatte, die Ziege vor der Geburt von den anderen zu trennen. Er hingegen glaubte, dass die Mutterziege es absichtlich getötet hatte. Da hatte er die Axt genommen und der Ziege mit einem Hieb den Kopf abgeschlagen, so als schneide er einen jungen Lärchenast, der seinerseits wie Butterschmalz zu schneiden ist. Am Folgetag dann erschien er nicht mehr, sicher hatte er es vergessen.

Nach diesem Vorfall beschloss ich, dass es reicht, denn ich wusste, Raggio würde kurz über lang zurückkehren und weiteres Unheil anrichten. Daher suchte ich jetzt jemanden, der diese vermaledeite Molkerei weiterführen würde, denn Vitorin Scàia war noch nicht in der Lage dazu. Ich fragte hier und da nach, bis ich schließlich Paol dal Fun Filippin kennenlernte, ungefähr vierzig Jahre alt. Ich erklärte ihm alles. Er sagte, er übernähme sehr gern die Molkerei, aber hätte kein Geld, um mir die Gerätschaften zu bezahlen und all das, was ich und Raggio im Laufe der Jahre auf die Beine gestellt hätten. Ich antwortete ihm, dass er zum Bezahlen noch den ganzen Rest seines Lebens Zeit hätte, und wenn nicht, könne er mir auch einige Ziegen dafür geben oder ein Rind, was immer er wolle und verkraften könne, oder auch gar nichts, ich würde ihm trotzdem die Molkerei überlassen. Auch nur ein Käselaib hin und wieder hätte mir gereicht, damit wäre ich schon zufrieden gewesen, solange ich mich von diesem Fluch befreien konnte.

Ich habe in meinem Leben noch nie einen so glücklichen Mann wie Paol dal Fun in diesem Augenblick gesehen. Er umarmte mich und sagte, ich hätte ihn vor dem

Ruin gerettet, denn auch wenn es nur wenige wussten, er befände sich gerade jetzt in einer verzweifelten Lage, mit drei kleinen Waisenkindern mütterlicherseits, und der Waldarbeit, die den Bach hinuntergegangen sei. Sein Teilhaber hatte das gesamte Holz, mehr als achthundert Zentner, verkauft und war mit dem Geld verschwunden. Er hatte seinem Kompagnon vertraut, weil der sich weit besser in geschäftlichen Dingen auskannte als er selbst. Er hatte bis zur fünften Klasse die Grundschule besucht und sich daher auch um den Holzverkauf gekümmert. Aber dann hatte er ihn reingelegt. Er ging nach Treviso und Conegliano, wo er innerhalb einer Woche alle achthundert Zentner verkaufte. Statt aber zurückzukehren und den Erlös mit Paol zu teilen, verschwand er einfach mit dem Geld.

Paol wartete einen Monat, bis er endlich begriff, dass sein Kompagnon nicht mehr zurückkommen würde.

Nachdem er mich voller Freude umarmt hatte, dankte er mir unter Tränen und schwor bei seinen Kindern, dass er seinem Kompagnon, sollte dieser noch einmal vor ihm auftauchen, auch nach tausend Jahren die Axt mitten in seinen Schädel rammen würde. Denn das könne man nicht machen, sagte er, vor allem nicht mit jemandem, der drei mutterlose kleine Kinder habe.

Ich verbrachte eine Woche mit Paol dal Fun in der Käserei damit, ihm alles zu erklären, was zum Beruf des Käsers dazugehört, einschließlich so mancher Kniffe. Zufrieden sah ich, dass Paol alles sofort begriff, wohl auch, weil er schon einiges über das Käsemachen wusste.

Dann drückte ich ihm die Hand und sagte, dass alles in der Käserei nun ihm gehöre. Wir tranken noch eine Flasche Wein und verabschiedeten uns. Vorher legte ich ihm noch ans Herz, den Burschen Vitorin Scàia nicht zu vergessen, denn auch er brauchte Arbeit.

An den folgenden Tagen versammelte ich alle meine Tiere, ungefähr vierzig Ziegen, zwei Kühe, die ich nicht auf die Alm getrieben hatte, weil sie schon alt waren und nur noch wenig Milch gaben, und siebzehn Schafe zur Wollgewinnung. Die Kühe gab ich Paol dal Fun als Leihgabe, der mit seinen heranwachsenden Kindern die Hilfe der beiden Kühe gut gebrauchen konnte, auch wenn sie wenig Milch gaben.

Inzwischen war es Sommer, ich hatte begonnen, meine Tiere auf die Hochweiden zu treiben, und mir war, als sei jener Amboss von meinem Kopf genommen. Ich mied jene Berge, wo ich wusste, dass Raggio sich dort aufhalten würde, doch nicht immer konnte ich ihm ausweichen, denn manchmal suchte er absichtlich gerade die Berge auf, wo er mich vermutete, und kein Berg ist so groß und weitläufig, dass nicht zwei wandernde Männer dort aufeinandertreffen könnten.

Eines Tages, auf den Wiesen des Buscada, sah ich ihn plötzlich mit seiner Ziegenherde auf mich zukommen. Ich hatte nichts bemerkt, denn er hatte den Tieren, um nicht gehört zu werden, die Glocken abgenommen. Raggio hob seinen Stab in die Luft und drohte wieder einmal, dass er mich damit früher oder später erschlagen würde. Mit einem leichten Lachen erwiderte ich, besser später als früher, ich wolle schließlich noch etwas länger leben. Dabei versuchte ich jedenfalls freundlich zu bleiben, um einen Zusammenstoß zu vermeiden. Doch wie um auf ihre Weise zu zeigen, dass es zwischen uns keinen Frieden mehr geben könne, begannen nun unsere beiden Ziegenböcke, meiner und seiner, mit ihren Hörnern aufeinander loszugehen. Als Raggio sah, dass sein Bock dabei war, den Kampf zu verlieren, versetzte er meinem mit solcher Wucht einen Hieb, dass dieser mit gebrochenem Rückgrat am Boden lag. Mein armer Ziegenbock brüllte und jammerte verzweifelt vor Schmerzen. Und als reichte das noch nicht, stieß Raggios Bock noch weiter mit seinen Hörnern auf meinen ein. Da warf ich mich dazwischen und drängte Raggios Bock wie auch ihn selbst weg und warnte ihn, dass ich ihm mit der Hippe den Kopf abschnitte, wenn er nicht gleich verschwinden würde; dabei griff ich nach der Hippe, welche ich immer auf dem Rücken im Gürtel stecken hatte. Darauf machte Raggio kehrt und trieb seine Herde Richtung Scalètpass auf die Hochweiden von Borgà und Casera Vecchia. Noch im Weggehen wiederholte er weiter, er würde mich mit seinem Stock totschlagen, und fuchtelte dabei so wild damit herum, dass es, wie bei plötzlichen Windstößen, in der Luft nur so pfiff von seinen Hieben.

Ich bereitete den Qualen meines Bocks ein Ende und schnitt ihm den Kopf ab. Dann zog ich ihm mit dem Klappmesser das Fell ab, ließ es für die Wölfe und Marder auf der Erde liegen, lud mir meinen armen Bock auf die Schultern und machte mich schließlich wieder nach Erto auf, wo ich ihn stückweise an meine Freunde verschenken wollte; denn auch wenn die Leute mich schief ansahen, den einen oder anderen Freund hatte ich noch im Dorf.

DANACH NAHM ICH WIEDER das herumziehende Hirtenleben hoch oben in den Bergen meines Tals auf. Vor allem durchstreifte ich die Gegend von Lodina und der Buse dei Vitelli, die versteckt und weit genug entfernt waren, um dort nicht auf Raggio zu treffen. Aber auch wenn ich aufpasste, manchmal begegnete ich ihm trotzdem, denn die Berge sind, wie gesagt, nie so groß, als dass nicht auch zwei Männer dort aufeinanderstoßen könnten. Nicht einmal die ganze Welt ist groß genug dafür, wenn einer den anderen sucht.

Wenn er mich dann traf, brannte er vor Wut, beschimpfte mich aufs Übelste und hob drohend seinen Königsstab: früher oder später würde er mich mit diesem Stock aus dem Verkehr ziehen. Er war ganz böse geworden, und wenn jemand ihm das sagte, wie böse er sei, antwortete er, dass er nicht böse, sondern nur gerecht sei.

Seine Tiere behandelte er, als wären es menschliche Wesen, aber wenn sie sich einmal falsch verhielten, wurden sie regelrecht verurteilt, denn er war der König und herrschte über die ganze Welt und alle, die in dieser Welt lebten. Entfernte sich beispielsweise einmal eine Ziege von der Herde oder kam verspätet zurück, so machte er ihr den Prozess, mit Krone auf dem Kopf und Stab in der Hand, und bestrafte sie nach Maßgabe des begangenen Fehlers. Handelte es sich nur um ein geringfügiges Vergehen, dann gab er ihr nichts zu trinken oder zu essen oder kein Salz oder sonst etwas; war es aber ein schweres Vergehen, dann verurteilte er sie zum Tod und schlug ihr mit der Axt eigenhändig den Kopf ab. Auf diese Weise hatte er in einem Monat schon drei getötet. Paol dal Fun sagte scherzhaft, wenn der so weitermache, würde er nach einem Jahr ganz ohne Ziegen dastehen.

Dazu ist noch zu sagen, dass Raggio jedenfalls keinem Menschen etwas zuleide tat, und wenn man das eine Mal außer Acht lässt, wo er dem jungen Gigin da Tòrnol einen Stockhieb verabreichte, weil dieser sich nicht verbeugen wollte, hatte Raggio noch niemandem etwas angetan. Auch deswegen brachte man ihn nicht ins Irrenhaus, er erregte eher Mitleid und fügte ja keinem etwas Böses zu; das hatte er nur mit mir vor.

Eines Tages brach er mir das Herz, als ich ihm in den Buse di Lodina begegnete. Nie hätte ich gedacht, ihn ausgerechnet dort oben anzutreffen, weil er für gewöhnlich nur selten zu den Buse ging, und als ich ihn dann sah, bereitete ich mich schon auf eine Konfrontation vor. Ich war gerade beim Abstieg, um mir etwas zum Essen zu holen, als er mir mit seiner Herde den Weg herauf entgegenkam. Ich hatte meine Ziegen am Hang des Centenere zurückgelassen, weil auf den Steilwiesen dort viel gutes Gras wächst.

Kaum hatte Raggio mich gesehen, stimmte er gleich seine übliche Leier an, er würde mich mit seinem Stock noch totschlagen. So hatte ich, verteidigungsbereit, schon die Hand am Messer hinter meinem Rücken, als wir aneinander vorbeigingen. Aber der arme Freund, als er sah, wie eilig ich an ihm vorüberging, setzte sich neben einen Stein auf den Boden, legte den Kopf auf einen Arm und fing wie ein Kind zu weinen an. Ich merkte, dass er weinte, denn ich hörte ihn jammern wie ein Zicklein, das seine Mama verloren hat.

Also blieb ich stehen, schaute zu ihm hin und wusste nicht, was ich tun sollte, zurück hinauf, um mit ihm zu reden oder geradewegs weitergehen. Ich beschloss, nach ihm zu sehen, doch als ich ihm die Hand auf die Schulter legte, schnellte er wie eine Viper hoch und versuchte mir einen Stockhieb zu versetzen, dem ich gerade noch um Haaresbreite ausweichen konnte. Einen Millimeter vor meinem Gesicht sauste das Holz vorbei. Dann sagte er, ich solle ihm nie wieder nahe kommen, weder lebend noch tot. Ich wolle nur mit ihm reden, erklärte ich, um die ganze Geschichte einmal klarzustellen, aber er wollte keine Gründe hören und erwiderte, dass ich ja schon früher mit ihm hätte reden können, als noch Zeit dazu war. Dann kniete er sich auf die Erde und begann von Neuem zu weinen.

Ich ließ ihn dort weinend sitzen und stieg hinab, um etwas zu essen zu besorgen, aber mit einem Kloß im Hals. Nach diesem Treffen kam mir allerdings der Verdacht, dass Raggio mir absichtlich bis auf die Hochweiden folgte, um es mir heimzuzahlen.

Um ihm nicht gleich wieder zu begegnen, nahm ich am folgenden Morgen den Weg durchs Zemolatal, trieb dort meine Tiere zusammen, ging über den Durannopass und ließ sie auf den Hängen des Bozzìa weiden.

Allmählich wurde es mir zu viel, wie die Dinge standen, und ich überlegte, ob ich nicht für ein paar Jahre fortgehen sollte. Doch allein der Gedanke, mein Tal zu verlassen, ließ meine Knie weich werden, wie unter einem schweren Gewicht auf den Schultern. Es war, als verriete ich damit meine Vorfahren, meinen Bruder, meinen Vater, meine Mutter und alle jene, die mir gut gewesen waren, einschließlich der trunksüchtigen Tante und jener anderen aus Mailand wie auch der ersten Frau, die mir beibrachte, wie man es macht; kurz, es war wie ein Verrat an der Erinnerung an sie alle. Aber nicht nur das. Dies war der Ort, wo ich mich wohlfühlte, auch wenn er wenig oder nichts hergab, hier gefiel es mir. Ich liebte meine Berge, meine Wälder, die Wiesen und den Vajont mit seinen Mühlen und Sägewerken. An jeder Ecke, um die ich in meinem Dorf bog, sah ich mich als Kind, und da verstand ich, dass ich nicht den Ort verlassen konnte, wo mich alles an mein Kindsein erinnerte.

Wenn ich an diese Dinge dachte, hatte ich ein Gefühl wie ein Stein im Hals, der mir den Atem raubte. Also entschied ich, nie von Erto fortzugehen und mich Raggio zu stellen, geschehe, was geschehen sollte, ich jedenfalls blieb hier. Besser tot daheim als lebendig weit weg von den Orten, die mein Leben waren.

Eines Tages tauchte Raggio unversehens in Pilins Osteria auf, mit seinem Stab in der Hand und der Krone auf dem Kopf, setzte sich auf eine Bank und schaute sich um. Ich war schon eine Weile da, um Einkäufe zu machen, und als ich ihn sah, bewegte ich mich zur Tür, um fortzugehen. Aber er hielt mich zurück und fragte, ob ich wüsste, wo seine Frau geblieben sei. Ich betrachtete seine Augen und sah, dass sie nicht angeschwollen waren wie sonst, wenn er völlig verrückt spielte. Also sagte ich ihm, seine Frau sei in der Irrenanstalt in Pergine in Valsugana, und es ginge ihr überhaupt nicht gut. Worauf er sofort erwiderte, dass ich der Grund sei, warum man sie in die Irrenanstalt eingesperrt habe und es ihr schlecht ginge.

Dabei erklärten ihm jeden Tag alle im Dorf, wo seine Frau sich aufhielt, aber Raggio vergaß alles sofort wieder. Und so fragte er dann immer noch einmal, wo sie war, doch irgendwann wurde er es schließlich müde, und damit war alles beendet.

Aber an diesem Tag in Pilins Osteria drehte er sich zu den Leuten um, die dort saßen und tranken, und bat sie, sie mögen ihn doch zu ihr bringen. Doch keiner wollte sich die Mühe machen und die Verantwortung auf sich nehmen, mit Raggio im Schlepptau bis ins Valsugana zu fahren, und so sagten sie Nein.

Da fing er wieder mit der üblichen Leier an, dass er mich mit dem Stock totschlagen würde, worauf ich mich schließlich davonmachte, denn ich musste ja zu meinen Ziegen auf die Steilwiese am Bozzìa zurück. Pilin sagte noch, Raggio sei von den Buse di Lodina heruntergekommen, um Zündhölzer zu besorgen, und so seien wir nur zufällig hier aufeinandergetroffen.

AM 24. AUGUST, DEM BARTHOLOMÄUSTAG, stieg ich ins Dorf hinunter, um mitzufeiern, weil es der Tag unseres Schutzpatrons ist. Es war ein schöner, warmer Tag, und nach der Messe fand man sich zuhauf bei Pilin zum Trinken ein; ich, mein Bruder Bastianin und andere Hirten und Waldarbeiter, einschließlich Felice und Maria Menin mit ihrer Tochter Neve, die im Winter nicht fror.

Ich ging auf sie zu, um sie zu grüßen, aber kaum war ich der Kleinen auf einen Meter näher gekommen – sie war jetzt schon ziemlich groß geworden, gesund und schön wie ein Kälblein –, als sie verzweifelt zu weinen und zu schreien anfing. Also entfernte ich mich wieder, und sofort hörte sie auch mit dem Weinen auf. Ich hatte gedacht, dass sie nach all dieser Zeit keine Angst mehr vor mir haben würde, doch es war schlimmer als zuvor. Mit Raggio war es das Gleiche; wenn er sich ihr näherte, brüllte die Kleine wie ein Zicklein, das man ausbluten lässt. Ich wusste nicht, warum, keiner wusste es, aber es war einfach so, vor uns beiden musste die Kleine immer weinen.

Aber dieser Tag sollte mir noch aus einem anderen Grund als der weinenden Neve in Erinnerung bleiben.

Gegen drei Uhr, nachdem alle ausgiebig gegessen und getrunken hatten, verließ mein Bruder Bastianin die Osteria von Pilin. Er sagte, er müsse etwas erledigen und käme dann gleich wieder zurück. Beim Hinausgehen schwankte er ein wenig, gerade so viel, dass klar war, er ist betrunken.

Ich weiß nicht, in welche Richtung er gegangen war. Ich weiß nur, dass gegen vier jemand in die Osteria kam und von einer Rauferei in der Via Soprafuoco berichtete, bei der mein Bruder Bastianin einem aus Valdapont einen Axthieb versetzt hatte. Als ich Valdapont hörte, zitterten mir die Knie. Auch ich hatte einen kleinen Rausch, denn nach der Messe hatte ich mich von der Osteria nicht mehr fortbewegt und nur noch getrunken, trotzdem ging ich jetzt mit den anderen zusammen nachschauen, was passiert war.

Und da sah ich, was ich schon befürchtet hatte und nie hätte sehen wollen.

Am Boden lag in einer Blutpfütze jener aus Valdapont, der der Geliebten meines Bruders die Tollkirsche verabreicht hatte, wodurch sie dann irre geworden war. Bastianin hatte ihm den Kopf in zwei Hälften aufgespalten, mit der Axt zum vierkantigen Behauen von Balken. Ohne ein Wort schauten die Leute auf den bäuchlings in seinem Blut liegenden Toten mit dem zweigeteilten Schädel hinab, und nicht wenige meinten, dass Bastianin nur seine Pflicht getan hätte, als er ihn spaltete.

Auf meine Frage, wo mein Bruder jetzt sei, sagten sie mir, sie hätten ihn mit Gewalt in den Stall von Mori gezerrt, weil er mit weiteren Axthieben diesen Feigling in Stücke schlagen wollte, der ihm Geliebte und Leben vernichtet hatte.

Darauf ging ich mit gesenktem Kopf zum Stall von Mori. Vier Männer waren bei ihm und ließen ihn nicht aus den Augen, was nicht mehr nötig war, denn Bastianin hatte sich schon beruhigt.

Den Kopf in die Hände gestützt, saß er auf einer Bank. Ich sagte, Bastianin, was hast du getan, und er, ohne den Kopf zu heben, antwortete, er habe getan, was getan werden musste. Dann sah er mich starr an: »Seit Jahren schon denke ich daran, ihn zu töten.« In der Steinwanne voll Wasser zum Tränken lag die Axt. Sie hatten sie dort hineingelegt, um das Blut abzuwaschen. Ich sagte zu Bastianin, nun sei auch sein Leben am Ende, weil er ins Gefängnis müsse. Da sei er eh schon seit langer Zeit, erwiderte er; seitdem sie in die Irrenanstalt kam, sei es aus mit ihm, und mit seinem Kopf befände er sich seit Langem schon im Schmerzenskerker, und mehr als einsperren würden sie ihn schließlich auch nicht. Wieder kam mir dabei die Hexe Melissa in den Sinn, und ich brachte all das geschehene Unglück mit ihr in Verbindung. Und obwohl es August war, spürte ich, wie mir plötzlich ein kalter Schauer von den Füßen bis in die Haarspitzen hinaufkroch. Zum ersten Mal spürte ich wirkliche Angst, und hatte ich bisher auch nichts darauf gegeben, jetzt begann mich der Fluch der Hexe zu beunruhigen.

Einige Freunde rieten Bastianin zur Flucht, solange noch Zeit dazu war, denn die Gendarmen würden nicht mehr lange auf sich warten lassen. Doch mein Bruder erwiderte, er würde nirgendwohin gehen, und bewegte sich nicht von der Stelle. Bortolomeo della Taja, genannt Mio, bot ihm an, er könne ihn in seinem Haus auf dem Col delle Cavalle verstecken, wo man ihn nicht einmal mit Spürhunden auffinden würde. Aber Bastianin sagte Nein, er sei jetzt mit sich selbst im Frieden und wolle sich seinem Schicksal stellen und dafür bezahlen, was er getan hatte.

Um sechs trafen die Gendarmen ein, um ihn abzuführen und ins Gefängnis von Udine zu bringen. Es war das letzte Mal, dass ich ihn sah. In Udine wurde er schließlich zu zwanzig Jahren Gefängnis verurteilt. Ich sperrte das Haus meines Bruders ab und fragte mich, ob er selbst es jemals wieder aufsperren würde. Zwanzig Jahre sind eine lange Zeit für jemanden, der es gewohnt ist, immer draußen unter freiem Sternenhimmel zu leben.

Das war für mich der härteste Schlag, härter noch, als sie und die Kinder verloren zu haben, die getötet worden waren, und all meinen Frieden. Ich ging sogar zum Begräbnis von dem aus Valdapont, aber von ihm möchte ich nicht einmal den Namen aussprechen.

Ich hatte meinen kleinen Bruder sehr gemocht und auch geglaubt, ihn gut zu kennen, und nie hätte ich gedacht, dass er so von Rachegedanken erfüllt war. Die ganze Zeit, ohne irgendetwas zu sagen, und ihn dann töten!

Nach diesem Unglück weidete ich weiter meine Ziegen, aber gleichzeitig begann ich auch zu trinken. Immer häufiger trank ich jetzt Wein, um der Meute von schlechten Erinnerungen zu entfliehen, die dann allerdings, war der Rausch einmal vorüber, schlimmer als zuvor zurückkehrten. Hin und wieder kamen mir mein Vater, meine Mutter und die alte Tante, die mit den Ameisen im Mund starb, wie auch die andere aus Mailand und natürlich Bastianin in den Sinn, und ich fragte mich, warum das Leben so schlecht verlaufen war und so verdorben wie ein Käselaib mit Würmern. Aber vielleicht wusste ich es ja jetzt, so wie ich sicher war, dass die alte Melissa an allem nicht unbeteiligt war, im Gegenteil, sie war die Ursache.

NUR WENIGE TAGE SPÄTER machte Raggio ernst, und ich fing mir einen Stockhieb auf eine Schulter ein, dass ich länger als einen Monat den Arm verbunden in einer Schlinge tragen musste. Ich war kaum von den Hochweiden von Bozzia heimgekehrt und musste noch Paol dal Fun Filippin zur Käserei Galvana begleiten, um dort die beiden Kühe abzuholen, die ich ihm als Leihgabe überlassen hatte. Es war der 7. September und zugleich auch das Ende der Almsaison. Hoch oben auf den Bergkämmen begannen die Bäume sich langsam zu verfärben, und es war noch warm.

Bei der Käserei angekommen, waren dort auch schon andere Leute, die ebenfalls ihre Kühe abholen gekommen waren. Da bemerkte ich auch Raggio unter ihnen. Von Lodina kommend, hatte Raggio mit seiner Ziegenherde die gesamte Garofola und den Chiampón überquert, um sie dann frei unterhalb der Forcella del Mus weiden zu lassen. Von dort war er wieder aufgestiegen, über die Forcella hinüber, dann über die Porgaithöhe und schließlich hinunter zur Käserei, um beim Senn einzukehren.

Als er mich bemerkte, schwollen seine Augen an wie Kröten, wenn sie pfeifen. Ich blieb auf Abstand zu ihm, denn ich wusste, es war ein schlechter Tag, und ich wollte keinen Ärger riskieren.

Es war so gegen Mittag.

Der Senn, Valentin Sortàn de Nesto, hatte Polenta gekocht, und weil es in diesem Jahr die letzte Polenta auf der Galvanaalm war, bot er allen eine Scheibe davon zusammen mit einem Stück Käse an. Ich war hungrig, also ging ich in die Käserei hinein, um mir eine Scheibe Polenta mit Käse zu holen. Dabei merkte ich nicht, dass Raggio sich mir ganz still von hinten näherte. Doch die anderen hatten es gesehen und wussten ja, dass er mich verfolgte, weil, wie er immer sagte, er noch eine Rechnung mit mir offen hatte. Da hörte ich schon, wie Valentin de Nesto »Pass auf!« rief und andere, die »Schnell weg, Zino!« schrien. Ich stand mit dem Rücken zu ihm, und weil ich spürte, dass mir keine Zeit blieb, mich umzudrehen, machte ich instinktiv einen Ruck zur Seite, sodass der Stockhieb, statt meinen Kopf zu treffen, wie ein Hammerschlag auf meine linke Schulter niederging. Ich hörte noch ein hässliches Knacken von Knochen, wie wenn man Holzstecken zum Feueranzünden auseinanderbricht, dann stürzte ich zu Boden, in der Hand noch die Scheibe Polenta. Ich drehte mich um und erblickte Raggio über mir mit erhobenem Knüppel und einem Gesicht, schlimmer als das eines tollwütigen Hundes. Ich versuchte aufzustehen, um mich zu verteidigen, und während ich mich hochrappelte, sah ich, wie all die anderen sich auf Raggio stürzten, der schon dabei war, mir einen weiteren Schlag zu verpassen.

Sie zerrten ihn weg, heraus aus der Almhütte. Ich stand auf, ergriff mit dem gesunden Arm das Käsemesser vom Tisch und setzte Raggio hinterher, aber Valentin Sortàn de Nesto hatte sich schon in der Tür vor mich geworfen und herrschte mich an, ich solle das Messer fallen lassen, es reiche, wenn einer im Gefängnis saß, und jetzt müsste nicht auch noch ich das gleiche Ende nehmen wie mein Bruder Bastianin.

Ich hatte Schmerzen zum Sterben in Arm und Schulter und konnte beides so gut wie überhaupt nicht bewegen. Valentin knüpfte mit einem Stück Schnur eine Schlinge für meinen Arm, band sie mir um den Hals, und dann stieg ich zusammen mit Paol dal Fun Filippin und den beiden Kühen ganz langsam wieder zum Dorf hinunter.

Raggio dagegen hatten sie bis zu seinen Ziegen unter der Forcella hinaufgeschleppt, wo er dann die Nacht in einer von Waldarbeitern genutzten Höhle nahe der Felsnadel von Pietra Fontana verbrachte.

Ich hatte jetzt für mich beschlossen, dass es reichte. Beim nächsten Mal würde ich mich wehren, wie es sich gehört. Ich war es leid, dauernd im Alarmzustand zu leben, und an diesem Punkt sagte ich mir, entweder ich oder er, einer von beiden. Oder alles nehmen und fortgehen an einen anderen Ort, in ein anderes Land, vielleicht in die Steiermark oder nach Kärnten, wo Santo della Val hingegangen war, um dort als Holzfäller zu arbeiten, und wie er auch schon viele andere aus der Gegend. Oder ich könnte auch nach Frankreich gehen.

Ich war fast schon entschlossen, mir die Ausweispapiere für Frankreich zu besorgen, als am 12. September Sepp Corona Giant nach langer Krankheit starb. Dass Sepp de Giant gestorben war, bedeutete an sich gar nichts, nur musste man, um Platz für ihn unter der Erde zu schaffen, meine arme Mama ausgraben, wie man es immer macht in den Bergdörfern. Nach zwanzig Jahren gräbt man den alten Toten aus wie ein paar Kartoffeln, um dann den neuen hineinzulegen. Auch mein Vater wurde so ausgegraben, um einen anderen an seine Stelle zu legen. Ich war dabei gewesen, als sie ihn ausgruben, und konnte seinen Schädel sehen, der an mehreren Stellen vom Schlagholz jenes Schurken vom Col delle Cavalle zerborsten war. Auch meine Mama war schon seit fünfundzwanzig Jahren tot, und jetzt stand es ihr zu, von Neuem den Himmel über ihrem Dorf sehen zu können.

Der bloße Gedanke, sie nur in Form von Knochen wiederzusehen, ließ mich zwei Nächte lang nicht schlafen, was mir bei meinem Vater nicht passiert war. An diesem Tag ging ich schon frühmorgens zusammen mit dem Totengräber Modesto Filippin Lucich zum Grab meiner Mutter. Es war gegen Mitte September.

Als Erstes entfernte Lucich das Kreuz, das mein Bruder Bastianin geschmiedet hatte, dann begann er mit dem Ausgraben. Ich hätte ihm gern dabei geholfen, aber nach dem Stockhieb von Raggio musste ich meinen linken Arm in der Schlinge um den Hals tragen. Der Arzt in Cimolais hatte mir gesagt, dass ich ihn wenigstens für einen Monat so tragen müsse. Also setzte ich mich auf ein Grab daneben und schaute ihm beim Ausgraben zu. Modesto Filippin Lucich, der Totengräber, arbeitete mit Pickel und Schaufel ruhig vor sich hin, bis er schließlich »Da ist sie ja!« ausrief. Er entfernte die Erde von den Überresten meiner Mama. Den Sarg gab es nicht mehr, nur ihre Knochen und Haare waren noch in der Erde. Filippin Lucich zog einen Knochen nach dem anderen heraus, säuberte sie und legte sie auf ein weißes Tuch, welches ich auf dem Boden ausgebreitet hatte. Als er die Handknochen herauszog, musste ich an ihren Ring mit dem Kreuz denken, den ich am kleinen Finger trug, und betrachtete ihn. Dann zog er den Kopf heraus. Weil ich wusste, wie schön meine Mama einmal gewesen war, kamen mir beim bloßen Anblick des Knochenschädels die Tränen, aber dann beruhigte mich der Gedanke, dass es ja wirklich ihr Kopf war, und in einer vergangenen Zeit hatte der auch ihr schönes Gesicht getragen. Es fehlten drei Zähne, doch die anderen Vorderzähne waren so perfekt, wie ich sie in Erinnerung hatte. Die Haare hingegen waren losgelöst vom Schädel, aber sauber, und Felice Lucich zog sie als Letztes heraus und gab mir dann ein kleines Büschel von ihnen zur Erinnerung in die Hand, und ich steckte sie mir in die Tasche. Ich legte alle Knochen zusammen in das Tuch, und nach einem letzten Blick verknotete ich das Tuch mit vier Knoten und legte es in die kleine Holzkiste, die Canipoli Innocente, der Schreiner des Dorfes, extra zu diesem Zweck angefertigt hatte. Da ich mit meinem verbundenen Arm recht unbeholfen beim Knotenbinden war, half mir der Totengräber Modesto Filippin Lucich dabei. Aber da ich es sein wollte, der meine Mama zum letzten Mal auf diese Weise einschloss, gab ich mir einen Ruck und strengte mich an. Darauf hob Filippin Modesto für sie eine kleine Grube aus, nahe jener, in der sie fünfundzwanzig Jahre geruht hatte und in die jetzt Sepp Corona Giant kommen sollte, und beerdigte sie von Neuem. Während er sie hineinlegte, sprach ich noch ein *Requiem aeternam* mit Tränen in den Augen, dann zog ich das Haarbüschel meiner Mutter aus der Tasche, warf es in die Grube und ging.

Nachdem ich die Knochen meiner Mama gesehen hatte, wollte ich das Dorf nicht mehr verlassen, doch musste ich in jedem Fall etwas tun, denn die Geschichte mit Raggio hatte sich zugespitzt: er oder ich.

Und niemand kann ahnen, während ich das jetzt alles wahrheitsgemäß aufschreibe, wie sehr ich es bereut habe, das Dorf nicht gleich nach jenem Knüppelhieb verlassen zu haben. Wenn ich fortgegangen wäre, ins Ausland oder irgend sonstwohin, dann wäre vielleicht nicht geschehen, was geschehen ist, aber genau besehen, musste am Ende alles so verlaufen, weil es diese Hexenschlampe Melissa so beschlossen hatte. Und immer wenn mir jetzt die Hexe in den Sinn kommt, kann ich nicht mehr schlafen, und wenn ich nicht schlafe, muss ich an meinen Bruder Bastianin denken, der in Udine im Gefängnis sitzt, dann an die, welche im Irrenhaus von Pergine gelandet ist, und dann an meine Mama und meinen Vater, die schon zweimal unter die Erde gekommen sind, und schließlich an mein Kind, das im Käse begraben wurde.

GEGEN ENDE SEPTEMBER war das Wetter so schön wie selten zu dieser Jahreszeit. Es war immer noch sehr warm, und oben auf den Bergwiesen gab es noch gutes Gras und Adler, die im Himmel kreisten und sich dabei die Flügel aufwärmten. Also beschloss ich, eine Weidezeit am Berg Cornetto zu verbringen, wo man auch in einer alten Almhütte schlafen konnte. Ich trieb meine Ziegen zusammen und durchquerte langsam das Zemolatal, ging seitlich am Dorf vorüber, stieg den Hang unterhalb der Gobba di Cerentón hinauf bis hoch zur Pian Grande di Cornetto.

Als ich mehr als die halbe Wegstrecke gegangen war, genau an der Roppa del Cor, machte ich, wie alle, die ihre Tiere dort hinauftrieben, eine weite Schleife nach unten, um jenem vermaledeiten Loch auszuweichen, das sich dort unversehens in der Wiese öffnete. Es war eine runde Spalte mit glatten Felswänden, etwas mehr als vier Meter breit, dabei aber kilometertief. Wenn du einen Stein in diesen finsteren Höllenschlund hineinwarfst, konntest du ihn noch endlos lange gegen die vom Wasser glatt geschliffenen Felswände schlagen hören. Schon einige Kühe, Ziegen und Schafe waren dort hineingestürzt, woraufhin wir Hirten ringsherum einen provisorischen Zaun aufgestellt hatten, aber der nützte auch nicht viel, und deshalb gingen wir lieber auf dem unteren Weg in einem Bogen um die Doline herum. Langsam gelangte ich so schließlich zur

Pian Grant di Cornetto, ohne jenes Loch zu sehen, dessen bloßer Anblick einem schon Angst einjagte. Wenn du dich über den Rand beugtest, spürtest du da einen so kalten und scharfen Luftzug herausblasen, dass man damit eine Mühle hätte antreiben können. Es war, als hörte man klagende Stimmen in diesem Wind heraufkommen, als wollten sie dich nach unten ziehen, zum Sterben. Nur wenige hielten es länger als eine Minute am Rand des Loches aus.

Man erzählte sich, dass dort Leute aus Rache und Eifersucht lebend hinuntergestoßen worden waren. So verschwand im Sommer 1910 die Ehefrau von Giglio Corona Stram und tauchte nie wieder auf, weder im Dorf noch irgendwo sonst. Ihr Mann beklagte sich überall, dass sie ihn verlassen habe, und meinte, sie wäre gewiss nach Deutschland geflohen, wohin sie immer schon gerne gehen wollte. Aber wer Stram gut kannte, glaubte ihm nicht. Viele waren sich sicher, dass er sie umgebracht hatte, vielleicht erwürgt, dann in eine Kiepe gepackt, zur Doline getragen und hineingeworfen. Oder vielleicht sogar noch lebend hineingestoßen.

Im Sommer, zu der Zeit, als seine Frau verschwand, führte Giglio Corona Stram zusammen mit ihr die Käserei Cornetto. Um ihre Kühe auf die Alm zu bekommen, benutzten sie die Straße nach Cellino und zur Forcella Ferron, die für die Kühe leichter zu begehen war. Der Weg auf der Seite von Erto war steil zu Fuß und nur mit Ziegen und Schafen zu begehen, die Kühe hätten sich dort verletzen können.

Giglio erzählte, eines Morgens in der Käserei sei er aufgestanden, und seine Frau sei nicht mehr im gemeinsamen Bett aus Laubzweigen gelegen, und seither habe er sie nirgendwo mehr gesehen. Aber das glaubten ihm nur wenige. Auch weil er, eine Woche nach dem Verschwinden seiner Frau, sich bereits ein anderes Mädchen aus dem Ortsteil Spesse besorgt und zu sich in die Käserei, ins Bett aus Laubzweigen, genommen hatte. Also glaube ich nicht, dass er seiner Ehefrau besonders nachtrauerte.

Auch während des Krieges verschwanden Männer aus dem Dorf, um genau zu sein, zwei Vettern, die nicht mehr gesehen wurden. Die zwei hatten einen Holzfällerbetrieb und schlugen ihr Holz ebendort auf dem Cornetto. Und nachdem sie nicht mehr aufgetaucht waren, führten vier Brüder von der Spianada den Betrieb weiter, um ihn nicht ganz verfallen zu lassen. So jedenfalls sagten die vier Brüder, aber im Dorf war man sicher, dass sie die Vettern in die Foiba geworfen hatten, um selbst den Holzbetrieb zu übernehmen, zusammen mit allen Gerätschaften wie auch dem guten Ruf.

Von Giglio Corona Stram sagten die Leute, er habe sich schon lange Zeit vorher gut mit der aus Spesse verstanden und habe eben wegen ihr auch seine Frau aus dem Weg geräumt und dann ganz sicher auch in die Foiba vom Cornetto geworfen. Eine Alte erzählte, sie habe nachts ihre Stimme nach Hilfe rufen hören. Da habe sie einen Rosenkranz in das Loch geworfen, und dann sei die Stimme verstummt.

NACH EINER WOCHE WEIDEN auf der Pian Grande, während der ich bis tief unten zu den letzten Steilhängen der Käserei Ferron und des Foss di Vajont hinunterzog, kam mir in den Sinn, nach Erto abzusteigen, um ein wenig Esszeug und Öl für die Lampe zu besorgen.

Solange ich lebe, werde ich mich an diesen vermaledeiten Tag erinnern, als ich für Esszeug und Öl hinunter ins Dorf abstieg, auch wenn ich genau weiß, dass ich nur noch kurze Zeit lebe.

Man kann nicht einfach immer so weiterleben mit einer solchen Last auf der Seele, und wenn man ehrlich ist, muss man am Ende seine Karten auf den Tisch legen, weil die Seele von dieser Last erdrückt wird.

Es war der 30. September, hoch im Himmel glänzte noch die Sonne, und gleitende Adler wärmten sich in ihr die Flügel, wie immer.

Gegen zehn Uhr morgens ließ ich die Ziegen auf der Pian Grant zurück, schnallte mir den Rucksack auf den Rücken und machte mich ins Dorf auf. Aber ich hatte keine rechte Lust, als hätte ich irgendeine Vorahnung, die mich zurückhalten wollte. Im Dorf kaufte ich alles Nötige, dann ging ich zu Pilin etwas essen und ein wenig Wein trinken.

Da war Raggio, der, als er mich sah, sofort mit seinem

Stock auf mich losstürzte. Ich hatte noch den Arm verbunden und wich erst zurück, doch während ich dabei gleichzeitig nach meinem Messer griff, hatten die anderen ihn schon festgehalten, und nach einer Weile kehrte wieder Ruhe ein. Pilin sagte, ich bräuchte mir keine Sorgen zu machen, und fragte mich dann, wo ich die Ziegen weidete, worauf ich gedankenlos erwiderte, dass ich auf der Pian Grande di Cornetto sei, und wenn ich alles erledigt und noch etwas gegessen hätte, wieder dorthin zurückkehrte. Kaum hatte ich das gesagt, bat Raggio seine Aufpasser, ihn loszulassen, er würde die Wirtschaft verlassen. Also ließen sie ihn frei, er nahm seinen Stock, ging aus der Tür und verschwand. Da jetzt keine Gefahr mehr war, steckte ich das Messer wieder zurück in den Rucksack und wollte auch sofort aufbrechen.

Ich fragte den Wirt, ob er wisse, von wo Raggio gekommen und wie lange er schon dagewesen war. Er sagte, Raggio sei schon am Morgen von den Buse di Lodina in die Wirtschaft heruntergekommen und ihm dabei irrer als gewöhnlich erschienen. Ich trank noch meinen Wein aus und ging dann, ohne etwas zu essen, nach Hause, denn falls Raggio zurückkäme, wollte ich nicht gleich noch einmal angegriffen werden.

Zu Hause lag alles ganz verlassen da, denn ich war ja meist fort auf den Weiden, meine Verwandten tot und mein Bruder in Udine im Gefängnis. Und ich dachte an sein Haus mit dem Kamin unten am Sturzbach Vajont, das jetzt, wo er im Gefängnis saß, auch verlassen und verschlossen dastand, wer weiß für wie viele Jahre.

So beschloss ich, es leihweise an einen jungen Burschen aus dem Dorf zu übergeben, der früher schon für einige Zeit meinem Bruder Bastianin ausgeholfen und dabei gleich ein wenig das Schmieden gelernt hatte. Auf diese

Weise würde das Haus weiter offen stehen und winters der Kamin rauchen, und alles wäre nicht so tot, denn ein Haus mit rauchendem Kamin bedeutet Leben, und dann ist es unwichtig, wer darin das Feuer macht.

Bei diesen Gedanken betrachtete ich den erloschenen Herd und, auch wenn es erst kurz nach Mittag war, zündete ein großes Feuer in meinem verlassenen alten Haus an, das sogleich wieder zum Leben erwachte, und selbst die Mauern schienen sich lachend darüber zu freuen.

Der Anblick des Feuers, das die Mauern erwärmte, öffnete mir das Herz, und einen Augenblick lang war mir, als wären sie alle zurückgekehrt und hätten sich nun rings um die Bank versammelt: mein Vater, die Mama, die trunksüchtige Tante, mein Bruder und all die Altvorderen, die in diesem Haus gelebt hatten, dann die Tante aus Mailand, auch sie Trinkerin, die schließlich im Zimmer unserer armen Mama verstarb.

Ich wollte noch warten, bis das Holz niedergebrannt war, und während ich so auf der Bank saß, musste ich an alle unsere Unglücke denken und wie viel Unheil über meine Familie gekommen war.

Während mir alle diese schlimmen Dinge im Kopf herumgingen, hörte ich jemanden an die Tür klopfen. Ich sagte Herein, und Paol dal Fun Filippin, dem ich die Käserei überlassen hatte, trat ein. Er hatte nach langer Zeit wieder den Kamin rauchen sehen und gleich an mich gedacht: »Ciao, Zino, ich freu mich, dich zu sehen.«

In der Hand hielt er einen kleinen Käselaib als Geschenk für mich und dazu ein wenig Geld als Rate für die Käserei. Er konnte gar nicht aufhören, mir dafür zu danken, dass ich ihn mit seinen Waisenkindern vor dem Hunger gerettet habe, und küsste und drückte mir dabei die Hände, als wäre ich ein Heiliger. Ich dankte ihm meinerseits und nahm, um ihn nicht zu beleidigen, auch den Käse entgegen, aber zum Geld sagte ich Nein, das solle er sich ruhig wieder einstecken. Mit drei kleinen Kindern brauche er es mehr als ich.

Wir plauderten noch eine Weile, und als das Feuer schließlich erlosch, verabschiedeten wir uns und gingen jeder unserer Wege. Vorher gab ich ihm noch den Schlüssel zur Schmiede von Bastianin mit der Bitte, er möge ihn doch dem Burschen aushändigen, der meinem Bruder manchmal geholfen hatte. Außerdem solle er ihm sagen, dass, solange Bastianin nicht zurückkäme, er jederzeit wieder die Schmiede eröffnen und dort mit allen Werkzeugen arbeiten könne, als wären es seine.

Mit diesen Worten zog ich die Haustür hinter mir zu und drehte den Schlüssel dreimal im Schloss herum, welches mein Bruder angefertigt hatte, als er bei Mano del Conte seinen Beruf erlernte. Dabei musste ich daran denken, wie er jetzt im Gefängnis hinter Schloss und Riegel saß, und bekam solches Herzweh, dass mir der Atem stockte.

Gegen zwei Uhr nachmittags machte ich mich mit Rucksack und Herzdrücken auf den Weg zum Cornetto. Ich konnte es kaum erwarten, fortzugehen und zu meinen Ziegen zurückzukehren, denn dieser Ort, mein Haus, das Dorf und die Käserei riefen mir zu viele schöne Dinge in Erinnerung, die mit einem Schlag hässlich geworden waren.

Bevor ich das Dorf verließ, ging ich noch bei Pilin vorbei, um mich zu verabschieden und das Öl und die anderen Sachen, die ich dort gelassen hatte, mitzunehmen; dann fragte ich ihn noch, ob Raggio in der Zwischenzeit zurückgekommen sei. Er antwortete, er sei seit Stunden verschwunden und auch nicht wieder aufgetaucht. Da gab ich ihm den Käselaib, den mir Paol dal Fun geschenkt hatte, und nahm die ersten Steigungen des Cerentón in Richtung der Roppa del Cor und der Käserei Cornetto, meinem Schicksal entgegen.

Nie hätte ich mir vorstellen können, was nur wenige Stunden später geschehen sollte.

GANZ LANGSAM STIEG ICH hinauf und immer höher, bis ich schließlich mit meinen Gedanken im Kopf und dem Rucksack auf dem Rücken in die Nähe der Roppa kam. Hier ruhte ich mich ein wenig aus, bevor ich die Wegstrecke über die Ebene einschlug, die nah an jener vermaledeiten kilometertiefen Foiba vorbeiführt. Dies ist der direkte Weg, den man immer geht, wenn man keine Tiere mit sich führt und daher nicht auf den weiter unten verlaufenden längeren Weg ausweichen muss. Denn dann besteht schließlich keine Gefahr, dass die Tiere in den Abgrund stürzen könnten.

Aber heute denke ich, hätte ich die längere Strecke weiter unten gewählt, dann wäre vielleicht nicht passiert, was passiert ist, und ich säße jetzt nicht hier, mit dem Kopf in den Händen vergraben. Doch vielleicht hatte dort oben ja alles bereits jene Hexenschlampe ausgeheckt.

Damals holte ich zunächst einmal Luft und machte mich auf den Weg.

Dann, als ich nur noch wenige Meter von der Foiba entfernt war, stürzte plötzlich Raggio, wie eine Furie mit dem Stock in der Luft fuchtelnd und der Krone auf dem Kopf, hinter einer großen Tanne hervor und schrie, jetzt endlich sei der Moment gekommen, wo er mich totschlagen und ins Loch hineinstoßen würde. Ich warf den Rucksack auf den Boden und begann im Kreis um das Loch herum zu rennen, denn hätte ich versucht, nach oben oder nach unten zu flüchten, hätte er mich sicher erwischt. Ich trug immer noch den Arm in der Schlinge und konnte mich daher nicht bewegen, wie ich wollte. Aber indem ich um die Foiba herumrannte, konnte ich ihn auf Abstand halten, denn so blieb ihm nichts anderes, als selbst auch im Kreis zu rennen. Im Laufen schrie ich: »Hör auf, Raggio, bitte, hör auf damit, lass uns doch reden und wieder Freunde werden.« Aber er war jetzt vollkommen außer sich, schäumte wie ein tollwütiger Hund, stieß seltsame Schreie aus und schnaubte wie ein wild gewordener Stier.

Mit der gesunden Hand fasste ich hinter meinen Rücken und suchte die Hippe, aber sie war nicht da. Da erinnerte ich mich, dass ich sie in den Rucksack gesteckt hatte, noch bevor ich vom Dorf hierher aufgebrochen war, und nun packte mich die Angst, und ich dachte, wie dumm ich doch war.

Ich weiß nicht, nach wie vielen Umkreisungen um das Loch herum ich schließlich genug hatte, auch begann ich erschöpft zu sein und merkte, dass Raggio immer näher kam. Also sei es, wie es sei, jetzt würde ich ein für allemal dem Ganzen ein Ende setzen und mich ihm stellen. Ich wusste, dass ich dabei als Verlierer hervorgehen würde, denn er war gesund, seine Arme waren in Ordnung, und dazu hatte er die Kraft eines Wahnsinnigen in sich, dreimal mehr Kraft als ein normaler Mensch, während ich einen untauglichen Arm hatte und dann auch noch ohne Hippe war. Also hielt ich den Augenblick für gekommen, mit diesem Leben, wie es war, aufzuhören, immer auf der Flucht, immer auf der Hut, immer ohne Frieden. Wenn er mich tötet, Amen, aber ich würde meinem eigenen Tod nicht tatenlos beiwohnen; jetzt gab es nur eins von beiden: er oder ich.

Da kam mir die Idee, wie ich ihn loswerden konnte. Ich ließ ihn bis fast auf die Weite eines Stockhiebes an mich herankommen, blieb dann ruckartig stehen und bückte mich zu Boden. Er war so schnell hinter mir her, dass ihm keine Zeit zu reagieren blieb, geschweige denn anzuhalten, und bevor er noch mit seinem Stock zuschlagen konnte, war er schon auf mich gestürzt. Mit einem Ruck stemmte ich mich mit dem gesunden Arm vom Knie, auf welches ich ihn zur besseren Hebelwirkung abgestützt hatte, hoch und hatte Raggio quer auf meinem Rücken liegen. Es reichte, dass ich ihn mit einem Schwung zur Foiba hin abwarf, und schon waren er und sein erzvermaledeiter Stock mit einem Krachen durch den dünnen Astzaun hindurch im Loch verschwunden.

Kein Schrei, kein einziges Wort waren zu hören, nichts, gar nichts. Da packte mich eine große Angst, und ich war ganz verwirrt im Kopf. Ich erinnere mich nur noch daran, wie ich als Letztes seine genagelten Schuhe sah, die mich beim Hinabstürzen anschauten, als verspotteten sie mich, wie zwei Münder mit Eisenzähnen.
Auch kann ich noch hören, wie Raggios hinabstürzender Körper gegen die Felswände schlug. Es war wie das hässlich krachende Geräusch eines Schafes, das in den Bergen abstürzt und an den Felsen zerschellt.

Als nichts mehr zu hören war, setzte ich mich an den Rand der Foiba und verbarg den Kopf in den Händen. Jetzt war es also wirklich vorbei, Raggio existierte nicht mehr auf dieser Welt. Es war ihm nicht gelungen, mich mit seinem Stock zu töten, aber ich konnte nicht froh darüber sein, denn ich war schließlich die Ursache von allem gewesen. Ich und niemand anderes.

Und jetzt hatte ich ihn überhaupt erst vollständig umgebracht, zur Hälfte hatte ich ihn ja schon mit der Tollkirsche getötet.

Ich weiß nicht, nach wie langer Zeit ich aufstand und zur Käserei ging. Ich war ganz aufgewühlt, voller Angst und verwirrt, denn einen Menschen töten ist nicht wie einen Frosch oder eine Gämse töten, es hinterlässt Spuren, und umso schlimmere, wenn der Mensch, den du umgebracht hast, dein Freund war.

Beim Aufbruch sah ich noch die Königskrone auf dem Boden liegen, die Raggio während seiner Verfolgungsjagd verloren hatte. Ich nahm sie und warf sie seinem Herrn hinterher in die Foiba, damit von dem Geschehen keine Spur mehr am Erdboden zurückblieb. Während ich sie aufhob, fühlte sie sich brennend heiß an, und ich schleuderte sie deshalb, ohne einen weiteren Blick, sofort ins Loch.

In jener Nacht, oben in der Cornettohütte, machte ich kein Auge zu und sah Gespenster und Tote, die mir böse Zeichen gaben. Ich legte ständig Holz auf das Feuer nach, um etwas Gesellschaft zu haben, denn draußen meinte ich immer wieder die Schritte von Raggio mit seinen genagelten Schuhen zu hören, der mich mit seinem Stab suchen kam.

Eine Woche blieb ich dort oben, bevor ich wieder ins Dorf abstieg, und ich möchte niemandem wünschen, je eine solche Woche verbringen zu müssen. Gewissensbisse und Angst ließen mir keinen Schlaf. Ich musste andauernd an mein Schicksal und an das meines Bruders denken, die wir beide einen Menschen getötet hatten, und an meinen Vater, der selbst auch getötet worden war. Und dann musste ich an sie denken, die meinen Sohn getötet und in den Käse gesteckt hatte, und an Maddalena Mora, die sich im Stall am Balken erhängt hatte, aus Reue darüber, dass die Alte ihr das Kind mit der Stricknadel aus dem Leib herausgezogen hatte, und vielleicht war auch das mein Kind.

Wie viele Tote! Und alle waren sie auf grausame Art gestorben. Die vermaledeite Hexe Melissa machte ihre Arbeit gut.

Ich konnte nicht mehr länger an diesem Ort leben, dachte ich. Zu viele grausame Dinge verfolgten mich Tag und Nacht, wie Hunde, die mich langsam, nach und nach, in kleinen Stücken auffraßen, um mich noch lange unter ihren Zähnen spüren zu können. Und dazu noch die Schritte, die ich nachts draußen vor der Hütte zu hören glaubte oder tatsächlich hörte, ich weiß nicht recht, aber ich weiß, es waren die von Raggio mit seinen genagelten Schuhen.

NACH EINEM MONAT begannen die Leute zu fragen, wo Raggio geblieben sei, da er nirgendwo mehr zu sehen war. Seine Ziegen irrten herrenlos, wild und aggressiv unter dem Monte Lodina umher. Im November trieb sie einer aus Cimolais, Redento Bressin Zigòl, wieder ins Tal hinab, bevor sie alle im Schnee umgekommen wären. Da Raggio nicht mehr auftauchte, sagte Redento, er würde sie für die erste Zeit versorgen und sie ihrem Herrn zurückgeben, sobald der wieder erschien. Aber ich wusste, dass es nicht mehr dazu kommen würde.

Man erzählte sich, dass Raggio nach Frankreich oder Österreich abgehauen sei, aber die meisten glaubten, er sei in irgendein Erdloch gestürzt, in der Gegend der Buse di Lodina, die deswegen gerade auch Fosse, Graben, genannt werden, weil diese Gegend mit Erdlöchern und bodenlos tiefen Spalten übersät ist. Sie sind wie klaffende Münder, die nach einem Toten rufen, und können einen Menschen verschlingen, ohne dass er es merkt, wie die Kuh eine Blume frisst.

Ich glaube, mich hat keiner verdächtigt, auch weil ich und Raggio in dieser Zeit unsere Ziegen auf verschiedenen, recht weit voneinander entfernten Almen weideten.

Niemand konnte sich vorstellen, dass an jenem vermaledeiten Tag Raggio vor mir auf die Roppa steigen würde, um mir aufzulauern. Und er hatte dann dort, nah der Foiba, haltgemacht, wie ich glaube, um mich, einmal mit dem Stock erschlagen, im Loch verschwinden zu lassen; denn hätte man mich sonstwo tot aufgefunden, wäre der erste Verdacht auf ihn gefallen, weil er ja schon seit Langem damit drohte, mich zu vernichten. Und nun war er es, der in diesem Höllenloch endete, er und sein vermaledeiter Stock, aber das tat mir leid, und von diesem Tag an sollten mich Gewissensbisse und Angst nicht mehr loslassen.

Gegen Ende November trieb ich meine Tiere wieder nach Hause, entschlossen, aus dem Dorf fortzugehen, aber dann dachte ich wieder, dass die Leute, wenn ich so bald fortginge und auch Raggio nicht mehr auftauchte, schon Verdacht schöpfen würden; also entschied ich, den Winter noch daheim zu verbringen. Heu für die Tiere hatte ich, für mich selbst gab es auch Essen genug, für Wein ging ich zu Pilin, sonst brauchte ich nichts. Was mir fehlte, war Frieden, aber den würde ich nie wieder finden.

Dafür schlaflose Nächte, immer die genagelten Schuhe von Raggio vor Augen, diese Münder, die mich mit ihren Eisenzähnen verlachten, als sie im Nichts verschwanden.

So begann ich zu trinken. Verfolgt von meiner Tat, ging ich zu Pilin, Wein und Schnaps trinken, und wenn ich es nicht länger aushielt, trank ich auch allein zu Haus, um nicht die eisenbeschlagenen Schuhe sehen zu müssen.

Paol dal Fun Filippin merkte, dass ich anders geworden war und auch mehr als sonst trank.

Und so kam er eines Abends zu mir nach Haus und fragte mich direkt, ohne Umschweife, was mit Raggio passiert sei. Ich antwortete ihm, ich wüsste nichts von

Raggio und hätte ihn seit dem 30. September auch nicht mehr gesehen, also seit jenem Tag, an dem er mich bei Pilin angegriffen hatte, als ich Öl holen gekommen war.

Paol dal Fun schaute mir in die Augen und sagte, er glaube, dass ich ihm nicht alles erzähle, aber es interessiere ihn nicht, ob ich etwas verbrochen habe oder auch nicht. Und zeit seines Lebens sei er mir wohlgesinnt, weil ich ihm für nichts die Käserei übergeben habe, als er sich mit drei kleinen Waisenkindern in einer verzweifelten Lage befand. Dann verabschiedete er sich und bat mich noch, ihn jederzeit und zu jeder Stunde rufen zu lassen, wenn ich ihn bräuchte, und ich könne mich immer auf ihn verlassen, er würde mich nie verraten.

Darauf erwiderte ich, dass ich nichts brauchte und es auch nichts zu verraten gab, und verabschiedete ihn.

NUR MIT MÜHE ÜBERSTAND ICH diesen Winter, als lastete ein ganzer Berg auf meinem Rücken. Ich tat nichts anderes als trinken. Nachdem ich die Tiere versorgt hatte, ging ich bis spät nachts in die Osteria. Danach dann ein wenig schlafen, denn nur mit Wein oder Schnaps abgefüllt konnte ich auch einige Stunden schlafen, ohne die eisenbeschlagenen Schuhe zu sehen.

Aber so konnte es nicht weitergehen, daher fasste ich den Entschluss, etwas zu tun, was mir schon lange im Kopf umherging.

Ende Februar ging ich zu Genio Damian Sgùima und schlug ihm einen Tausch vor: Er würde mir einen Teil seiner Holzarbeiten überlassen, und ich gäbe ihm im Gegenzug dafür alle meine Ziegen und Schafe. Ich erklärte ihm, dass ich die Hirtenarbeit satt habe und, wie Gioanin de Scàndol, lieber mit einem Zugkarren voller Holzwaren hinunter in die Friaulebene gehen wollte, um sie dort zu verkaufen und gerade so viel damit zu verdienen, dass es für eine Mahlzeit und einen Liter Wein am Tag ausreicht, und dann nie wieder in dieses vermaledeite Dorf voller Elend zurückkehren.

Genio Damian wusste zwar nicht, was er mit Ziegen und Schafen anfangen sollte, weil er keine Tiere weidete, sondern Holz bearbeitete, aber er willigte trotzdem ein, weil er schon wusste, an wen er die Tiere verkaufen und was er an ihnen verdienen konnte. Und da Genio ein ehrlicher Mann war, sagte er mir auch den Namen des Käufers. Es war Pino Gallo Corona aus dem Ortsteil Savéda.

Ich wusste, dass der Tiere kaufte und verkaufte, aber hatte keine Lust, mit ihm einen Kaufpreis auszuhandeln. Daher bat ich Sgùima, mir die Holzwaren zu geben und dann selbst zu sehen, wie er meine Tiere am besten an Pino Gallo verkaufen konnte. Sollte er ruhig verdienen, wie viel er wollte, das interessierte mich nicht, es musste nur schnell gehen.

So belud ich in den ersten Märztagen den Zugkarren, der bei mir im Heuschuppen stand, bis über den Rand voll mit Holzwaren von Genio Sgùima, versperrte die Haustür, ließ Genio den Schlüssel zum Stall, worin meine Tiere waren, die er verkaufen wollte, und brach schließlich ins Cellinatal auf. Alles Mögliche gab es da auf dem Karren: Schüsseln, Löffel, Gabeln, Nudelhölzer, Teller, Körbe, Ofenschieber, Fasshähne und an die fünfzig Antoniusfiguren und Madonnen. Die Madonnen trugen wie immer mehr das Gesicht des heiligen Antonius als das der Madonna, weil Sgùima ja nur auf Antoniusfiguren spezialisiert war. Erst als Raggio Madonnen schnitzte, hatte auch er sich daran versucht, aber die von Raggio trugen derart schöne, lebendige, lachende Frauengesichter wie kaum je eine andere zuvor, dagegen ähnelten die von Genio eher Männern.

Vor dem Aufbruch ging ich noch zum Friedhof, um meinen Vater und meine Mama und alle meine Toten und auch die der anderen Familien zum Abschied zu grüßen, dann stellte ich mich zwischen die Zugstangen und ging los.

Nach drei Tagen hatte ich Erto schon ziemlich weit hinter mir gelassen, aber die Gedanken an Raggio und seine eisenbeschlagenen Schuhe gingen mir nicht aus dem Kopf und quälten mich wie tausend Bienen.

Ich dachte daran, was ich ihm angetan hatte und was er immer über den Fluch der alten Melissa sagte. Aber jetzt hatte ich vor nichts und niemandem mehr Angst, denn ich war allein zurückgeblieben, und ob ich nun leben, sterben oder leiden würde, interessierte mich nicht mehr, und was immer mir Schlimmes geschehen sollte, ich hatte es verdient.

Abends klopfte ich bei Bauern an, die mich im Stall schlafen ließen und mir auch etwas zu essen gaben und dann auch des Öfteren eine Schüssel oder ein Nudelholz kauften.

Schließlich zog der Frühling in die friulanische Ebene ein, und um Mitte März war es dort unten schon recht warm. Wenn ich daran dachte, dass es bei uns oben zu dieser Zeit noch Schnee und Kälte gibt, bereute ich überhaupt nicht, fortgegangen zu sein. Doch bevor ich für einige Stunden einschlief, sah ich als Letztes immer mein Dorf, unser Haus und meine Leute. Dann spürte ich Wehmut und Schmerz, und für eine Weile dachte ich, dass ich, waren erst einmal alle Holzwaren verkauft, dann immer noch zurück nach Erto zu Genio Sgùima konnte und so, unter dem Vorwand, den Karren wieder auffüllen zu müssen, mein Dorf wiedersehen. Danach würde ich, ohne viel nachzudenken, von Neuem aufbrechen, denn dort oben konnte ich nicht bleiben.

So lief mein Leben dahin, ohne jede Hoffnung.

An einem der ersten Apriltage, nachdem ich die Gemeinden Casarsa, San Vito al Tagliamento, Bagnarola, Morsano, San Giorgio al Tagliamento, Varmo und Sesto al Reghena passiert hatte, kam ich kurz hinter der Ortschaft namens San Michele al Tagliamento zu einem großen Bauernhaus. Ich hatte wenig oder nichts verkauft, nicht etwa, weil die Leute nichts wollten, sondern weil ich nichts zu verkaufen brauchte, denn überall gaben sie mir Verpflegung und Unterkunft, ohne je Geld dafür zu verlangen.

Wenn ich etwas verkaufte, so nur, um mir den Wein leisten zu können, den ich zum Vergessen brauchte, denn das Geld war mir vollkommen gleichgültig.

Ich fühlte mich augenblicklich wohl in diesem Haus. Ich schlief im Stall und aß mit ihnen allen zusammen am großen Tisch. Hausherren waren Eheleute, der Mann wohl in meinem Alter, die zwei Söhne von zehn und elf Jahren hatten. Und dann waren da noch die Brüder des Mannes mit ihren Familien sowie drei Alte, zwei Männer und eine Frau. Alle zusammen wohnten sie in diesem Haus, und im Stall standen an die dreißig Kühe, dazu noch Schweine, Hühner, zwei Pferde, Gänse und andere Tiere.

Die Hausherren boten mir an, so lange zu bleiben, wie ich wollte, und wenn ich meine Runde durch das Friaul beendet hätte, sollte ich zum Schlafen ruhig wieder bei ihnen einkehren. Also könnte ich mit meinem Zugkarren und meinen Sachen ihr Haus sozusagen als Basis benutzen, für sie bedeutete das keine Last. Es waren wirklich gute Leute.

Am Anfang sagte ich noch Nein, ich würde nur selten hierbleiben, doch dann ereignete sich ein Vorfall, der mir beim Padrone eine solche Achtung einbrachte, dass er mich fast zwang zu bleiben.

Eine Kuh war gerade niedergekommen, lag sterbend am Boden und kam nicht wieder auf die Beine. Der Tierarzt war nicht zu erreichen, und keiner wusste, wie man die Kuh retten könnte. Da riet ich ihnen, zwei Liter Wein mit viel Zucker abzukochen und der Kuh diesen Trank so heiß wie möglich zu verabreichen. Gesagt, getan, am Abend stand sie wieder gesund auf den Beinen.

Bei uns oben in den Bergen macht man es immer so, wenn es den Kühen nach dem Kalben schlecht geht. Man gibt ihnen kochendheißen Wein mit Zucker oder auch Honig, falls vorhanden, und schnell kommt das Tier wieder zu Kräften.

Von da an konnte ich jede mögliche Bitte äußern, und diese Leute taten alles, um mich zufriedenzustellen.

HIN UND WIEDER NAHM ICH meinen Karren, stellte mich zwischen die Zugstangen und zog so durch die Ortschaften des Friaul. Vor allem anderen trieb mich die Neugier, etwas Neues und Orte zu sehen, von denen ich nicht einmal den Namen gehört hatte; es ging mir weniger darum, meine Sachen zu verkaufen, als vielmehr, den Kopf frei zu bekommen. Wohin ich auch kam, immer wurde ich gut behandelt von den Leuten, und nicht selten passierte es, dass jemand in einer Familie mich fragte, ob ich nicht vielleicht diese Frau aus Erto oder jene andere kannte, die mit dem Korb auf dem Rücken vorbeigekommen war, um hölzerne Löffel und Nudelhölzer zu verkaufen.

Denn auch jene ertanischen Frauen waren von diesen großherzigen Familien zum Schlafen ins Haus eingeladen worden.

Inzwischen machte ich fast jede Woche einmal bei meinen Bauernfreunden in San Michele al Tagliamento Station und stellte meinen Karren im Hof ihres großen Gutshauses ab. Wenn es dann etwas zu tun gab, und irgendetwas gab es immer, so half ich beim Melken, beim Versorgen der Tiere oder auch beim Heraustragen des Mistes aus dem Stall. Sie bemerkten gleich, dass ich mit Tieren umgehen konnte. So sagte ich ihnen auch, dass ich in meinem Dorf als Käser gearbeitet hatte.

An einem Abend waren wir im Stall versammelt und sprachen darüber, wie man bei mir in den Bergen Käse macht und wie sie ihn hier machen. Dabei erfuhr ich einiges, was ich noch nicht wusste, aber auch sie lernten von mir Dinge, die sie nicht kannten.

An dem Punkt, wo ich angelangt war, interessierte es mich eigentlich gar nicht, etwas dazuzulernen, ich hörte aus bloßer Neugier zu und weil ich beim Zuhören nicht an die eisenbeschlagenen Schuhe denken musste.

Bevor ich mich abends zum Schlafen auf das Stroh legte, brachte mir die Frau des Padrone immer eine Karaffe Wein, den ich dann in einem Zug austrank, so konnte ich ein paar Stunden schlafen.

Sie war eine schöne Frau, nicht sehr groß, mit dunklen Haaren, schönen Augen und zwei Jahre jünger als ihr Mann, der vierzig war. So sagte sie mir jedenfalls. Ich würde am 13. September einundvierzig Jahre alt werden.

Eines Abends, nachdem sie mir den Liter Wein gebracht hatte, blieb sie noch auf ein paar Worte bei mir und fragte mich, ob mir etwas fehle, weil ich immer so still sei. Ich antwortete, es seien alte Familiengeschichten ohne weitere Bedeutung.

Dabei waren sie nicht alt und hatten sogar große Bedeutung, denn mit jedem Aufwachen waren auch immer wieder neu und lebhaft die Gewissensbisse da, und die wurden nie alt, immer, wenn ich aufwachte, waren sie wie neu.

Mitte Mai schnitten die Brüder des Padrone längs eines Kanals Maulbeerbäume und brachten sie in den Hof des Gutshauses. Ich sagte ihnen, dass der Mai nicht der richtige Monat sei, um Bäume zu fällen, weil gerade dann frischer Lebenssaft durch sie ströme. Aber der Padrone gab zurück, dass er gezwungen sei, sie auszureißen, um den Boden urbar machen und in ein Feld umwandeln zu können.

Da ich in dieser Zeit nicht viel im unteren Friaul unterwegs war, half ich ihnen beim Sägen und Spalten der Maulbeerbäume zu Brennholz, welches ich dann an der sonnenseitigen Hausmauer aufschichtete. Eine ganze Woche lang arbeitete ich ununterbrochen von morgens bis in die Nacht hinein, denn während ich sägte und spaltete, konnte ich vergessen, was ich getan hatte.

Mittags und abends aß ich zusammen mit ihnen, blieb aber nur kurz bei Tisch, weil ich lieber im Stall bei den Tieren war, allein mit meinen Gedanken.

Während des Essens bemerkte ich, dass die Hausherrin hin und wieder zu mir herüberschaute, also beugte ich mein Gesicht tiefer über den Teller, um ihrem Blick auszuweichen, denn sie sah mich auf eine Weise an, dass ich schon verstanden hatte.

Eines Tages nahm ich meinen Zugwagen, verabschiedete mich von meinen Bauernfreunden und brach in Richtung Udine auf mit dem Plan, meinen Bruder Bastianin im Gefängnis zu besuchen. Acht Tage lang zog ich von Ort zu Ort, machte mal hier, mal dort halt, ohne wirklichen Mut, bis nach Udine zu meinem Bruder zu kommen. Nicht dass ich ihn nicht gern umarmt hätte, im Gegenteil. Ich mochte ihn gern, meinen Bruder, er war ja schließlich alles, was mir noch blieb von unserer unseligen, von Unglück zerstörten Familie. Wenn ich ihn traf, würde ich ihm ganz sicher die ganze Wahrheit über das Geschehene erzählen, denn meinem Bruder gegenüber könnte ich es nicht für mich behalten. Doch das hätte alles nur noch schlimmer gemacht, denn dann hätte er doppelt für mich mitgelitten. Also beschloss ich, nicht zu ihm zu gehen.

Ich war schon vor den Toren von Udine, als ich meinen Wagen herumriss und mich wieder auf den Weg zurück zu meinen Bauernfreunden machte. Durch den Verkauf von drei Madonnen von Genio Sgùima und einiger Nudelhölzer hatte ich etwas Geld verdient, und so ging ich abends immer in irgendeine Osteria, um mich zu betrinken. Wenn ich dann besoffen war, bot mir so mancher Wirt auch einen Schlafplatz an, andere hingegen warfen mich vor die Tür, dann schlief ich auf meinem Karren, der lang genug war, dass ich mich darin ausstrecken konnte. Bei Regen stellte ich ihn unter ein Vordach, und zum Schutz vor Kälte und Regen hatte ich Decken und ein Zelttuch.

Schließlich kehrte ich nach San Michele in das große Haus zurück, wo mir alle wohlgesinnt waren.

Abends aß ich einen Happen und zog mich in den Stall zurück.

Als es Nacht wurde, kam sie dann, die Frau des Padrone, aber statt des Weins trug sie einen Becher Kaffee in der Hand. Sie brächte mir keinen Wein mehr, sagte sie, und ich würde auch zu viel davon trinken, das schade mir nur. Ich gab ihr zur Antwort, Kaffee tränke ich nur am Morgen und fertig, und was den Schaden anginge, so wäre es sehr wenig, was ich mir da zufügte. Sie fragte, warum, und ich erwiderte, ich wüsste schon, warum, aber mehr wollte ich dazu nicht sagen.

Sie setzte sich nah neben mich auf das Stroh, zu nah, wie mir schien. Dann sagte sie, sie habe mit ihrem Mann und den anderen Familienmitgliedern gesprochen, und alle kamen darin überein, dass ich, wenn ich wollte, bei ihnen bleiben und arbeiten könne, Arbeit gab es genug, und alle hatten gemerkt, wie gut ich mich mit Tieren und Käse auskannte. Und auch mit Bäumen und Holz würde ich mich auskennen. Dabei rückte sie ganz nah an mich heran, streichelte mein Gesicht und fragte: »Warum bleibst du nicht hier bei mir?« Ich war wie versteinert, reglos vor Staunen, denn so etwas hatte ich nicht erwartet, auch wenn mir schon aufgefallen war, dass sie mich beim Essen anschaute, aber nie hätte ich gedacht, dass sie mich so direkt angehen würde. Da begriff ich, warum sie mir jeden Abend eine Karaffe Wein brachte und immer noch blieb, um ein wenig mit mir zu reden.

Ich sagte ihr, es wäre besser, wenn sie jetzt ginge, bevor ihr Mann noch käme, worauf sie erwiderte, dass ihr Mann außer Haus sei und diese Nacht in Latisana bei seiner Mutter schlafen würde. Dabei fing sie an, mich überall zu streicheln, nicht nur im Gesicht.

Ich hatte es schon Monate nicht mehr getan, aber jetzt überkam mich das Verlangen. Am Anfang wollte ich nichts davon wissen, weil ich immer wieder an Raggio denken musste, wie ich ihn mit seiner Frau betrogen hatte, und was ich ihm wegen ihr angetan hatte. Und jetzt war ich dabei, auch den Padrone zu betrügen, der mir wohlgesinnt war und mir sein Haus und seine Freundschaft gab.

Geh weg, sagte ich, ich will dich nicht anfassen, aber da war sie schon über mir, und es ist nicht einfach, dann aufzuhören, wenn eine so auf dir liegt und du es schon sehr lange nicht mehr gemacht hast. Und außerdem gefiel mir diese Frau, und mehr als das, denn im Unterschied zu den anderen, die ich bisher gehabt hatte, spürte ich, dass mit ihr zugleich auch etwas wie Frieden in mich einzog, ein Gefühl, wie wenn ich sie wirklich mochte.

Und so endete es damit, dass wir es die ganze Nacht lang miteinander machten. Erst kurz vor Morgengrauen ging sie wieder und sagte mir noch, ich solle doch bleiben, es gebe genug Arbeit, und sie würde zu mir kommen, wann immer sie könne.

Ich spürte nur Reue, Verwirrung und Wut auf mich selbst. Im ersten Augenblick wollte ich sofort ganz das Haus verlassen, denn ich ahnte, dass es wieder die gleiche Geschichte werden würde, genau wie schon in Erto. Innerlich wollte ich keine Intrigen und Betrügereien mehr, besonders nicht gegen Menschen, die mir wohlgesinnt waren, wie der Padrone und seine Familie. Aber sie, mit ihrer Güte und ihrer Schönheit und dem Frieden, den sie mir gab, wenn sie nah bei mir war, hielt mich fest, wo ich war, wie die Wurzeln den Baum festhalten, auch wenn der Wind an seiner Krone rüttelt. Nie hatte ich eine Frau gesehen, die mir so guttat, und nie hätte ich geglaubt, dass es solch eine Frau überhaupt geben konnte und ich für immer bei ihr sein wollte.

Nach dieser Nacht nahm ich am folgenden Tag meinen Karren und ging durch die Ortschaften im Umkreis, weil ich nach dem Geschehenen nicht den Mut aufbrachte, ihrem Mann zu begegnen und ihm in die Augen zu sehen. So kam ich nach Gorgo, San Giorgio, Precenicco, Pocenia, Fraforeano und in andere Dörfer.

Zwei Tage darauf kehrte ich gegen Abend zurück und hatte mir zuvor schon mit reichlich Wein Mut angetrunken. So ging ich sie erst gar nicht begrüßen in der großen Küche, wo sie speisten, sondern stracks in den Stall und warf mich aufs Stroh. Aber sie hatte meinen Karren gesehen und kam bald darauf zu mir. Sie setzte sich nah zu mir heran und begann mir von ihrem Leben zu erzählen, ihren Söhnen, ihrem Mann und allen anderen in der Familie. Sie sagte, sie sei mit ihrem Leben hier unzufrieden, und wären nicht die Kinder, dann wäre sie schon für immer fortgegangen, um ihr eigenes Leben zu leben. Und es würde ihr auch gefallen, mit mir in mein Dorf zu ziehen; kaum hatte sie diese Worte ausgesprochen, erwiderte ich, ja, das wäre schön, nur hätte ich nicht die geringste Lust mehr, in mein Dorf zurückzukehren. Warum, fragte sie, und ich antwortete, ich wüsste gar nicht genau, warum, aber in mein Dorf zurückkehren, davon wollte ich überhaupt nichts hören. Dabei wusste ich ja den Grund nur zu gut. Zu viele üble Erinnerungen kamen in mir hoch, als ich den bloßen Namen Erto hörte.

Während sie so mit mir sprach, merkte sie auf einmal, dass ich getrunken hatte, und da wurde sie ganz traurig und verzagt, verabschiedete sich und ging.

An den folgenden Tagen tat ich so, als wäre nichts geschehen, half bei der Feldarbeit kräftig mit, und das war ein gutes Zeichen. Dabei wollte ich ihr nur nah sein, denn ich hatte gemerkt, dass ich mich bei ihrem bloßen Anblick besser fühlte und mich die Gedanken daran, wie ich Raggio zugrunde gerichtet und getötet hatte, nicht mehr so quälten.

Tag und Nacht kam all mein Unglück und all das meiner Familie in mir hoch, mein ganzes ruiniertes Leben. Und jetzt, da ich schon alles aufgeben und wie ein Landstreicher nur noch verzweifelt im Friaul herumziehen wollte, um mich selbst loszuwerden, stieß ich noch einmal auf jemanden, der mich festhielt und mir Hoffnung gab.

Aber ich konnte diese Hoffnung nicht annehmen, denn nach dem, was ich getan hatte, durfte ich auf nichts mehr hoffen.

Also beschloss ich, dem Leben wie ein Dieb noch ein paar Stunden zu rauben, solange ich nicht die Kraft fand, fortzugehen von dieser Familie und von dieser Frau, von diesem ganzen Jammertal, wie die trunksüchtige Tante sagte.

Ich fand sie tatsächlich nicht, diese Kraft, und je mehr Zeit ich mit ihr verbrachte, desto weniger fand ich sie.

Wenn ihr Mann nicht da war, kam sie zu mir in den Stall, und dann blieben wir eng umschlungen beieinander, bis der neue Tag anbrach. In diesen wenigen Stunden dachte ich an nichts mehr, doch hin und wieder kam mir Raggio in den Sinn, und dann war es, als kröche mir eine todbringende Kälte von den Füßen bis in den Kopf hinauf, und in solchen Augenblicken gefiel selbst sie mir nicht mehr.

Oft kam mir der Gedanke, mich auf der Stelle umzubringen und so allem ein Ende zu setzen, und wenn ich nicht diese Frau gefunden hätte, die mich am Leben hielt wie ein Zicklein an der Leine, hätte ich es vielleicht schon getan.

LANGSAM SCHLEPPTEN SICH so die Tage, einer nach dem anderen, voran bis in den Juni hinein, während wir zwei uns weiter im Stall trafen. Ich werde nie vergessen, wie gut es mir mit ihr ging und wie gut wir zusammenpassten. Während die letzte Frau nur gereizt und launisch war und wenig oder gar nichts sagte, fand ich mich mit dieser jetzt im Paradies wieder. Sie war nie erzürnt und redete immer gütig mit mir, und auch wenn ich getrunken hatte, behandelte sie mich mit Respekt. So fing ich an, sie immer mehr lieb zu gewinnen, nicht nur sie, sondern auch ihre Kinder, die mich unbeschwert anlachten, wenn sie mich sahen, und Berggeschichten von mir hören wollten. Also erzählte ich ihnen Geschichten von meinem Dorf, den Bergen, von Schnee und Winterkälte, von Waldtieren und der Jagd auf sie.

Wie schön es gewesen wäre, eine solche Familie zu haben, zusammen mit ihr und den beiden Kindern! Aber das Schicksal hatte schon anders für mich entschieden.

Tag und Nacht dachte ich darüber nach, ob ich fortgehen oder bei dieser Familie bleiben sollte, wo ich für Stunden noch ein wenig Frieden fand und mich noch als lebendiger und normaler Mensch fühlen konnte.

Anfang Juni musste ihr Mann für eine Woche nach Tarvisio fahren, um zwei Kühe aus Österreich abzuholen. Es waren besondere Kühe, die zweimal täglich fast zwanzig Liter Milch gaben. Der Padrone hatte zwar seine eigenen Milchkühe, aber er hatte die fixe Idee, er müsse auch welche der besonderen Art besitzen, die mehr Milch als alle anderen gaben, um so den Neid der anderen Bauern zu erregen. Er fragte mich, ob ich nicht mit ihm in den Zug steigen wolle, der nach Udine fuhr und von dort weiter nach Tarvisio, und ihm Gesellschaft leisten und dabei helfen, die Kühe heimzuführen. Ich war fast versucht mitzufahren, denn eine Reise bis nach Tarvisio hätte mir schon gefallen. Von diesem Ort hatte schon Santo della Val oft gesprochen, der immer wieder nach Österreich ging, um dort als Holzfäller zu arbeiten, und mir dann Geschichten von Trinkgelagen in Tarvisio erzählte, denn bevor er über die Grenze ging, blieb er immer erst für eine Woche in Tarvisio, um sich mit seinen Freunden zu betrinken.

Wir waren gerade alle zur Abendmahlzeit rund um den großen Tisch versammelt, als der Padrone mich fragte, ob ich mit nach Tarvisio käme. Und ich wollte ihm schon Ja sagen, als ich merkte, dass sie in meine Richtung schaute und mir mit einem unmissverständlichen Blick bedeutete, Nein zu sagen. Ich konnte sie verstehen, warum sie nicht wollte, dass ich ging. Also sagte ich Nein zum Padrone, ich würde lieber hier bleiben und arbeiten oder auch mit meinem Karren losziehen, um ein paar Holzsachen zu verkaufen und neue Orte kennenzulernen. Und er kam schließlich mit einem seiner Brüder überein, ihm dabei zu helfen, die Kühe von Tarvisio mit dem Zug herunterzubringen.

Auf diese Weise verbrachte ich die sechs schönsten Tage meines Lebens, auch wenn sie ständig vom Gedanken daran durchsetzt waren, was ich dem armen Raggio angetan hatte und was ich mir selbst noch antun sollte.

In der ersten Nacht nach der Abfahrt ihres Mannes beschimpfte sie mich liebevoll, weil ich mit ihm nach Tarvisio hatte fahren wollen. Hätte sie mich am Tisch nicht schief angesehen, sagte sie, würde ich vielleicht ausgerechnet jetzt den Zug besteigen, wo wir doch gerade für einige Tage miteinander allein sein konnten. Ich sagte ihr nicht, dass ich vor allem deshalb mit ihrem Mann mitfahren wollte, um das Zusammensein mit ihr zu vermeiden, und nicht, weil ich Tarvisio sehen wollte. Denn mir war klar, dass sich nun alles so wiederholen würde, wie es damals in Erto war. Wieder wurde ich zum Verräter und war dabei, hinterrücks die Axt gegen den zu erheben, der mir nur half und gut gegen mich war.

Aber wenn erst solche schönen Kräfte im Spiel sind wie die, die zwei Menschen derart gegenseitig anziehen wie der Magnet den Nagel, dann ist nichts mehr zu machen, und man gibt nach, auch gegen seinen Willen.

Und so verbrachte ich sechs Nächte bei ihr, Nacht für Nacht. Tagsüber arbeiteten wir auf den Feldern und im Stall, nachts lagen wir eng umschlungen beieinander.

Ich half vor allem auch beim Käsemachen, aber jedes Mal, wenn ich den Käsebruch herauszog, kam sie mir wieder in den Sinn, sie und ihr vermaledeiter Käselaib, in welchen sie unser Kind hineingesteckt hatte. Dann verlor ich jede weitere Lust, den Käse herauszuziehen, und ertrug nicht einmal mehr den bloßen Anblick der Käsewerkzeuge.

In der Nacht erschien sie immer zur selben Stunde im Stall, ihr Gang war dabei so leise und leichtfüßig, dass man sie nicht einmal kommen hörte. Wir liebten uns auf sanfte und friedliche Weise, wobei sie sich einfach und gütig verhielt, nie gereizt oder nervös wie die Frau von Raggio.

Eines Nachts kam sie gegen zwei Uhr, es war Juni, und draußen auf dem Dach rief die Eule. Sie wollte mich gleich mit in ihr Zimmer nehmen, ins Bett, das sie mit ihrem Mann teilte. Aber ich gab ihr ein scharfes Nein zurück, dort an Ort und Stelle, auf dem Stroh, wollte ich bleiben. Es schien mir zu schändlich und auch feige, den Bettplatz ihres Mannes einzunehmen. Sie erwiderte, ich hätte schon längst den Platz ihres Mannes eingenommen, und die Sache mit dem Bett wäre falscher Respekt. Darauf gab ich ihr zurück, sie hätte ja vielleicht recht, vielleicht war es wirklich falscher Respekt, aber ich hätte meine persönliche Vorstellung von Respekt, und wenn ich mit der Frau eines Freundes ging, hieße das nicht gleich gezwungenermaßen, dass ich dann auch sein Haus bewohnen, seine Sachen benutzen, auf seiner Bank, seinem Stuhl sitzen und in seinem Bett schlafen müsste. Mir stand wirklich nicht der Sinn danach, das alles auszunutzen.

Aber sie beharrte weiter darauf und versuchte mir klarzumachen, dass es an diesem Punkt ja wohl gleich sei, ob ich sein Bett benutzte oder nicht, wo ich doch eh schon seine Frau benutzte; ich aber sagte Nein, die Frau sei die Frau, doch das Bett sei eben das Bett, und ich wollte mich nicht dort hinlegen, wo er sonst schlief. Schließlich gab sie auf, und wir liebten uns weiter jede Nacht im Stall, bis ihr Mann mit den zwei neuen Kühen aus Tarvisio zurückkehrte.

Es waren wirklich unglaubliche Tiere, und wenn man sie molk, konnte man gar nicht genug Milch aus diesen

Zitzen ziehen. Sie gaben so viel Milch, dass der Padrone schließlich eine gewisse Menge davon zur Käserei im Dorf brachte, weil es viel mehr war, als sie selbst brauchten.

Nach einigen Tagen allerdings beklagten sich die Leute der Käserei bei ihm darüber, dass der Käse schlecht werden würde, übel rieche und fast so grün wie frisches Gras sei. Und sie dachten, der Grund dafür wäre wohl die Milch von seinen neuen österreichischen Kühen. Sie waren überzeugt, dass die Kühe krank waren, und wollten keine weitere Milch mehr von ihm haben. Er brachte ihnen dann auch keine mehr, aber nach kurzer Zeit berichteten ihm dieselben Käser, der Käse würde immer noch schlecht werden und grün und übel riechen, und baten ihn um Entschuldigung. Darauf rief er mich zu sich und erläuterte mir die ganze Angelegenheit. Ich sagte ihm, der einzige Grund für den schlechten Käse sei sicher, dass jemand mit Wasser verdünnte Milch abliefere. Man müsse nur herausfinden, wer es ist, und alles würde wieder in Ordnung gehen. Auf seine Frage dann, wie man den Schurken wohl ausfindig machen könne, antwortete ich, er solle mich am nächsten Morgen in die Käserei begleiten, wenn die Leute mit ihren vollen Milcheimern kämen.

Tags darauf führte er mich in die Käserei, wo ich mir von jedem, der hereinkam, jeweils eine Schüssel geben ließ, die ich dann in einem kleinen Topf abkochte. Sobald sie kochte, nahm ich sie vom Feuer und schüttete sie in den Käsekessel. Nach circa fünfzehn Proben kamen schließlich zwei kleine, dicke Gestalten mit jeweils einem Eimer herein, beide so um die fünfzig Jahre alt und Brüder, wie ich erfuhr. Ich versuchte, ihre mitgebrachte Milch zu kochen, aber sie kochte einfach nicht und lief auch nicht über, wie es sonst bei kochender Milch passiert.

Die beiden waren also der Grund für den verdorbenen Käse. Sie entrahmten die Milch und streckten sie mit Wasser, um so die Milchmenge zu erhöhen. Sie versuchten sich noch zu verteidigen und Ausreden zu erfinden, wurden aber schließlich unter üblen Beschimpfungen fortgeschickt. Im Fortgehen schaute mich noch einer der beiden böse an und brummte, dass er mir das noch heimzahlen werde. Aber der Padrone beruhigte mich, ich solle mir keine Sorgen machen, er würde sie schon zurechtweisen, falls sie etwas gegen mich unternähmen.

Nach der Milchgeschichte brachten mir der Padrone und die Käser neue Achtung entgegen, weil ich mich gut auf das Käsemachen verstand, und schlugen mir vor, ich könne gleich anfangen, in ihrer Käserei zu arbeiten, wenn ich wolle. Aber ich sagte Nein. Allein beim Wort »Käserei« bekam ich schon Kälteschauer, weil mich das an die Käserei von Erto erinnerte, wo ich mit Raggio gearbeitet hatte, und mit ihr, die mein Kind im Käselaib eingedickt hatte. Nein, ich wollte nichts mehr von Käsereien wissen. Wenn es darum ging, jemandem ab und zu aus Dankbarkeit zu helfen, dann tat ich das gern, aber keine Käsereien mehr in meinem Leben, von Milch, Käsereien und Käse hatte ich schon genug gehabt.

INZWISCHEN WAREN MEHR als drei Monate vergangen, dass ich in diesem Haus lebte. Die Frau und ich vertrugen uns gut, aber ich konnte den Frieden nicht wirklich genießen, denn im Innern trug ich dieses Geheimnis, das an mir fraß, wie der Hund den Knochen frißt. Nie mehr würde ich in meinem Leben Ruhe und Zufriedenheit finden.

Und so kam mir der Gedanke, endgültig fortzugehen mit meinem Karren, beladen mit Holzsachen, und meinem Kopf so voller Qualen wie der Karren voller Holz. Aber das waren keine leichten Qualen, wie die Hölzer von Damian Sgùima, meine wogen schwer wie Blei.

Ich dachte mir, bis nach Triest zu gehen und dort vielleicht zu bleiben, oder besser noch, ein Schiff zu besteigen und für immer vom Festland zu verschwinden. Vielleicht konnte ich so, weiter und immer weiter fort auf dem Wasser, um ein wenig den Hund vergessen, der mich an Land verfolgte und mir unentwegt, Tag und Nacht, mein Leben auffraß.

So entschied ich also plötzlich, diese Familie zu verlassen, die mir Brot und Bett gegeben hatte, mehr noch, wo ich eine Frau gefunden hatte, bei der ich mich wohlfühlte, bis auf den Umstand, dass ihr Leben schon an einen anderen gebunden war, und mir kein Leben in Frieden mehr vergönnt war. Denn auch ich war gebunden, aber nicht an die Güte einer Frau, sondern an den Strick der Verzweiflung, der Reue und der Angst, und von diesem Strick gab es keine Befreiung mehr, bis zu meinem Tod.

Ohne mich bemerkbar zu machen, fing ich an, meine Sachen zusammenzupacken, die wenigen Kleider, die ich hatte, die Strümpfe, die sie mir immer wusch, zwei, drei Hemden, die Decken und das Zelttuch zum Schutz, wenn ich im Karren schlief.

Während ich noch nachdachte, ob ich nachts oder am Tag aufbrechen sollte, mich verabschieden oder besser nicht, kam sie in den Stall herein, küsste mich und fragte mich mit so leiser Stimme wie meine Mama, wenn sie betete, was ich denn vorhätte, weil meine Sachen nicht mehr auf der Leine im Hof hingen. Ich antwortete ihr, dass ich eine längere Tour machen wolle, vielleicht bis nach Triest, und bei der Hitze Kleider zum Wechseln mitnähme. Aber sie glaubte mir nicht und fragte von Neuem, was für Absichten ich hätte. Überhaupt keine, erwiderte ich, denn ich würde von Augenblick zu Augenblick entscheiden, was ich zu tun und lassen hätte, und sie solle bitte nicht mehr fragen, denn ich würde machen, was mir richtig schien.

Ich war absichtlich so barsch, aber sie ließ sich nicht davon entmutigen und erwiderte, sie hätte mir etwas sehr Wichtiges zu sagen, womit sie aber bis zur Nacht warten wollte, weil ihr Mann dann inzwischen zu seiner Mutter nach Latisana aufgebrochen wäre. Die Aussicht, noch einige Stunden mit ihr zu verbringen, ließ mich die Abfahrt verzögern, und ich beschloss, zunächst noch im Stall zu bleiben, aber mit abfahrtsbereitem Karren, die Zugstangen nach vorn.

In diesem Moment wusste ich noch nicht, ahnte nicht einmal, dass ich nach dieser Nacht, und nach dem, was sie mir dann sagte, nicht mehr fortgehen würde. Denn mit dem, was sie mir sagte, nagelte sie mich wie Christus ans Kreuz, sodass ich nicht mehr fort konnte, Arme und Beine wie festgenagelt.

Bevor der Padrone dann am Abend nach Latisana aufbrach, fragte er mich noch, wie schon, als er nach Tarvisio die Kühe holen fuhr, ob ich mit ihm fahren wolle, er würde mich gern seiner Mutter vorstellen. Ich antwortete Nein, dieses Mal nicht, aber das nächste Mal ganz sicher, denn es würde mir am Herzen liegen, seine Mutter kennenzulernen.

ES WAR ANFANG JULI, als sie in dieser Nacht mit der Neuigkeit in den Stall kam. Draußen auf dem Dach rief die Eule. Die Eule bringt Unglück. In meinem Dorf sagt man, dass der Ruf der Eule den Tod ankündigt, aber in dieser Nacht verhieß die Eule von San Michele das Leben.

Sie kam gegen zwei, leise und leichtfüßig, wie der Lufthauch, der im Hof umging.

Sie setzte sich nah zu mir auf das Stroh, und nie hätte ich gedacht, dass sie mir sagen würde, was sie mir dann sagte. Sie streichelte mein Gesicht, beugte sich an mein Ohr und flüsterte, sie sei schwanger. Ich ging hoch wie die Milch auf dem Feuer. Und sie sei von mir schwanger, da sei sie ganz sicher, sagte sie, aber ich sollte keine Angst haben, es gebe nichts, wovor ich Angst haben müsse, denn keiner würde das Geheimnis erfahren, und alle würden denken, dass das Kind von ihrem Mann sei. Wie oft passierte es, fuhr sie fort, dass eine Frau auch Jahre nach dem ersten oder zweiten noch ein weiteres Kind gebäre? Viele Male, antwortete sie selbst, und das jetzt sei weder das erste noch das letzte Mal gewesen. Da kam mir Raggio in den Sinn, der auf die Welt kam, als seine Eltern schon zehn Jahre lang verheiratet waren und es miteinander machten. Dann dachte ich wieder an ihre Worte. Der Gedanke, dass ich endlich ein eigenes Kind haben könnte, nachdem mir schon zwei von ihren Müttern getötet worden waren, machte mich stark wie ein Berg und im selben Augenblick schwach wie ein frisch geborenes Kälbchen, und ich musste weinen, mit dem Kopf zwischen den Knien. Sie rückte noch näher und streichelte mir den Kopf, während ich weinte. Ich sagte ihr, dass ich mich sehr über diese Nachricht freue, und wenn sie etwas brauche, so sei ich immer da, um ihr zu helfen, wo ich könne. Sie antwortete, sie brauche nichts, denn zum Essen und Schlafen gebe es in diesem Haus selbst für zwanzig Kinder noch genug Platz, und das Einzige, was sie brauche, sei ich.

Sie sagte, mich auch nur hin und wieder zu sehen mache sie schon glücklich, es reiche ihr, zu wissen, dass ich da bin. Nach ihren Berechnungen müsste der Junge oder das Mädchen, was immer, um Mitte Januar zur Welt kommen, und ich dachte, das wäre dann im kältesten Monat, wie die kleine Neve, die in meiner Nähe zu weinen anfing, genau so, wie wenn Raggio ihr nahe kam.

Diese Neuigkeit mit dem Kind wirbelte alles in mir durcheinander, wie ein plötzlicher Windstoß, der ins Laub fährt, und riss mich mit, wie eine Lawine einen Baum mitreißt. Ein wenig schämte ich mich, und ein wenig war ich glücklich darüber. Ich schämte mich über mich selbst, denn wieder einmal hob ich hinterrücks die Axt gegen einen großzügigen Freund, indem ich mich auf seine Frau einließ und sie dazu noch schwängerte. Aber ich war auch ein wenig glücklich, dass dieses Kind geboren würde, weil wir zwei uns lieb hatten. Ich wenigstens hatte sie lieb gewonnen, und ich war mir sicher, dass auch sie das Gleiche empfand. Aber nach dem, was ich

Raggio angetan hatte, konnte ich nur für ein paar Minuten glücklich sein, denn ich wusste, in meinem Leben gab es keine Hoffnung mehr auf ein anderes Leben und auch keinen Platz mehr für schöne Dinge. Selbst wenn ich Raggio nicht umgebracht hätte, konnte ich trotzdem nichts mehr erhoffen, denn sie hatte ihre Kinder, ihre Familie, und ich wollte nicht noch einmal eine Familie zerstören.

Immerhin blieb mir die Freude, ein Kind zu haben, das schließlich auch geboren werden und weiterleben würde, es sei denn, es würde noch unversehens ein Unglück geschehen, wie manchmal bei frisch geborenen Kälbern.

Mir reichte es zu wissen, es gibt dieses Kind, das allein machte mich schon glücklich, und sollte ich es auch nur ab und zu sehen oder nur ein einziges Mal, es wäre schon gut. Dieses Kind würde es mir, selbst aus der Ferne, ermöglichen weiterzuleben, und das war für mich nicht wenig.

Kaum hatte sie mir gesagt, sie sei schwanger, beschloss ich, nicht mehr nach Triest aufzubrechen, sondern höchstens hier im Umkreis über die Dörfer zu ziehen, aber ich wollte immer wieder zum Gutshaus zurückkehren, um unbemerkt mitzuverfolgen, wie sich die Dinge entwickelten und vor allem sie mit ihrem Kleinen im Bauch.

Nach dieser Neuigkeit begann ich noch mehr zu trinken, und oft führte mich dann der Padrone zum Schlafen in den Stall, wenn er mich, zurück von irgendeiner Osteria, im Hof sitzend mit dem Kopf zwischen den Händen antraf. Während ich tagsüber, wenn ich nicht trank, ordentlich arbeitete, dem Padrone bei der Feldarbeit zur Hand ging, mithalf beim Melken, beim Versorgen der

Tiere, bei der Kontrolle der Weinberge. Selbst in der Käserei half ich aus, wenn sie mich dringend brauchten.

Aber ab und zu, vielleicht jeden dritten oder vierten Tag, nahm ich meinen mittlerweile fast leeren Karren, um eine Tour durch die Dörfer im unteren Friaul zu machen, denn das ruhige Dahingehen zwischen den Zugstangen schien mir zugleich auch die Gedanken fernzuhalten.

Im Gehen zwischen den Stangen versuchte ich an nichts zu denken und blickte über jene Ebenen, in deren endlosen Weiten sich die Augen verloren und die so reich an allen Gütern dieser Welt waren. Da dachte ich bei mir, wie arm und wild doch mein Dorf war, alles nur steil, karg und mager, einschließlich der Kühe, Ziegen und Menschen. Nur Schinderei und Elend gab es dort oben in Erto, aber mir gefiel diese Erde, wo ich geboren worden war, auch wenn sie karg und mager war und die Kühe Gerippe, die höchstens acht Liter Milch beim Melken gaben.

Dabei war es vorher, während des Krieges, noch schlimmer. Zum Glück wurde ich nicht an die Front gerufen, so konnte ich mich mit Holz und ein paar Tieren abgeben, sonst wäre ich dort oben vor Hunger gestorben. Und auch Raggio musste nicht in den Krieg. Ich kann mich erinnern, wie jene, die im Krieg gekämpft hatten, uns bei ihrer Heimkehr – viele kehrten eh nicht mehr heim – anmaulten, weil wir zwei noch einmal davongekommen waren, als wäre es unsere Schuld, dass wir nicht zum Krieg eingezogen wurden.

Am schlimmsten war es nach 1918, sich wieder hochzurappeln. Es gab nichts, man hatte nichts, nur ein paar abgemagerte Kühe, die man noch am Leben hielt wegen der Milch, ein wenig Butterschmalz und der Ricotta, der durch das übertriebene Entrahmen der Milch grasgrün und steinhart wurde, völlig gehaltlos. Zum Glück war der große Hunger nur von kurzer Dauer, die Leute fingen wieder an zu arbeiten, und ich und Raggio konnten mit der Käserei einigermaßen gut leben, zumindest gab es wieder für alle gerade genug zu essen.

ÜBER DAS AUSFAHREN ins untere Friaul und das Zurückkehren zum großen Haus war es Mitte Juli geworden. Ihr ging es gut, und eines Abends, als alle zum Essen am Tisch saßen, sagte sie, als wäre nichts, dass die Familie Zuwachs bekommen würde, weil sie seit mehr als zwei Monaten schwanger sei. Ich senkte den Kopf und hörte auf zu essen. Dem Padrone blieb im ersten Augenblick der Löffel in der Luft stehen, dann brummelte er ein wenig, weil sie es nicht schon früher gesagt hatte, doch setzte gleich hinzu, dann müsse man ja ein Fest für das Kind organisieren, das sich nun elf Jahre nach dem letzten ankündigte.

So wurde an diesem Abend ausgiebig gefeiert und getrunken, und auch die Frauen waren am Ende alle betrunken. Und als die Brüder des Padrone nach zwei großen Flaschen lauthals zu singen anfingen, sangen alle gleich mit. Ich sang, ehrlich gesagt, nur wenig, denn mit dem Singen kam mir sofort auch Raggio wieder in den Sinn, worauf ich dann schlagartig aufhörte, als hätte er mir die Zunge abgeschnitten. Doch einen Moment lang ließ mich das Wissen, ein Kind zu bekommen, singen und auch fröhlich sein, denn der Padrone schöpfte überhaupt keinen Verdacht, dass das erwartete Kind meins sein könnte. Aber die Geburt wurde erst im Januar erwartet, und bis dahin war es noch ein langer Weg.

Während die anderen noch sangen, dachte ich schon daran, fortzugehen und nur hin und wieder, höchstens zweimal im Jahr, zurückzukehren; so könnte ich dann, unter dem Vorwand, sie aus Dankbarkeit begrüßen zu wollen, einen Blick auf mein Kind werfen. Das war alles, was ich wollte, ab und zu das Kind sehen und fertig. Ich war sicher, es würde dieses Mal normal auf die Welt kommen, und die Aussicht, es dann wenigstens hin und wieder sehen zu können, hielt mich am Leben.

Aber dabei hatte ich nicht meine Sünden mit eingerechnet, so wenig wie den Fluch der alten Melissa.

20. Juli 1920. Draußen ist es sehr heiß, aber ich fühle Kälte, und ich spüre Schnee, überall Schnee. Ich bin nicht klug und habe nicht studiert, nur die vierte Klasse Grundschule abgeschlossen, doch zwei plus zwei kann ich auch zusammenzählen. Bisher wollte ich es nicht wahrhaben, und nach dem, was mir jetzt vor einigen Tagen passiert ist, weiß ich, dass ich nunmehr weder Zeit noch die Kraft dazu habe, mich zu retten. Bevor ich sterbe, will ich noch meine Geschichte erzählen, früher oder später wird jemand sie finden und dann wissen, was geschehen war. Ich wollte alles Don Planco erzählen, dem Priester aus Erto, der das Kind im Käselaib gefunden hatte, aber als ich ihn Weihnachten – jetzt weiß ich, es wird das letzte sein – aufsuchen wollte, sagten sie mir, dass Don Chino Planco für eine gewisse Zeit zu seinem Haus nach Sappada gefahren sei, um dort seine alten Eltern zu besuchen. Als Ersatz hatte man einen jungen Priester geschickt, der drei Tage nach seiner Ankunft im Dorf erhängt aufgefunden wurde. Er hing an einem Balken im Geräteschuppen eines Hauses, das man Buchi di Stolf nannte, und keiner hat je erfahren, ob er sich selbst erhängte oder ob es aus

irgendeinem Grund andere getan hatten, wobei man eher das Letztere denkt. Was auch ich glaube, denn einer aus Soprafuoco sagte mir, dass jener Priester die Kinder betatschte, und wer hier oben bei uns ein Kind anfasst, dem gnade Gott. Also konnte ich nicht bei Don Chino beichten, weil er an diesem Tag abwesend war und ich nur ihn wollte. Am folgenden Tag wollte er für die Beerdigung des Erhängten zurückkommen, und ich hätte auch auf ihn warten können, aber dann packte mich die Angst, und ich beschloss, niemandem mehr irgendetwas zu erzählen, auch nicht Don Chino. So kehrte ich ins untere Friaul zurück, denn von jetzt an wollte ich nur mehr den Mund halten. Heute bin ich von Neuem hier in meinem Dorf, für einige Tage, nein, die letzten Tage. Jetzt ist zwar auch der Priester da, aber nun fehlt mir jede Kraft, ihm noch etwas zu sagen, lieber schreibe ich nun die ganze Wahrheit in dieses Heft, welches ich mir besorgen ließ vom Padrone des Hauses in San Michele al Tagliamento, wo ich schlafe, esse, trinke und bei der Feldarbeit helfe.

Bald wird der Januar kommen und mein Kind geboren werden, und wieder einmal werde ich es nicht zu Gesicht bekommen.

Ich werde es nicht sehen, weil ich beschlossen habe, nicht mehr leben zu wollen, nach dem, was ich am 19. dieses Monats Juli gesehen habe.

Am 19. war ich vom großen Gutshaus aufgebrochen, um eine Tour mit meinem fast leeren Karren zu unternehmen. Nachdem sie mir gesagt hatte, sie sei schwanger von mir, besuchte ich oft die Dörfer im Umkreis, um mich selbst loszuwerden, weil ich, wie gesagt, zwar auch ein wenig glücklich war über das Kind, zugleich aber jagte das Leben mir eine schreckliche Angst ein.

Ich fühlte mich ganz entmutigt und erschlagen von Gewissensbissen für das, was ich Raggio angetan hatte. Und dazu doppelt verzweifelt im Wissen, dass ich mir nicht die geringste Hoffnung machen konnte, jemals mit ihr zu leben. Sie hatte ihre Familie, zwei Kinder, bald drei, ihren Ehemann und alle Verwandten und Schwager, wie konnte ich da erwarten, dass sie bei mir bliebe. Aber auch wenn sie es gewollt oder gekonnt hätte oder mit mir irgendwohin hätte fliehen wollen, ich selbst hätte es nicht gewollt, weil ich schon einmal eine Familie zerstört hatte, und sicher würde ich nicht noch eine weitere zugrunde richten. Einmal kann das ja passieren, aber kein zweites Mal. Und dann waren da immer diese Gewissensbisse, die mir unentwegt sagten, es sei mir verboten, Pläne zu machen. Dabei blieb mir immerhin noch die kleine Freude, ein Kind zu haben, und das reichte mir, um mich durch die Tage zu geleiten.

Mit solchen Gedanken im Kopf zog ich meinen Karren an diesem 19. Juli in Richtung auf das Dorf Camino al Tagliamento.

Es war so heiß, dass einem der Atem stockte, und immer wieder hielt ich am Straßenrand, um mir den Schweiß abzuwischen. Ganz langsam erreichte ich schließlich das Dorf. Ringsum war alles wie ausgestorben, bis auf ein paar vereinzelte Bauern, die Pfeife rauchend vor der Tür saßen. Schon einmal war ich durch Camino al Tagliamento gekommen, hatte mich da aber nur kurz aufgehalten, gerade so lange, um in einer kleinen Osteria am Ortsplatz ein Viertel Wein zu trinken.

An diesem Tag, dem 19. Juli, stellte ich den Karren auf einem kleinen Platz ab, lud mir einige Nudelhölzer und Salzstößel in den Korb und begann meine Tour durch das leere Dorf, in dem bei der großen Hitze alle zu schlafen oder tot zu sein schienen.

Es wird wohl gegen zwei Uhr Nachmittag gewesen sein. Da die Leute, wenn ich rief, nicht aus ihren Häusern kamen, ging ich selbst hinein, um zu sehen, ob nicht irgendeine gute Seele mir ein Nudelholz oder einen Salzstößel abkaufen würde. Vor allem aber suchte ich die Kühle der Häuser, und ich wechselte gern ein paar Worte mit den Leuten, die sich etwas Ruhe nach der Feldarbeit gönnten.

Ich beneidete diese Menschen, die nicht meine Gedanken hatten, denn sie hatten sicher niemanden getötet und wurden daher auch nicht von solchen Gewissensbissen gequält, die mich wie Hunde von innen her auffraßen. Gewiss kannten auch sie Reuegefühle, aber nicht, weil sie einen Menschen, der dazu ein Freund war, getötet hätten. Zumindest hoffe ich das.

Wie schön wäre es gewesen, die Zeit zurückdrehen zu können bis vor jenen vermaledeiten 30. September, als ich noch nicht das getan hatte, was ich dann tat. Wenn es einem gut geht, sollte einem dieses Gefühl teuer genug sein, um es zu schützen und zu bewahren. Aber wenn es einem gut geht, ist man sich dessen nicht bewusst, bis etwas geschieht, was es uns begreifen lässt.

Doch dann ist es schon zu spät, und es gibt kein Zurück mehr. Man müsste sofort erkennen, dass man besser keinen Schritt in eine Richtung macht, von der es keine Rückkehr mehr gibt. Und das macht den Schmerz im Leben aus: zu wissen, dass man das Glück in den Händen hielt, es dann für eine unbedeutende Sache wegwarf und es nun nicht mehr zurückkommt.

Und dabei muss ich jetzt auch an meinen Bruder Bastianin denken. Musste er nach Jahren noch den aus Valdapont umbringen? Hätte er es nicht einfach gut sein lassen können und alles vergessen? Seine Arbeit tun, frei und Herr seines Schicksals? Nein, er musste den töten, der seine Geliebte mit der Tollkirsche vergiftet hatte, und jetzt saß er in Udine im Gefängnis, und sicher voller verzweifelter Reue.

In meinem Fall war es allerdings anders, ich musste mich verteidigen, doch schließlich war ich selbst der Grund dafür, denn hätte ich nicht die Geschichte mit seiner Frau angefangen, dann hätte Raggio mir auch nichts getan, im Gegenteil, er mochte mich ja gern. Und es ist auch kein Trost, zu denken, dass seine Frau ihn mit dem Knollenblätterpilz getötet hätte, wenn ich ihm nicht die Tollkirsche verabreicht hätte. Aber schließlich kam es ja auf das Gleiche heraus, ich hatte ihm nur eine Zeit lang das Leben verlängert, um ihn dann doch zu töten. Vielleicht wäre es immer noch besser gewesen, hätte sie ihn mit dem Knollenblätterpilz umgebracht, dann wäre meine Seele jetzt ruhig.

Aber nicht wirklich, wenn ich wüsste, dass sie ihn aus dem Verkehr gezogen und ich sie nicht davon abgehalten hätte. Ich hätte Raggio warnen können, dass sie ihn umbringen wollte, ihm sagen »Pass auf!«, aber dann wäre alles herausgekommen. »Wie sollte ich das wissen?«, hätte Raggio dann gefragt. Am Ende, dachte ich, war es doch richtig, ihm die Tollkirsche zu geben, um hier und da noch etwas zu retten.

Verfluchter Tag, an dem ich dieser Hurenschlampe gefolgt bin.

IRGENDWANN ENTDECKTE ICH DANN in einer Seitengasse, wo keine Menschenseele anzutreffen war, eine offene Osteria. Die Hitze ließ einen kaum atmen, auch wenn ich mir schon das Hemd aufgeknöpft und die Hosen bis über die Knie hochgekrempelt hatte. Umso willkommener war mir daher diese Osteria in Camino, wo ich einen halben Liter Wein, jenen frischen Weißen, den sie hier so gut machen, trinken konnte, weg von der Sonne, die wie aus Eimern voll Feuer auf mich niederbrannte.

Wenn ich geahnt hätte, was ich da drinnen dann sehen sollte, wäre ich nie durch diese verfluchte Tür gegangen, nicht einmal für alles Geld, alle Schätze und alles Gold dieser Welt.

Kaum im Gastraum, stellte ich meinen Korb in eine Ecke, setzte mich auf eine Bank und bestellte einen halben Liter Weißen beim Wirt, der hinter der Theke saß, um die fünfzig Jahre alt, mit großem langem Schnurrbart und einem Strohhut auf dem Kopf. Niemand sonst befand sich im Raum, außer uns beiden und einer kleinen lederhäutigen Alten, die ganz verdreht auf einem Stuhl saß und schnarchte, was sich dann eher wie das Schnurren einer Katze anhörte. Der Wirt nahm einen Krug und begann den Wein aus einem Fass auf der Theke zu zapfen, während ich mir unterdessen die Osteria genauer anschaute.

Und da sah ich ihn, und mir blieb das Herz stehen. Erst blieb es stehen, dann fing es an zu rasen, und mir wurde so schwindlig, dass ich fast von der Bank fiel.

Am Anfang konnte ich es nicht glauben, ich wollte nicht glauben, dass er es tatsächlich war. Ich dachte, es würde ihm ähneln, aber wäre es nicht wirklich.

Doch er war es genau.

Ich stand auf, konnte mich aber kaum auf den Beinen halten und kippte fast zur Seite, während ich näher heran ging, um besser sehen zu können. Als ich bis auf einen halben Meter an die Wand herangekommen war, reckte ich den Kopf, um ganz sicher zu sein, und da musste ich mich auch schon an der Theke festhalten, um nicht auf den Boden zu fallen, denn meine Beine waren nur noch Ricotta.

An der Wand vor mir, eine gute Handbreit neben dem Gang hinter die Theke, hing, quer an zwei Nägeln befestigt, der Stab von Raggio. Mehrmals schaute ich genau hin, weil ich mich immer wieder davon überzeugen musste, ich wollte nicht wahrhaben, was ich da sah, nach so langer Zeit, am liebsten hätte ich mir gleich einen Kopfschuss gegeben.

Doch ich musste mich damit abfinden.

Es war der Stock von Raggio.

Er sah ein wenig abgenutzt aus und so verwittert, als wären Unmengen Wasser auf ihn niedergegangen, aber er war es wirklich, und unter den Tierköpfen, der Krone, dem Adler, der Gämse und den Blumen war noch sehr gut sein Name zu lesen: Raggio Martinelli. Ich weiß nicht, ob der Wirt es merkte, aber ich musste mich sofort hinsetzen, weil mir schwindelte. Und während mir das Herz noch bis zum Hals herausschlug, starrte ich weiter diesen Holzknüppel an. Der Adler hatte einen abgebrochenen Schnabel, und auch die Hörner der Gämse waren abgebrochen, wohl alles durch den Höllensturz in die Foiba von Cornetto hinunter. Dagegen war der Vipernkopf ganz unversehrt geblieben, und nur die Hand, die ihn mit einem Stein zerquetschte, war abgebrochen. Abgebrochen und weggekratzt, als hätte am Ende die Viper über den gesiegt, der sie töten wollte.

Ich zitterte am ganzen Körper und schwitzte kalten Schweiß, denn an der Wand hatte ich meinen eigenen Tod gesehen. An diesem Punkt merkte es auch der Wirt und fragte mich, was mir fehle, dass es mir so schlecht ginge. Leise brummend antwortete ich, es sei vielleicht ein Hitzeschlag gewesen, und er möge mir doch den Wein bringen, dann wäre alles wieder gut. In zwei Zügen hatte ich den halben Liter ausgetrunken und bestellte gleich einen weiteren Halben. Dabei fixierte ich den Stock, als wäre es der Teufel selbst, herausgefahren aus der Hölle, um mich mitzunehmen. Zwar merkte der Wirt, dass ich unentwegt an die Wand mit dem Stock starrte, er sagte aber nichts. Als mich schließlich der zweite halbe Liter ein wenig beruhigt hatte, fragte ich den Wirt ganz naiv, wer wohl diesen so gut gearbeiteten Stock gemacht habe, und ich merkte, wie meine Stimme und auch meine Hände dabei zitterten. Der Mann setzte sich, ebenfalls mit einem Krug in der Hand, neben mich und erzählte, sein Neffe habe ihn am Kiesufer des Tagliamento gefunden, während er dort zum Fischen mit Freunden unterwegs war. Ich verzog keine Miene und sagte nichts, aber dachte gleich, dass ich jetzt so gut wie tot sei, denn der Stock war mich holen gekommen. Vom Grund der Foiba des Cornettobergs war er mit den unterirdischen Höllenströmen durch die schwarzen Schläuche der Erde bis hier unten ins untere Friaul gekommen, nach Camino am Tagliamento, nah der Grenze zu Venezien, und hatte mich gefunden. Während er sprach, war der Wirt aufgestanden und hatte den Stock von der Wand genommen, um ihn mir aus der Nähe zu zeigen, aber ich fasste ihn nicht an, lieber wäre ich gestorben. Er schien mir so glühendheiß wie jene Eisen, welche Bastianin im Schmiedefeuer weiß werden ließ.

Ich zitterte um mein Leben, als ich den Stock so dicht vor mir sah, und es war bereits das Herz eines Toten, das in mir schlug. Ich wagte sogar, »schön« zu sagen, während der Wirt sich laut fragte, wer dieser Martinelli Raggio sein könnte, der ihn verloren hatte, und wo er jetzt wohl wäre. Und er vermutete, dass er vielleicht einem Hirten gehörte, der im Winter hier durchzog, denn in der schlechten Jahreszeit überwinterten hier gern die Schafhirten.

Armer Wirt, wenn er gewusst hätte, wie gut ich den Herrn dieses Holzprügels kannte, wenn er die ganze Geschichte von Raggio und mir wüsste, vom Tod, der an meiner Seite ging und sich dabei auf diesen Stock stützte!

Aber auch wenn ich ihm die Geschichte erzählt hätte, er hätte sie nicht geglaubt.

Da er den Stock weiter so dicht neben mir in der Hand behielt und ich immer noch zittern musste, sagte ich ihm schließlich, er könne ihn ruhig wieder an die Wand zurückhängen, denn er würde mich nicht mehr sonderlich interessieren. Also hängte er ihn wieder an seinen Platz zurück, und da das Zittern und Schwitzen nicht aufhörte, sagte er mir von Neuem, es müsse mir ja wirklich schlecht gehen, und gab mir noch ein wenig mehr Wein.

Ich trank den restlichen Wein aus, zahlte die Rechnung, nahm meinen Korb und ging zur Tür nach draußen. Der Wirt schickte mir noch nach, ich solle mich ausruhen gehen, denn ich sähe wirklich schlecht aus. Beim Zahlen hatte er gesehen, dass meine Hände wie Blätter im Wind zitterten und mein Gesicht so weiß war, dass Schnee dagegen schwarz aussieht. Das waren jedenfalls seine Worte, und er wiederholte noch einmal, ich solle mich ausruhen gehen, ich sei ja so weiß, dass einem angst und bange würde.

Ganz langsam kehrte ich zum Hof des Padrone nach San Michele zurück, und kaum war ich mit dem Karren durch das Tor, kam sie mir entgegen und bemerkte gleich, dass ich nicht mehr recht bei mir war. Sie fragte, was geschehen sei, und ich erwiderte, dass vielleicht ein Sonnenstich mich so blass und schwach aussehen ließ. Der Padrone riet mir, mich ins Bett zu legen, aber ich brauchte kein Bett, mir reichte das Stroh im Stall, um mich wieder zu erholen.

Nur um einen Gefallen bat ich ihn, ob er mir nicht zwei, drei Schulhefte besorgen könnte, denn ich wollte gerne einige Dinge aufschreiben, die mir durch den Kopf gingen und die ich nicht vergessen wollte. Er ging ins Haus und kam kurz darauf mit einem großen, schwarzen Heft zurück, welches, wie er mir erklärte, in der Käserei zum Buchführen dient. Er wollte mir auch einen Bleistift dazugeben, denn ohne Bleistift wäre das Heft ja unnütz, aber ich hatte selbst auch einen, mit dem ich die Preise auf die Holzsachen schrieb. Und so bedankte ich mich bei ihm und ging sofort in den Stall, um alles wahrheitsgemäß aufzuschreiben, denn ich wollte mich von meiner inneren Last befreien, bevor ich tun würde, was ich tun musste. Fast ohne zu schlafen schrieb ich zwei Tage und Nächte in das Heft, wie alles gewesen war, oder besser, was alles geschehen war in meinem Leben, in dem von Raggio, von seiner Frau und all denen, die um mich herum gewesen waren.

Dann beschloss ich, eine Zeit lang in mein Dorf zurückzukehren, um es noch ein letztes Mal zu sehen, denn danach wollte ich nicht mehr dahin zurück, wo die Erinnerungen nur zu sehr schmerzten.

Nirgendwo würde ich mehr hingehen, nur noch in die Hölle.

Ganz langsam bin ich dann zurück hochgewandert, und in den Pausen schrieb ich weiter ins Heft.

Jetzt sitze ich hier in meinem Haus in Erto vor meinem Heft und schreibe die wahre Geschichte über den Tod von Raggio zu Ende, und auch über meinen eigenen Tod, wie ich ihn ja jetzt in Form des Stocks, befestigt mit zwei Nägeln an der Wand in der Osteria von Camino al Tagliamento, gesehen hatte. Dieser Stock war gekommen, um mir den Tod zu bringen. Raggio hatte recht gehabt, als er mir sagte, dass er mich mit dem Stock noch töten würde.

Heute ist der 25. Juli, ich habe drei Tage gebraucht, um von San Michele hier herauf zu meinem Haus in Erto zu kommen, aber Zeit hat nunmehr keine Bedeutung für mich. Ob ich drei oder zehn Tage brauche, ist unwichtig, wichtiger ist, so schnell wie möglich die Wahrheit zu Ende aufzuschreiben, weil ich schon spüre, dass sich unter meinen Füßen die Erde auftut und mein Leben hinunterzieht, wie die Lawine den Baum mit sich reißt.

Auch wenn es Juli ist und heiß, mein Haus habe ich kalt und schimmelig vorgefunden, und im Garten liegt Schnee. Da dachte ich, es lässt sich auch Leben in dieses Haus bringen. Und so machte ich, um wieder für etwas Trockenheit und Leben zu sorgen, im Kamin Feuer und öffnete Türen und Fenster, um die Sonne hereinzulassen, genau wie unsere trunksüchtige Tante, die immer Feuer machte und die Türen öffnete.

Auch ging ich die Freunde besuchen, vor allen anderen Paol dal Fun Filippin, der mich sofort nach meinem Befinden fragte, weil ich so schlecht aussähe. Dann fragte er, wie es meinem Bruder Bastianin ginge, der in Udine im Gefängnis saß. Ich wusste nichts von Bastianin, und so sagte ich Paol auch, dass ich keine Neuigkeiten von meinem Bruder hätte, seitdem sie ihn eingesperrt hatten. Paol berichtete, dass die Käserei gut ging und er sehr zufrieden sei, und wenn ich nicht gewesen wäre, hätte es für ihn und seine Familie schwarz ausgesehen, und am liebsten würde er aus Dankbarkeit den Boden küssen, auf dem ich gegangen war. Ich erwiderte, er solle besser nirgendwo hin küssen, das diene zu nichts, und ich sei glücklicher als er selbst, wenn es ihm gut ginge. Und als machte ich mir wirklich Sorgen, fragte ich ihn noch zum Schein, ob er Raggio irgendwo gesehen hätte, und er gab mir zur Antwort, was ich eh schon wusste, dass ihn nämlich niemand mehr im Dorf gesehen hatte.

Ich verabschiedete mich von Paol dal Fun und ging noch auf einen Sprung zu Felice Corona Menin, vor allem, um zu sehen, ob die kleine Neve immer noch weinte, wenn ich in ihre Nähe kam. Sie weinte. Ich stand noch in der Tür, da fing sie an zu schreien, als würde man ihr mit der Hippe den Kopf abschneiden, und so musste ich Felice von draußen begrüßen. Da sagte er zu seiner Frau, sie solle doch ein wenig mit der Kleinen spazieren gehen, dann bat er mich herein und fragte mich, was es Neues gab.

Wir sprachen über dies und das, und auch er fand, dass ich gar nicht gut aussah. Dann fragte ich noch zum Schein, ob er Raggio gesehen hätte, und wie schon Paol dal Fun, gab er zurück, er wüsste nicht, seit wie vielen Monaten er ihn nicht mehr gesehen hatte.

Wir sprachen noch ein wenig über alles Mögliche, und am Ende sagte ich, es tue mir leid, dass Neve immer weinen musste, wenn sie mich sah. Dann kehrte ich in mein Haus zurück, um mein Schicksal weiter im Milchheft aufzuschreiben. Denn jetzt wurde mir alles immer klarer, und so wusste ich auch, welches Schicksal mich erwartete.

JETZT SITZE ICH HIER am aufgeklappten Ecksekretär und schreibe Zeile für Zeile, genau wie damals zu meiner Schulzeit, als ich hier am selben Platz saß, um die Hausaufgaben zu machen, und meine Mama saß dann dort vor dem anderen Eckschrank und versuchte noch etwas von mir zu lernen, weil sie weder lesen noch schreiben konnte. Vor mir oben auf dem Sekretär steht noch der Milchbottich, den meine Tante dort hingestellt hatte, mit der Aufschrift von Maddalena Mora am Boden: »Wer tötet, muss sich selbst töten«, hatte meine Meisterin geschrieben. Auch die Hochzeitsringe meiner Mama und meines Vaters lagen noch da. Ich nahm sie und ging mit ihnen vor das Haus, wo ich einen Stein aus der Hausmauer herausnahm, sie dort hineinlegte und den Stein dann wieder zurück an seinen Platz setzte. Mit einem Mal wurde mir jetzt alles klar, ich hatte es zwar auch vorher schon gewusst, nur war es so offensichtlich, dass ich nicht den Mut hatte, es mir einzugestehen. Vorher jedoch hatte ich noch ein wenig gehofft, wollte noch warten, um klarer zu sehen, Zeit vergehen lassen, um mich dann vielleicht selbst überzeugen zu können, dass ich mich irre. Doch ich irrte mich nicht: Der Tod von Pilo dal Crist Corona, Jacon de Arcangelo Zoltan, Toni della Val Martin und Piare Stort de Narmo war kein Zufall. Sie alle waren die Schnitter, welche die alte Melissa aus dem Weg räumten, weil sie sich das Übernachten in ihrer Höhle am Palazza gegen Gold aufwiegen ließ.

Und wenn ich mich recht erinnere, sagte mir de Narmo eines Tages, dass diese Schlampe von Melissa jetzt ein kühles Plätzchen gefunden habe. Aber innerhalb kurzer Zeit starben die Schnitter dann alle. Pilo rutschte in einen Abgrund, Jacon de Arcangelo wurde von einer Viper gebissen, Toni della Val vom Blitz erschlagen, und Piare Stort schnitt sich mit der Sense die Schlagader im Bein auf und verblutete. Nach all diesen Vorfällen wunderte ich mich nicht wenig, dass mir und Raggio nie irgendetwas Schlimmes zugestoßen war, denn ehrlich gesagt, so ganz unbeteiligt waren wir an der Sache auch nicht gewesen.

Und bevor ich weiter fortfahre, möchte ich dazu jetzt ehrlich und rundheraus etwas beichten, denn nun habe ich nichts mehr zu verlieren.

Ja, ich und Raggio, wir hatten die Idee, die alte Melissa umzubringen. Wir haben den vier Schnittern gesagt, dass diese verfluchte Hexe ein für allemal aus dem Verkehr gezogen gehört. Worauf sie, ohne uns etwas zu sagen, die Alte verschwinden ließen, und keiner hat jemals erfahren, wo sie sie hinuntergeworfen haben, nicht einmal uns sagten sie es. Nur de Narmo machte noch kurz vor seinem Tod die Andeutung, dass die Schlampe es jetzt schön frisch hätte, aber mehr sagte er nicht. Sicher haben sie sie in eine der zwei Kilometer tief abstürzenden Felsrinnen auf der Schattenseite des Palazza gegenüber vom Cadoreberg geworfen. Und unten ist sie dann wahrscheinlich im Sturzbach Montina gelandet, auf der Seite von Lavestra. Das hat Piare Stort vielleicht gemeint, als er davon sprach, dass die Schlampe es jetzt kühl habe. Aber nicht nur die vier waren für den Tod der Alten verantwortlich. Ich glaube, auch Zulin Cesto ist schuldig, weshalb er sich wohl tatsächlich erhängte während der Karfreitagsprozession. So wie auch Carle dal Bus dal Diaul, der sich mit seinem Haus anzündete und verbrannte. Und auch Jacon Piciol, der im Eis erfror.

Oft schon habe ich mich gefragt, warum alle ins Verderben gestürzt wurden und nur mir und Raggio nichts passierte. Denn im Grunde war es ja unser Plan gewesen, die Alte zu töten. Jetzt frage ich mich nicht mehr, denn ich weiß, warum.

Mein Leben ist nichts mehr als ein zittriges Blatt, und ich frage mich nicht mehr.

Die alte Hexe Melissa hatte uns alle verflucht, auch mich und Raggio. Aber während sie die anderen gleich sterben ließ, weil sie die ausführende Hand dabei waren, nahm sie sich bei uns, die wir der Kopf dabei waren, mehr Zeit, um es uns nur erst ganz langsam heimzuzahlen.

Sie wollte ihre Rache auskosten, indem sie uns nach und nach der schönsten Dinge beraubte, und uns so gegeneinander aufbrachte, dass ich selbst meinen Freund umbrachte. Die Schlampe, tausendfache Schlampe. Und jetzt hatte sie auch noch diesen vermaledeiten Stock hervorgezaubert, um es mir weiter heimzuzahlen. Aber ich werde ihr nicht zum Sieg verhelfen, werde nicht zulassen, dass sie ihre süße Rache auf meinem Rücken austrägt, denn ich bin entschlossen, mich umzubringen. Doch genauer besehen, bleibt sie auch so immer noch die Siegerin. Wenn ich mich töte, hat sie gewonnen, denn dann hat sie mich endgültig ausgeschaltet, und wenn ich weiterlebe, lässt sie mich endlos leiden und hat immer noch gewonnen.

Daher eins von beiden, besser sterben als leiden. Und außerdem bin ich jetzt sicher, dass sie wieder unter uns auf dieser Welt ist, wiedergekehrt als Geist im Mädchen von Corona Felice Menin. Deswegen schreit die kleine Neve immer, wenn ich in ihre Nähe komme. Und auch bei Raggio fing sie immer verzweifelt zu weinen an. Sie weiß, das es unser Plan war, sie zu töten. Und dazu spürt sie überhaupt keine Kälte, vielleicht gerade deshalb, weil sie von jenem eiskalten Ort herkommt, den Piare Stort de Narmo meinte, als er mit leiser Stimme sagte, dass die Schlampe es nun kühl habe.

Tausend Mal Verfluchte, es reichte ihr nicht, uns unserer Leben zu berauben und denen den Tod zu bringen, die sie umgebracht hatten, sie musste noch als Geist in dem Mädchen Neve wiederkehren. Zum Glück tut sie diesmal nichts Böses, sondern Gutes, denn Neve heilt die Menschen, aber nur die wirklich Gottgläubigen, wie sie auch den elfjährigen kleinen Matteo heilte. Vielleicht bereute sie in der anderen Welt ja schon alle ihre Rachezüge, und so schickte Gott sie von Neuem auf die Erde, um etwas Gutes zu tun. Aber vor mir hatte sie Angst, weil schließlich der Plan, sie zu töten, von mir und Raggio stammte. Deshalb weinte sie jedes Mal so verzweifelt, wenn ich in ihre Nähe kam. Aber ich glaube nicht, dass die Kleine böse ist. Ihre einzigartige Kraft rührt ja vom Geist der alten Melissa, die jetzt in Neve gut und gerecht geworden ist. Zu Lebzeiten ließ sich die Alte das Übernachten in ihrer Höhle teuer bezahlen, als Tote hatte sie uns nun für unsere Sünden teuer zahlen lassen. Dann versteckte sie sich für immer in ihrem unbekannten Grab. Aber etwas von ihr ist in der Seele der Kleinen auf die Welt zurückgekehrt, wie um den Leuten nach all dem Bösen am Ende auch etwas Gutes zukommen zu lassen.

Manchmal erlaubt Gott es den Toten, zurückzukehren und den Lebenden zu helfen. Und vor mir hat Neve Angst, weil sie weiß, dass ich der Erfinder ihres Todes gewesen bin. So wenigstens sehe ich es. Heiliger Gott, hilf mir, dass ich bald Schluss machen kann.

Heute werde ich noch ein paar Seiten schreiben, aber morgen breche ich wieder auf, hinunter nach San Michele al Tagliamento, um den Padrone und alle meine anderen Wohltäter zu grüßen. Vor allem aber sie, die mein Kind im Bauch trägt, geschützt vor Unwettern und Schmerzen, bis es selbst das Tageslicht dieser missratenen, schlechten und verfluchten Welt erblickt.

Heute habe ich auch einen Rundgang durch mein Dorf gemacht. Noch einmal bin ich die Wege meiner Kindheit gegangen, sah vor meinem inneren Auge noch einmal mein Leben vorüberziehen, sah meine Eltern, die tägliche Arbeit, die Schinderei, die Alten und dann die Jungen in meinem Alter; alle sind wir aufgewachsen hier an diesem Ort, der für mich heute so ohne Leben ist. Aber er ist so ohne Leben, weil wir selbst inzwischen abgestorben sind, ohne Leben und ohne Herz, ich als Erster.
 Das Dorf trägt daran keine Schuld, ist immer noch wie damals, schön, grün und voller Bäume, es sind die Leute, die sich mit der Zeit ändern, und fast immer zum Schlechten.

Ein letztes Mal bin ich auch zu Gioanin de Scàndol in seine Sägerei unten am Vajont gegangen, um mich von ihm zu verabschieden. Wie immer saß er da und schaute auf das rauschende Wasser, während die Säge, von den Mühlschaufeln angetrieben, ganz langsam einen Stamm durchschnitt, gerade genug, damit es für eine Mahlzeit und den Liter Wein am Tag reichte.

Als Scàndol mich sah, fragte er mich ruhig, wie es der Welt da draußen ergehe. Ich antwortete, draußen sei es mal schön und mal hässlich, mancherorts gebe es Reichtum und mancherorts Armut, aber der schönste und reichste Ort sei dort, wo man geboren und aufgewachsen ist, auch wenn da nur Elend herrscht. Warum ich dann fortgegangen sei, wenn mein Geburtsort mir so gefiele, fragte er, ohne die Augen vom Wasser abzuwenden. Um ein wenig Geld zu verdienen, erwiderte ich, aber bald würde ich für immer heimkehren. Man brauche nicht viel Geld zum Leben, sagte er, wenn ich es vierzig Jahre lang ausgehalten habe, ohne wegzugehen, dann könnte ich auch für weitere vierzig zu Hause bleiben, ohne in die Fremde zu gehen. Außerdem würden die Leute aus anderen Gründen ihre Heimat verlassen, nicht aus Geldnot, doch eigentlich interessiere es ihn gar nicht, warum ich wegging, aber schade sei es schon.

Beim Wasser sei das ähnlich, sprach er weiter mit unverändertem Blick auf den Vajont, wenn du ihm mit den Augen nach Westen hin folgst, fließt es fort, schaust du aber nach Osten, dann kommt es zurück. »Schlimm ist es, wenn du es direkt vor dir siehst und es im Nu schon blitzschnell weitergeflossen ist, ohne dass du es anhalten kannst. Genau so ist es mit uns«, sagte Gioanin de Scàndol, »da kommen wir an, gehen an jemandem vorbei, und schon sind wir schnell wieder fort, wie dieses Wasser, und wer uns vorbeigehen sah, bleibt traurig zurück. Doch auch wer traurig zurückbleibt, geht seinerseits an jemand anderem vorbei, der dann auch wieder traurig zurückbleibt; so ist das Leben ein endloses Vorbeigehen.« Bei diesen Worten nahm er einen kleinen Stein und warf ihn in den schnell vorbeifließenden Vajont.

Da musste ich weinen, nicht eine Minute länger konnte ich an diesem Ort bleiben, so voller Wahrheit und Traurigkeit. Und während ich Gioanin noch zum Abschied umarmte, fragte er, ob ich nichts über Raggio wüsste. Ich antwortete, dass ich ihn seit der Rauferei am 30. September nicht mehr gesehen hätte. »Früher oder später wird er schon auftauchen«, erwiderte er kurz.

Ich sagte ihm nicht, dass sein Stock bereits aufgetaucht war.

Der Rückweg hoch ins Dorf führte mich an der Schmiede meines Bruders vorbei, die ebenfalls am Ufer des Vajont lag. Alles war zugesperrt und verlassen, und das Wasser lief über das still stehende Mühlrad, das zu besseren Zeiten noch den Eisenhammer auf und ab bewegt hatte. Ich machte eine Runde um das Haus, wo jetzt überall die Brennnesseln wuchsen, dann ging ich weiter. Und ich fragte nicht einmal nach, warum der Bursche, dem ich doch zuvor die Schlüssel geben ließ, die Schmiede meines Bruders nicht in Betrieb genommen hatte.

Tags darauf ging ich noch vor meinem Aufbruch ins Friaul zum Friedhof, um die Toten zu grüßen. Ich sprach das *Requiem* an den Gräbern meiner Freunde, denen der Schnitter, die durch die alte Melissa starben, und schließlich noch an dem von Jacon Piciol, der in einem Fass beerdigt wurde, weil man ihn nicht vom Eis befreien konnte. Dann ging ich zu meinen Lieben, meinem Vater, meiner Mama, den guten und unglücklichen Tanten und zu Maddalena Mora, die sich im Stall erhängt hatte. Und ich besuchte den Limbus, wo die ungetauften Kinder begraben lagen und wo auch meins war, nachdem es schon einmal in einem Käse begraben worden war. Dann schließlich war es genug, und ich entfernte mich von diesem Totenort, wo auch ich bald enden würde.

AM 26. JULI BIN ICH NOCH bei Dunkelheit frühmorgens von Erto aufgebrochen, denn ich wollte keine Bauern treffen und sie grüßen müssen. Auf dem Pass San Osvaldo, als es anfing zu dämmern, begegnete ich dann doch schon einem aus Cimolais, der zum Mähen auf der Hochweide von Galli, unterhalb der Lodinascharte, unterwegs war und mich grüßte. Ich kannte ihn, denn viele aus Cimolais stammen aus dieser Gegend. Er fragte mich, wo ich schon so früh mit dem Tragkorb hinginge. Ich erwiderte, dass ich Holzwaren im unteren Friaul verkaufen wolle. Dann würden wir uns ja im November wiedersehen, sagte er darauf, denn im November kehrten die fahrenden Händler aus dem Friaul zurück. Er konnte nicht ahnen, und ich sagte auch nichts, dass er mich weder im November noch je sonst wiedersehen würde.

Unter Tränen verließ ich meine Gegend, so wie man die Tür hinter sich schließt, wenn man ins Ausland geht, und nach zwei Tagen war ich von Neuem im großen Haus in San Michele al Tagliamento.
    Jetzt sitze ich hier im Stall und schreibe weiter meine Geschichte ins Heft, die nun fast am Ende ist, wie das Heft und der Bleistift.
    Dann ist sie zu mir gekommen und gleich erschrocken über mein abgemagertes und unverändert weißes Gesicht:

Die Reise in mein Dorf habe mir ja mehr schlecht als gut getan. Sie wusste nicht, ich hätte es ihr auch nicht gesagt, dass nicht die Zeit im Dorf mir schlecht getan hatte, sondern der Tod, der mit zwei Nägeln befestigt an der Wand einer Osteria in Camino al Tagliamento hing. Es war der Stock von Raggio, der mich verfolgte und mager und weiß machte, wie ein vom Wasser des Vajont abgeschliffenes Stück Holz.

Gott gebe, dass diese Geschichte bald endet, barmherziger Herr, gib mir die Kraft, sie schnell zu beenden, denn ich kann nicht mehr.

Während der wenigen Stunden Schlaf, die ich in der letzten Nacht in Erto hatte, träumte ich, wie meine Mutter mir in ihrem Bett ein wenig Platz machte, weil ich vor Kälte halb erfroren war: »Komm zu mir, damit ich dich aufwärmen kann, so wie früher, als du klein warst.« Aber als ich zu ihr auf das Strohlager kroch, um mich aufzuwärmen, kam ihre Schwester, die Tante mit den Ameisen im Mund, und sagte meiner Mama, sie solle mir keinen Platz machen, weil ich nie wieder warm werden würde. Denn von nun an sei ich aus Eis, und ließe sie mich zu ihr ins Bett, würde ich auch sie in Eis verwandeln, und sie würde zu Eis gefroren sterben, wie schon Jacon Piciol. Aber meine Mutter wollte nichts davon hören, nahm mich bei der Hand und brachte mich zum Aufwärmen ins Bett. Dann kam die trunksüchtige Tante mit dem Aussehen eines Totenskeletts dazu, packte mich am Arm und riss mich mit einem Ruck von meiner Mama weg und schrie, ich solle endlich damit aufhören, Leute umzubringen, ich hätte schon genug getötet, jetzt wäre es an der Zeit, dass jemand mich tötete, weil der Teufel mir ins Blut gefahren sei und erst wieder herauskomme, wenn ich tot sei. Während sie so schrie und mich dabei immer weiter wegzog, krabbelten aus ihrem Mund die betrunkenen Ameisen heraus, wie damals, als sie hinter der Tür, Wein erbrechend, tot zusammenbrach und mir die Ameisen dabei auf den Kopf fielen. In diesem Moment wachte ich auf, schweißgebadet, zitternd vor Angst und mit so wildem Herzschlagen in der Brust, als schlüge Bastianins Eisenhammer auf den Amboss. Ich hätte nie gedacht, dass die alte Tante, die zu Lebzeiten so gut zu uns war, im Traum als der Tod selbst erscheinen und derart böse werden würde. Ganz erschüttert war ich von diesem Traum und glaubte, dass meine Tante sich vielleicht mit der alten Melissa verbündet hatte und mich so heimsuchte, um mich für alle meine Sünden zu bestrafen. Aber wenn es das war, warum machten sie denn so viele Umstände? Bald würde ich sie ja selbst aufsuchen, sie und diese andere Schurkin, ein für allemal, und gewiss nicht nur im Traum.

Währenddessen kamen mir ständig die Worte meiner Lebensmeisterin in den Sinn, jener Maddalena Mora, die sich am Balken im Stall aufhängte und die, bevor sie sich die Schlinge um den Hals legte, mit Bleistift auf den Boden des Milchbottichs schrieb: »Wer tötet, muss sich selbst töten.« Auch ich hatte Raggio getötet, aber nicht allein das, ich hatte auch noch alles unternommen, dass andere wegen mir sterben mussten, und so bleibt nichts anderes, als mich selbst zu töten. Wer tötet, muss sich selbst töten.

Vor dem Sterben hätte ich gern noch einmal meinen Bruder Bastianin besucht, aber ich brachte nicht den Mut auf, in das Gefängnis von Udine zu treten und ihm alles zu sagen. Denn wenn ich ihn besuchen ginge, müsste ich ihm auch alles sagen, und das würde seine übrigen Jahre nur noch schlimmer machen. Besser, wenn er nichts erfuhr, so konnte er mich in guter Erinnerung behalten, und das würde ihm vielleicht auch helfen, die restlichen Jahre im Gefängnis durchzustehen.

AM ABEND DES 29. JULI kam die Frau des Padrone zu mir in den Stall und blieb auch länger, wie immer, wenn ihr Mann außer Haus war. Als sie mich sah, wurde sie ganz bleich und fand, dass ich nach bloß einem halben Tag noch viel schlechter aussehe und man einen Arzt rufen müsse. Das sei nicht nötig, erwiderte ich, ich sei mein eigener Arzt, denn es gibt bestimmte Krankheiten, die dir kein Arzt heilt, nur du kannst sie heilen.

Dann fügte ich noch hinzu, es gebe in Wahrheit einen Arzt, der meine Krankheit heilen könne, und bald würde ich ihn auch rufen, denn schon seit einiger Zeit hielte er sich hier im Umkreis auf. Sie verstand nicht und setzte sich auf meine Knie. Da kam mir der kleine Goldring meiner Mutter mit dem Kreuz in der Mitte in den Sinn. Ich zog ihn vom kleinen Finger ab und legte ihn ihr in die Hand mit den Worten: »Er gehört dir, bewahr ihn gut auf, es ist der meiner Mutter.« Sie steckte ihn sich an den Finger und gab mir zum Dank einen Kuss, fragte mich aber gleich, warum ich ihr den Ring schenke, wo sie doch wisse, wie sehr ich an ihm hänge. Ich antwortete, ich hätte Angst, ihn zu verlieren und er drücke auch zu sehr, und deshalb solle sie ihn besser tragen. Dabei merkte ich, dass sie ihn sehr gern an ihrem Finger hatte. Dann sagte sie, es läge ihr sehr am Herzen, einmal mein Dorf zu sehen. Später, vielleicht im September, erwiderte ich; mit irgendeinem Vorwand könnten wir ja auf einen Sprung mein Dorf besuchen, seine Wälder und den Vajont, der unten fließt und Sägewerke und Mühlen antreibt, und dann die umliegenden Berge, die so hoch und eng beieinanderstehen, dass das Dorf wie am Grund eines Eimers zu liegen scheint. Inmitten dieser Berge haben sich meine Leute immer gut aufgehoben gefühlt, wie von großen Steinhänden beschützt, die Wind, Blitz und Unwetter das ganze Jahr über fernhalten. Aber kein Berg kann dich vor dem unheilvollen Schicksal schützen.

Ich hatte den September genannt, denn danach kam die Kälte, und außerdem wäre sie mit ihrem ständig größer werdenden Bauch auch nicht mehr so beweglich. Aber während ich das sagte, wusste ich zugleich, dass es für uns zwei nie eine gemeinsame Reise nach Erto geben würde. Aber sie glaubte zunächst einmal daran, und wenn einer glaubt, dann soll man ihn glauben lassen, so ist er wenigstens für kurze Zeit zufrieden. Und wenn später alles schiefgeht und er klarer sieht, wird er sich daran erinnern, dass er einmal für kurze Zeit zufrieden war. Und dann wird er darüber froh sein, wenigstens eine Zeit lang zufrieden gewesen zu sein, denn während dieser kurzen Zeit konnte er hoffen. Das wird ihm helfen weiterzuleben, aber er wird vor dem Einschlafen auch weinen deswegen.

Das war der Grund, weshalb ich ihr sagte, ich würde sie zu meinem Dorf mitnehmen: um sie für diesen Moment glücklich zu machen, dabei wusste ich schon, dass ich sie nirgendwohin mitnehmen würde. Und danach konnte kommen, was wollte, es würde mich nichts mehr angehen, weder dieses Versprechen noch dieses Leben noch die ganze Welt.

Den Ring wollte sie nur tragen, wenn ihr Mann nicht zu Hause war, andernfalls würde er merken, dass es meiner ist und ich ihn ihr gab. Also wollte sie ihn in ein Taschentuch stecken, wenn ihr Mann zu Hause war. Aber so würde sie ihn vielleicht verlieren, gab ich ihr zu bedenken, dann wäre sie traurig, und das machte alles nur noch schwieriger. Besser, sie ließe ihn immer am Finger, sie könne ja ihrem Mann sagen, dass es ein Zeichen der Dankbarkeit von mir sei, für all das, was sie für mich taten, und ich hätte mich gern von dem Ring getrennt, weil er ihr gefiele. Was sollte Schlechtes daran sein, wenn ich ihr den Ring schenkte? Das war doch nichts Schlimmes.

»Behalt ihn am Finger«, ermutigte ich sie, »und du wirst es nicht bereuen.« Schließlich war sie überzeugt und versprach mir, dass sie am nächsten Tag ihrem Mann den Ring zeigen und ihm sagen würde, was ich ihr geraten hatte.

Wir blieben noch für einige Stunden zusammen, und sie versuchte auch einiges mit mir anzustellen, aber ich war mittlerweile mit dem Kopf so weit von jenen Dingen entfernt wie der Berggipfel vom Dorf.

Ich hatte nur immer den Stock von Raggio an der Wand der Osteria im Kopf, Raggio und seine Frau, die mein Kind, kaum geboren, eindickte; Maddalena Mora, die sich ihr Kind von einer Alten mit Stricknadeln herausziehen ließ; und meinen ermordeten Vater, und meine Mama, die im Sterben Blut spuckte; die trunksüchtige Tante mit den Ameisen im Mund und ihre Schwester mit dem Sohn in Mailand; meinen Bruder im Gefängnis von Udine und alles, was in meinem Leben schlecht gelaufen ist, so schlecht wie der Käse voller Würmer. Es gab genug Gründe, aus dieser Welt zu scheiden und nie wieder zu lachen, selbst nach dem Tod nicht.

Die schwerste Last, die mein Leben zum Tod hinunterdrückte war, dass ich meinen Freund tötete, nachdem ich ihm bereits Leben und Familie zerstört hatte. Doch er war zurückgekehrt, um es mir heimzuzahlen, zu Recht, denn die Schulden müssen eine nach der anderen beglichen werden.

Man kann flüchten, sich verstecken oder auch an gar nichts denken, aber am Ende wird einem immer die Rechnung serviert. Raggio hatte seinen Königsstab vorausgeschickt, um von mir die Rechnung einzufordern. Immer wieder sagte der arme Raggio, er würde mich mit seinem Stock umbringen, und jetzt, glaube ich, macht er es wirklich wahr.

Aber ich habe keine Angst, nein, überhaupt nicht! Es soll nur schnell gehen, ich bin müde, und das Leben lastet auf mir wie ein Korb voller Blei. Auch mein Körper ist mir zur Last geworden. Ich bin stockdürr, fühle mich aber schwer wie ein Berg.

Und müsste ich nicht dies alles hier aufschreiben, würde es auch in meinem Kopf nur so drunter und drüber gehen, wie bei einem Bienenschwarm im Frühjahr.

Ich habe jede Lebenslust verloren.

Aber davon weiß sie nichts, und so streichelt sie mich weiter und will das tun, worauf mir die Lust vergangen ist, seitdem ich diesen vermaledeiten Stock an der Wand gesehen habe.

Gegen Ende der Nacht ging sie schließlich zurück in ihr Zimmer. Ich schaute ihr nach, wie sie langsam, ganz langsam durch die Tür verschwand, wie der Schatten eines Baumes im Wind, denn es war dunkel im Stall, und man sah nur sich bewegende Schatten, die der Kühe eingeschlossen.

Oh, gebenedeiter Herr, was habe ich nur angerichtet! Wenn ich nur zurückkönnte. Aber es gibt kein Zurück, es gibt nur eins, das alles auslöscht, was da jemals war, ein anderes Zurück, den Tod. Denn mit dem Tod kehrt man dahin zurück, wo man gar nicht existiert, wie zu der Zeit, als man noch ungeboren war. Mit dem Tod kehrt man vor die Geburt zurück. Deshalb überkommt einen manchmal der Wunsch, noch vor der Zeit zu sterben: eben um zurückzukehren. Das Leben ist wie ein Auf-die-Welt-Kommen, man wirft einen kurzen Blick auf sie, begreift, dass es einem nicht gefällt, und kehrt wieder dorthin zurück, wo man herkam. Das ist das Leben, ein Besuch auf der Erde und die neuerliche Flucht fort von ihr, um nicht länger ihren Gestank riechen zu müssen, so wie man als Kind flüchtete, wenn die Latrine gereinigt wurde.

Gäbe Gott mir die Kraft, würde ich zu den Carabinieri gehen und mich selbst anzeigen und vorher noch beim Priester beichten, aber diese Kraft fehlt mir. Und dann würde es auch nichts ändern, ich käme nach Udine ins Gefängnis zu meinem Bruder Bastianin, was mir auch recht wäre, aber die Gewissensbisse und die Angst würden bleiben, vor ihnen gibt es kein Fliehen.

Jedenfalls gelingt mir nicht die Flucht vor ihnen, und so gibt es, wie gesagt, nur ein Mittel, um dieser ganzen Qual zu entkommen: zurück mit dem Tod, dreimal gesegneter Tod, der einen bis vor die Geburt zurückkehren lässt.

Kaum war sie weg, ging auch ich hinaus ins Freie, wo mir von ferne schon der Tag entgegenstrahlte, vielleicht der letzte. Es war der 30. Juli, und überall sandten die Felder schon ihre Düfte aus, auch wenn es erst früh am Morgen war. Es war die Kraft des Herrn, die den Früchten Leben einhauchte, dem ganzen Grün, dem Weizen, den Blumen und den Trauben, wie allem, was unter seiner starken und guten Hand heranreift. Aber davon wollte ich nichts mehr wissen, da mein Weg jetzt ein anderer war, doch die Düfte der Landschaft roch ich trotzdem, auch wenn ich dem Tod entgegenging, immer schon gefiel mir der Duft von allem, was reif wird, denn es ist der Duft Gottes, und der Duft Gottes ist noch süßer, wenn man dem Tod entgegengeht. Von der Geburt an führt einen der Weg mit jedem Tag näher an den Tod, da sollte man sich immer den Duft Gottes unter die Nase halten.

Bevor ich nach draußen ging, nahm ich einen Strick von der Wand, mit der die Kälber zur Tränke gezogen werden, und wickelte ihn mir wie einen Gürtel mehrmals um die Taille. Dann nahm ich den nächsten Postbus nach Camino al Tagliamento und ging von Neuem in die Osteria, um noch einmal diesen Stock, meinen Tod, an der Wand zu sehen. Ich bestellte einen halben Liter vom Weißen. Der Wirt hatte mich gleich erkannt, brachte mir den Wein, und als er sah, dass ich wieder den Stock an der Wand anstarrte, sagte er, wenn mir der Stock wirklich so sehr gefiele, könne ich ihn einfach mitnehmen. Nein, erwiderte ich, um Himmels willen, ich wüsste ja nicht, was ich mit diesem Holzknüppel anfangen sollte, ich wollte nur genau sehen, wie er gemacht war.

Ich trank den halben Liter, dann noch einen und fühlte mich schließlich ganz schläfrig, und während ich so vor mich hin dämmerte, wurde der Türvorhang auf einmal zur Seite geschoben, und zufällig sah ich im Spiegel über der Theke, wie jemand eintrat. Um ein Haar wäre ich vor Schrecken krepiert, denn wer da eintrat, war Raggio.

Mir fehlte die Kraft, mich umzudrehen, ich zitterte und schwitzte kalten Angstschweiß, wie das andere Mal, doch dann dache ich, dass es unmöglich Raggio sein konnte, nahm all meinen Mut zusammen und drehte mich zur Theke, an die sich der gerade Eingetretene gelehnt hatte. Im selben Moment verschwand die Vision, denn was bei dem neuen Gast an Raggio erinnerte, waren bloß der ähnliche Hut und ein wenig auch der Körperbau. Aber was ich am Anfang im Spiegel gesehen hatte, war ganz sicher Raggio, da täuschte ich mich nicht. Er war gekommen, um mich zu holen.

Ich zahlte den Wein und fuhr mit dem Postbus wieder zurück nach San Michele, und mein Herz schlug seine letzten Schläge.

Bei der Fahrt dämmerte ich ein wenig ein und träumte während des kurzen Schlafs einen weiteren Schreckenstraum. Ich sah die Hexe Melissa, wie sie in einem Zaun, in Form eines riesigen umgestürzten Tragekorbs, all jene eingesperrt hielt, die sie umgebracht hatten. Da waren sie alle: Pilo dal Crist, Jacon de Arcangelo, Toni della Val Martin, Piare Stort, Raggio, Zulin Cesto, Carle dal Bus dal Diaul und Jacon Piciol. Nur ich stand außerhalb des Zauns, doch als ich weglaufen wollte, hatte sie schon mit einer Handbewegung meine Beine zu Holzbeinen verwandelt, und ich konnte mich nicht mehr bewegen, als hätte ich Wurzeln geschlagen. Darauf kam sie mit einer Feuergabel auf mich zu und verbrannte mir den Rücken, während sie mich zum großen Korb zurückstieß. Jedes Mal, wenn ich dabei versuchte, nach rechts oder links auszubrechen, machte sie mir wieder Holzbeine, und schon war ich wie angewurzelt. Nur wenn ich mich auf den Zaun zu bewegte, konnte ich normal gehen. Sobald ich anhielt, stieß sie mir die Feuergabel in den Rücken, und ich musste weiter Richtung Zaun gehen. Als schließlich auch ich bei allen anderen im Zaun war, zündete sie ihn an, und wir verbrannten unter Schmerzensgeschrei bei lebendigem Leib, und so wachte ich schreiend im Bus auf, mehr tot als lebendig und schweißgebadet, aber nicht wegen der Hitze.

Der Fahrer fragte mich, was los sei, und ich antwortete nur: ein böser Traum.

JETZT SITZE ICH HIER im Stall und habe fast alles erzählt, was mir im Leben zugestoßen ist. Im Stallfenster liegt eine Gasschutzmaske nebst Eisenhülle mit Deckel. Ich glaube, sie liegt seit dem letzten Krieg dort. Ich habe die Maske aus ihrem dosenförmigen Blechbehälter herausgezogen, denn ich möchte mein Heft in diesen Behälter stecken und es so verstecken, dass, findet es jemand, dann die ganze Wahrheit ans Licht kommt, und wenn es niemand findet, wird man eben nie etwas darüber erfahren, und das ist vielleicht auch besser so. Aber falls es nach meinem Tod gefunden wird, soll es dem Priester meines Dorfes, Don Chino Planco, übergeben werden, der es dann seinerseits, nachdem er es gelesen hat, an meinen Bruder Bastianin weitergibt, wenn er noch lebt und aus dem Gefängnis entlassen wurde. Ich könnte es auch sofort an meinen Dorfpriester schicken, aber das wäre zu früh, und da ich noch nicht genau weiß, was ich tun soll, verstecke ich es besser irgendwo, und dann soll es eben später gefunden werden, wenn sich alles beruhigt hat, und die Erinnerung an mich nur mehr ein bloßer Gedanke sein wird, so weit entlegen wie vertrocknetes Gras.

Ich weiß auch schon, wo ich das Heft verstecken kann: unter dem Futtertrog für die Kühe, zwischen der Mauer und den Holzbrettern. Dort wird man es sicher früher oder später finden, denn die Holzbretter eines Futtertrogs halten mehr oder weniger zehn Jahre, danach muss man sie auswechseln. Und in zehn Jahren wird man sich dann weniger an mich erinnern als an diese Bretter, und so ist es auch richtig.

Jetzt reicht es. Zeit, endlich Schluss zu machen. Aber wenn sie mich finden, will ich nicht hier begraben werden, sondern in meinem Dorf neben meiner Mutter und meinem Vater und den trunksüchtigen alten Tanten und allen meinen toten Dörflern. Aber das werde ich noch auf einen Zettel schreiben und ihn am Fenster hinterlegen. Und ich werde auch schreiben, falls es unmöglich ist, mich nach Erto zu transportieren, können sie mich auch hier beerdigen, so bin ich ihr und meinem Sohn nahe, der gesund und munter sein wird, oder meiner Tochter, wenn es ein Mädchen wird. Und im Herbst sollen sie mir ein Amen singen.

Dann riss ich ein Blatt aus dem Heft und schrieb meine Beerdigungswünsche auf. Ich werde es später ans Fenster legen, wenn ich hinausgehe, um das zu tun, was ich tun muss, wenn ich den Mut dazu finde. Wenn nicht, werde ich für den Rest meines Lebens wie der wandernde Jude ziellos durch die Welt irren, aber ich glaube nicht, dass es so sein wird, weil ich gewiss genug Mut haben werde.

Inzwischen bitte ich Gott um Vergebung für alle meine Taten und lege mich in seine barmherzigen Hände und hoffe, er möge verstehen, dass alles nicht von uns gewollt war, sondern vom Schicksal, bestimmt durch einen Fluch, der uns jäh für unsere Sünde traf und den einzig der Tod aller Schuldigen aufheben kann.

Dabei kommt mir jetzt auch wieder der Satz der trunksüchtigen alten Tante in den Sinn, den sie immer wiederholte, wenn sie eine Rausch hatte: »Die Welt, die ist ein Jammertal, sie kann mich kreuzweis, kann mich mal.« Ich könnte jetzt das Gleiche sagen, denn was ich getan habe, hat mir alles Schöne auf dieser Welt in Mist und Dreck verwandelt; also, sie kann uns kreuzweis, wie die Alte sagte.

JETZT IST ES DREI UHR nachmittags.

Mittags kamen die Söhne des Bauern zu mir und wollten mich zum gemeinsamen Essen einladen. Ich antwortete, ich hätte heute keinen Hunger und würde nichts essen. Also, so Gott will und ich niemandem mehr begegne, wenn ich hinaus aufs Land gehe, und ich hoffe, ich sehe wirklich keine Seele mehr, dann werden die zwei Kinder die letzten schönen Dinge gewesen sein, die ich in diesem Drecksleben gesehen habe. Mit ihrem Anblick werde ich zufrieden sterben.

Noch einmal übergebe ich jetzt Gott meine Seele, denn ich muss nun die offene Rechnung mit meinem Freund Raggio begleichen. »Wer tötet, muss sich selbst töten«, schrieb Maddalena Mora auf den Bottichboden.

Ein letzter Gedanke geht zu meinem Dorf, meinen Leuten, meiner Mutter und meinem Vater und zu allen den Frauen, die ihre Kinder nicht leben ließen und sie mit Stricknadeln getötet haben, und schließlich zu dieser letzten Frau, die, so Gott will, meinen Sohn gebären und leben lassen und auch in meinem Namen lieb haben wird.

Bevor ich dieses Heft in mein Hemd wickle und in den Behälter der Gasschutzmaske stecke, bitte ich alle um Vergebung, wie ich ihnen auch vergebe, denn auch ich wurde von anderen schlecht behandelt. Im Frieden Gottes und in seiner göttlichen Barmherzigkeit verlasse ich diese Welt und dieses Leben, das mich zerstört hat.

Severino Corona, genannt Zino. San Michele al Tagliamento. 30. Juli 1920. Amen.

EPILOG

WIE MIR MEIN GROSSVATER erzählte, wurde Zino zwei Tage später zufällig vom Gutsverwalter gefunden. Er hatte sich an einem Weinrebenast erhängt, unweit des großen Landhauses, wo er ein willkommener Gast gewesen war.

Raggio hatte sein finsteres Versprechen gehalten. Er hatte den Rivalen mit dem Stock getötet; denn auch wenn Zino schon früher daran gedacht hatte, seinem Leben ein Ende zu setzen, den endgültigen Entschluss dazu fasste er erst, nachdem er den Stock an der Wand der Osteria gesehen hatte.

Nach der sehr bewegenden Lektüre dieses zugleich schrecklichen und ergreifenden Manuskripts habe ich in Erto Nachforschungen über die einzelnen Schicksale der im Heft genannten Personen angestellt.

Die Frau von Raggio starb zwölf Jahre nach ihrer Einlieferung in die Irrenanstalt von Pergine Valsugana und wurde dort beerdigt. Sie war vierzig Jahre alt.

Wegen guter Führung kam Zinos Bruder, Bastianin Corona, mit neunundvierzig Jahren im Sommer 1936 nach sechzehn Jahren Haftstrafe wieder frei. Davon waren ihm vier Jahre erlassen worden. Er nahm seine Arbeit als Schmied wieder auf, bis er im Alter von neunundsechzig Jahren, im November 1966, während der verheerenden Überschwemmungen in Italien starb. Dabei wurde er samt seiner Schmiede fortgerissen, obwohl er sie nach der Katastrophe des Vajont-Staudamms schon weiter oben, am Rio Moliesa, neu aufgebaut hatte.

Zino wurde nach seinem ausdrücklichen Willen auf dem Friedhof von Erto beigesetzt. Sie transportierten ihn mit einem Karren dorthin, auf Kosten der Familie, die ihn beherbergt hatte.

Von Neve, dem Mädchen, das keine Kälte spürte, werden unglaubliche Dinge überliefert, die, wie ich glaube, ein ganz allein ihr gewidmetes Buch verdienen. Vieles dazu habe ich schon in Notizbüchern angesammelt, was ich beizeiten ausarbeiten möchte. Das Mädchen ist jung im Ruf der Heiligkeit gestorben.

Aber das ist noch nicht alles.

Nach der beunruhigenden Lektüre des Manuskripts kam mir unversehens wieder ein Vorfall in den Sinn, der mich jetzt nach Jahren noch erschauern lässt, weil auf diesen Seiten sein Geheimnis gelüftet wird, denn mein Landsmann nimmt hier den Faden einer unbekannten und seit mehr als fünfundachtzig Jahren verloren geglaubten Geschichte wieder auf.

Am 27. Juli 1974 arbeitete ich im Marmorbruch am Monte Buscada und hatte gemeinsam mit dem alten Garlio gerade Schicht an der Seilsäge, die den Marmor schneidet. Es war ein brennendheißer Sommer, wie selten. Da war es eine Tortur, im Marmorbruch zu arbeiten. Und so wechselten wir uns mit den anderen am Stahlseil ab, damit wir uns zwischendurch im Schatten eines aufgespannten Sonnentuchs ausruhen konnten.

Unter der brennenden Sonnenglut kamen gegen vierzehn Uhr Cice Caprin und der andere Carle nach getaner Schicht zu uns und drängten uns aus dem Schatten. Darauf sagte Capo Argante Gattini zu mir und Garlio, wir sollen doch zwei Kästen Bier aus der Palazza-Foiba holen gehen. Das ist eine beängstigende Höhle, die schon in der Antike von den Schnittern Tor zur Hölle genannt wurde und bis heute als Kühlraum benutzt wird.

So nutzten auch wir diesen wie lebendiges Glas wirkenden Höhlengrund in hundert Meter Tiefe zwischen durchsichtigen glitzernden Kristallwänden und ewigem Eis zur Aufbewahrung verderblicher Lebensmittel. Es war unser natürlicher Gefrierschrank.

An diesem 27. Juli 1974 stiegen Garlio und ich also hinunter in die Foiba, das Bier holen. Langsam stiegen wir an den Haken, die zum Teil schon unsere Schnittervorfahren in die Felswand gerammt hatten, den senkrechten Schlauch hinab bis zum vereisten Boden. Ich richtete meine Lampe auf die Wand, wo die Kästen Bier aufgestapelt lagen, und um ein Haar wäre auch ich zu Eis erstarrt. Mit zitternder Stimme rief ich zu Garlio, er solle auch mit seiner Lampe herleuchten. Garlio richtete den Lichtstrahl auf die Stelle, die ich ihm gezeigt hatte, und rief nur: »Madonna!« Am Tag zuvor hatte sich wegen der außergewöhnlichen Hitze dieses Sommers ein türhoher Block aus der Eiswand gelöst. Im Innern der so entstandenen Vertiefung zeigte sich da, wie auf einem Thron sitzend und vollkommen gefroren, eine ganz in Schwarz gekleidete Alte, mit weit offenen Augen. Eine handbreitdicke Schicht durchsichtiges Eis bedeckte sie, als wäre sie in einem gläsernen Sarkophag versiegelt. Bis auf die kleinsten Einzelheiten ließ sich alles genau erkennen. Solange ich lebe, werde ich nicht ihre dunklen, spindeldürren Hände im Eis vergessen, knotig wie Hagebuchenwurzeln. Dann die nackten Füße, lang und krumm wie zwei Hippen. Aber mehr als alles andere waren es die Augen, die mir Angst und Schrecken einjagten. Ein starrer, böser und harter Blick, grausam wild, einfach unerträglich. Die Alte schaute uns an und schien diese Augen auf einmal zu bewegen, wie um zu sagen: »Kommt her, ich werd's euch schon zeigen.«

Garlio sagte, es sei vielleicht eine alte Schnitterin aus den Zwanzigerjahren, die durch einen tragischen Unfall in die Foiba gestürzt war und nie wiedergefunden wurde, weil der erste Septemberschnee sie gleich bedeckt hatte. Zuerst wollte ich nach dieser grausigen Entdeckung die Carabinieri benachrichtigen. Dann hielt ich die Lampe näher hin, um besser sehen zu können, und dabei war mir, als spürte ich einen kalten Todesatem aus ihrem runzligen Mund herausströmen. Um ihren Hals bemerkte ich einen Rosenkranz und darüber einen Faden, der einen halben Zentimeter tief ins Fleisch schnitt.

Ich glaube nicht, dass Garlio das gesehen hat. Wenn ja, dann hätte er sicher keine Zeit damit verloren, mich in eine lebhafte Diskussion zu verwickeln, als er hörte, dass ich die Carabinieri rufen wollte. Denn er wollte keine Carabinieri. Die würden uns ja nur Ärger machen, uns verhören und darüber hinaus noch gar unseren Kühlschrank schließen. Doch ich bestand darauf, sie zu benachrichtigen. Denn im Grunde handelte es sich immer noch um eine arme Tote, die das Recht auf eine christliche Bestattung hatte. Während wir diskutierten, betrachtete uns die Alte weiter mit unerschütterlichem Sarkasmus, so als scherte sie sich einen Dreck um uns und überhaupt um gar nichts.

Und mehr als mein Vorschlag, die Carabinieri zu rufen, waren es vielleicht gerade diese provozierenden Augen, die meinen Freund so nervös machten. Garlio trat näher an die Alte heran, und während er noch ein »Geh zum Teufel, du Hurenschlampe« brummte, gab er ihr solch einen Tritt, dass sie in die Spalte stürzte, die sich mit der Hitze zwischen dem Eis und der Felswand geöffnet hatte, und foibaförmig unendlich in die Tiefe führte. Eine ganze Weile hörten wir noch die dumpfen Schläge des gefrorenen Körpers beim Hinabstürzen, dann ein mehr klirrendes Zerbersten wie bei zersplitterndem Glas, bis schließlich alles verstummte in den Abgründen dieses Höllenschlunds.

Im Licht der Lampen schauten Garlio und ich uns in die Augen, nahmen wortlos jeder einen Kasten Bier, stiegen das Höllentor wieder hinauf und gingen zurück zum Marmorbruch.

Während ich ihm vorausging, rief er mich unversehens von hinten an. Ich drehte mich um, er starrte mir in die Augen und sagte nur: »Kein Wort über die Alte. Klar?«

»Klar«, erwiderte ich, und damit war die Geschichte beendet.

Aber heute, nach Jahren Abstand und nachdem ich das Manuskript von Zino gelesen habe, weiß ich um die Identität jenes im Eis erstarrten Körpers, entdeckt durch Zufall und außergewöhnliche Hitze. Es war die alte Hexe Melissa, von den Schnittern mit einem Faden erdrosselt und dort unten begraben, im gespenstischen ewigen Eis, tief im Herzen des Höllentors. Aber sie rächte sich und bestrafte ihre Mörder, indem sie die unmittelbaren Täter in kurzer Zeit einen gewaltsamen Tod sterben ließ; den Urhebern des Mordplans hingegen, Raggio Martinelli und Zino Corona, behielt sie einen qualvoll langsamen und grausamen Tod vor.

Aber auch gemeine Menschen können sich ändern. Und so, wie um all das getane Übel – ich denke an Zino – im Dorf wiedergutzumachen, ist die Alte, oder zumindest ihr Geist, dann in der Person der kleinen Neve wiedergekehrt, die Wunder vollbrachte, Menschen heilte und keine Kälte spürte. Neve spürte keine Kälte, weil sie dort unten am Grund des Höllentors ihre Larvenpuppe hatte, eingefroren in ihrem Rachegrinsen, eingehüllt und beschützt vom ewigen Eis, in finsterer Welteinsamkeit. Aber ihre Seele aus Eis, durch Gottes Willen erlöst, konnte diesen Ort des Todes verlassen, heraus aus ihrem gefrorenen Gehäuse, und war ins Dorf zurückgekehrt, in den Körper der kleinen Neve, wo sie dann anfing, Gutes zu tun, denn Böses hatte sie schon genug getan. Deshalb spürte das Mädchen auch keine Kälte: In sich trug sie eine gefrorene Seele, die sich vorgenomen hatte, fortan Gutes zu tun, ein Stück Eis, das zu einer Flamme wurde, der Flamme der Liebe.

Neve starb 1948 mit neunundzwanzig Jahren infolge einer mysteriösen Krankheit, bei der sich innerhalb eines halben Tages ihr gesamter Körper auflöste, als wäre er aus Eis gewesen und nun geschmolzen. Sie konnte nicht einmal beerdigt werden, denn es blieb nichts als ein großer Wasserfleck auf dem Boden von ihr übrig.

Ihre Mutter, Maria Corona Menin, sammelte ein wenig von dem Wasser auf, füllte es in eine Flasche, die sie fest mit einem Korken verschloss und dann auf das Kaminbord stellte, wo es heute noch steht. Es ist ein Wasser, das nicht verdunstet, reglos dasteht und wartend das stille, leere Haus betrachtet, das außer den Geistern der Vergangenheit niemand mehr bewohnt.

Aber das ist eine andere Geschichte, und wie gesagt wünsche ich mir, sie eines Tages erzählen zu können.

Die Tat meines alten Freundes Garlio jedenfalls, der die Hexe Melissa mit einem Tritt in die tiefsten Abgründe beförderte, kam ihn teuer zu stehen.

Er starb einige Jahre später allein und voller Verzweiflung an inneren Blutungen. Man fand ihn nach tagelanger Stille in seinem Haus hinter der Tür kniend, die Hand noch am Griff, im verzweifelten Versuch, die Tür zu öffnen, um nach Hilfe zu rufen. Alle glaubten an einen unglücklichen Schicksalsschlag, aber ich bin sicher, wo ich heute die Geschichte dahinter kenne, dass es die Rache der Hexe Melissa war. Denn der Körper des armen Garlio war gefroren von der Kälte, hart wie ein Marmorblock, und dass er gerade während des eisigen Winters starb, war sicher kein Zufall. Die Alte hatte ihn mit ihrem Todeshauch bestraft, einem unerbittlichen Todeshauch, der die Menschen samt ihrem Schrecken in den Augen zu Eis gefror.

Ich muss gestehen, dass mich manchmal die Angst vor der Hexe heimsucht, schließlich war ich ja, wenn auch unfreiwillig, Zeuge von Garlios Tat. Was mir wiederum Mut macht, ist der Gedanke, dass ich die Carabinieri rufen wollte, damit jene geheimnisvolle Frau, die unversehens aus dem gefrorenen Bauch der Erde hervorgestiegen war, eine würdige Bestattung bekäme. Das immerhin muss die Alte mir zugute halten, und vielleicht hat sie das auch bereits. Denn dreimal bin ich in meinem nun recht langen Leben schon vor dem Erfrieren gerettet worden. Eine barmherzige Hand des Schicksals schützte mich oder, wenn wir so wollen, ein verfluchtes Glück.

War es vielleicht das Werk der Hexe Melissa, weil ich sie bestatten wollte? Ich bin mir nicht sicher, aber ich glaube ja, und ihr zum Dank und vor allem, um sie mir gnädig zu stimmen, habe ich meine jüngste Tochter auf ihren Namen getauft: Melissa.

Der Stock von Raggio befindet sich immer noch, jetzt in einem schützenden Glasschaukasten, an der Wand der Osteria in Camino al Tagliamento. Die Osteria trägt den Namen *Al vólt di sède, Zur Seidenraupe*, und liegt in der Via Roma Nummer 35. Dort kann ihn jeder zu jeder Zeit bewundern, außer am Montag, dem Ruhetag.

Wer weiß, ob mein Wohltäter, jener Mann, der mir am 27. November 2003 das Manuskript von Zino überreichte, jemals dieses Buch lesen wird. Falls ja, wird er dabei vielleicht zu seiner Freude oder auch Enttäuschung entdecken, dass ertanisches Blut in seinen Adern fließt. Und jetzt verstehe ich auch, warum er damals, als wir in der Bar *Stella di Sabina* zusammensaßen, hin und wieder auf die Berge hinausschaute und jedes Mal wiederholte, wie sehr ihm der Ort gefiele und er gern noch länger da geblieben wäre. Es war die ertanische Seite in ihm, die da aus ihm sprach, eine wilde und rebellische Seite, welche den freien Raum liebt, den offenen Himmel und das reißende Wasser.

Ein weiteres Zeugnis dafür war jener Ring mit dem Kreuz, den ihm seine Mutter gegeben hatte, die ihn ihrerseits vor langer Zeit von ihrer eigenen Mutter bekam, der Geliebten von Zino.

Ich hoffe, diesen Mann eines Tages wiederzusehen und weiter mit ihm über diese traurige Geschichte reden zu können. Dann könnte er mir auch die Lebensgeschichte der Tochter Zinos erzählen, seiner Mutter; und ich würde erfahren, ob sie ihm jemals etwas verraten hatte, denn Zino war ja schließlich sein Großvater.

Ich glaube, hätte er Wunsch und Geduld genug gehabt, das Manuskript zu lesen, dann hätte er es mir sicher nicht überlassen. Aber das Schicksal wollte es so: Diese Geschichte musste öffentlich werden. Und jetzt ist sie es.

Erto, den 18. März 2005

DANK

Mein Dank gilt Paolina Parutto di Claut, die diesen Text in den Computer getippt hat und sich beim Dechiffrieren meiner winzigkleinen Handschrift Kopf und Augen strapaziert hat.